Foundations in Special Needs Education
Theory and Practice towards a New Era of Inclusion

特別支援教育総論

インクルーシブ時代の理論と実践

［第2版］

川合紀宗・若松昭彦・氏間和仁・林田真志 編著
Kawai Norimune, Wakamatsu Akihiko, Ujima Kazuhito, & Hayashida Masashi

北大路書房

第2版　はじめに

　2022年12月13日に，文部科学省「通常の学級に在籍する特別な教育的支援を必要とする児童生徒に関する調査結果（令和4年）」が公表され，小・中学校において学習面又は行動面で著しい困難を示す児童生徒の推定値が8.8%，高等学校においては2.2%であることが示された。平成24年の調査では，小・中学校において学習面または行動面で著しい困難を示す児童生徒の推定値は6.5%であったため，この10年で2.3ポイント増加したことになる。このような増加を遂げた明確な理由は不明だが，恐らくこの10年で児童生徒が抱える学習面又は行動面の困難を見極められる教職員が増えたこと，就学の在り方が柔軟になり，学習面又は行動面で著しい困難がある児童を通常の学級で受け入れる学校が増えたことなどが考えられる。

　一方で，2022年9月9日に国連障害者権利委員会の総括所見が公表され，障害者差別解消法や障害者雇用促進法の制定・改正等，障害のある人の権利を促進するための種々の立法措置については肯定的な評価を受けたが，特に条約第24条（教育）関係では，通常の学級担任の多様な学びへの支援に対するスキル不足，分離教育の存続，合理的配慮の提供の不足等の指摘がなされている。今後，日本政府がどのようなアクションを起こすのか，注目していく必要がある。

　筆者がこれらの調査結果や所見の内容から，今後特に我々が取り組んでいく必要があると感じたことは，高度な専門性を有しつつ，児童生徒やその保護者と多様性を相互に認め合い，そこに価値づけを行っていくことができる，包容力や想像力，傾聴力，柔軟性のある教育者の育成である。そしてその教育者とは，特別支援学校教諭免許状を取得する者のみならず，あらゆる教員免許状を取得する者が該当する。

　そこで，本書は，教職課程コアカリキュラム「特別の支援を必要とする幼児，児童及び生徒に対する理解」に関する科目や特別支援学校教諭免許

状コアカリキュラム，現行の学習指導要領，目まぐるしく変わる関連法令に対応した内容とすべく，大幅な改定を行った。その結果，かなりページ数も増えたが，特別支援教育初修者にも専門的な知識を有する者にも読み応えのあるものに仕上がったのではないかと考える。本書によって，特別支援教育やインクルーシブ教育についての理論と実践双方の在り方について学び，将来多様な子どもたちを適切に支援できる教育者の育成に寄与することができれば幸いである。

令和5年2月吉日

編者代表
川合　紀宗

第1版　はじめに

　2014年，日本国政府はついに国際連合「障害者の権利に関する条約」を批准・発効した。これにより，締約国は障害のある個人の教育を受ける権利を差別なく，機会均等の基礎として実現するために，以下が求められることとなった。

(a) 障害者が障害に基づいて一般的な教育制度から排除されないこと及び障害のある児童が障害に基づいて無償のかつ義務的な初等教育から又は中等教育から排除されないこと。

(b) 障害者が，他の者との平等を基礎として，自己の生活する地域社会において，障害者を包容し，質が高く，かつ，無償の初等教育を享受することができること及び中等教育を享受することができること。

(c) 個人に必要とされる合理的配慮が提供されること。

(d) 障害者が，その効果的な教育を容易にするために必要な支援を一般的な教育制度の下で受けること。

(e) 学問的及び社会的な発達を最大にする環境において，完全な包容という目標に合致する効果的で個別化された支援措置がとられること。

　障害者の権利に関する条約を批准するために，これまでも様々な法整備が行われてきたが，今年も障害を理由とする差別の解消の推進に関する法律（障害者差別解消法）の施行や改正発達障害者支援法の成立など，障害のある人をめぐる施策は目まぐるしく変化している。また，中央教育審議会では次の学習指導要領改訂に向けた議論がまとまりつつあり，「社会に開かれた教育課程」の実現に向け，「何を学ぶか」「どのように学ぶか」「何ができるようになるか」の視点から学習指導要領の改訂が行われる。

　2007年に特別支援教育が始まり，各校に特別支援教育コーディネーター

が配置される，特別支援学校が「センター的機能」を発揮させるなど，支援体制の充実や教員の専門性向上に向けた対策が図られてきているものの，多くの通常の学校では，未だに発達障害のある幼児児童生徒に対する支援体制は試行錯誤を重ねている段階であり，教員養成大学におけるカリキュラムにおいても，幼・小・中・高等学校等の教員を目指す学生に対して2017（平成29）年度以降，新たに課程認定を受ける大学においては特別な支援が必要な幼児児童生徒に対する理解に関する講義を1単位以上取得することとなったが，決して十分とはいえない。つまり，幼・小・中・高等学校の教員やこれらの校種の教員を目指す学生の多くは，通常の学級において障害のある幼児児童生徒の支援をするための知識・スキル面での準備が整っておらず，その結果，障害がある幼児児童生徒の支援をストレスに感じている可能性もある。

　そこで，本書は，特別支援学校の教員免許状を取得予定の大学生や特別支援教育の基礎理論を学ぶ大学院生，特別支援学校に携わる教員はもちろんのこと，幼・小・中・高等学校教員免許状取得予定者や通常の学級を担任する教員などにも手に取っていただけるよう，特別支援教育に関する最新かつ必要な情報を掲載した。本書によって，特別支援教育に関する基礎的な知識を身に付けつつ，インクルーシブ教育システムの構築やアクティブ・ラーニング，カリキュラム・マネジメントなど，今後の教育施策の在り方についても学ぶことで，多様な子どもたちを適切に支援できる教育者の育成に寄与することができれば幸いである。

　　　　平成28年9月吉日

　　　　　　　　　　　　　　　　　　　　　　　　　編者
　　　　　　　　　　　　　　　　　　　　　　　　川合　紀宗
　　　　　　　　　　　　　　　　　　　　　　　　若松　昭彦
　　　　　　　　　　　　　　　　　　　　　　　　牟田口辰己

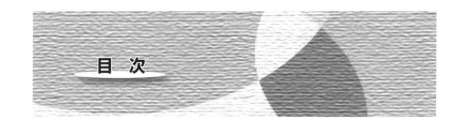

目　次

や学びに対するメタ認知を促す支援を／5. まとめ

第 1 章

特別支援教育の仕組み

1 特別支援教育とは

1．特別支援教育の対象と場

　障害のある幼児児童生徒に対する教育の枠組みは，2007（平成 19）年 4 月をもって，特殊教育から特別支援教育へと転換した。文部科学省（2007）によれば，特別支援教育とは，「障害のある幼児児童生徒の自立や社会参加に向けた主体的な取組を支援するという視点に立ち，幼児児童生徒一人一人の教育的ニーズを把握し，その持てる力を高め，生活や学習上の困難を改善又は克服するため，適切な指導及び必要な支援を行うもの」とされている。

　特別支援教育の対象に関する具体的記述は，学校教育法第 72 条や第 81 条，学校教育法施行規則第 140 条に見ることができ，視覚障害（弱視を含む）や聴覚障害（難聴を含む），知的障害，肢体不自由，病弱（身体虚弱を含む），言語障害，自閉症，情緒障害，学習障害（LD），注意欠陥多動性障害（ADHD）などのある幼児児童生徒とされている。

　特別支援教育を行う場については，「特別な支援を必要とする幼児児童生徒が在籍する全ての学校」とされている（文部科学省，2007）。したがって，特別支援教育は，特別支援学校（障害のある幼児児童生徒のみが学ぶ学校）や特別支援学級（小学校や中学校，中等教育学校前期課程の中に設置され

た，障害のある児童生徒が学ぶ少人数制の学級）だけでなく，通常の学級においても広く行われるものといえる。特に，通常の学級に在籍する障害のある児童生徒に対しては，通級による指導（障害のない児童生徒とともに通常の学級で学びつつ，障害の状態に応じた特別な指導を自校や他校で受ける形態）も展開されている。高等学校における通級による指導は，2018（平成30）年度から開始され，2019（令和元）年度時点で787名の生徒が指導を受けている。

　文部科学省（2022）によれば，特別支援学校に在籍する幼児児童生徒の総数は146,285名，特別支援学級に在籍する児童生徒の総数は326,457名，通級による指導を受けている児童生徒の総数は164,697名とされている。これらの数値を合計すると，2021（令和3）年度時点で，特別支援教育を受けている者の総数は637,439名となる。なお，特別支援学校の中には，単一の障害種別の幼児児童生徒を教育対象とする学校と，複数の障害種別の幼児児童生徒を教育対象とする学校がある。

2．障害のある児童生徒の就学先の決定

　障害のある児童生徒の就学先の決定にあたっては，可能な限り障害のある児童生徒が障害のない児童生徒とともに教育を受けられるよう配慮しつつ，必要な施策を講じることが求められている。また，①本人や保護者に対して，就学に関する手続きなどについて十分な情報提供を行うこと，②本人や保護者の意見を最大限尊重すること，③本人の障害の状態や教育上必要な支援の内容，地域における教育体制の整備状況やその他の事情を勘案して決定すること，などが示されている。あわせて，障害のある児童生徒の「学びの場」は，固定したものではなく，児童生徒の発達の程度，適応の状況等を勘案しながら，柔軟に転学ができることも明示されている（文部科学省，2013）。

3．特別支援教育の推進とインクルーシブ教育システムの構築

　あらゆる学校において特別支援教育を推進するため，文部科学省（2007）

は学校内外の体制整備や取り組みに関して，以下のような留意事項を示している。

❶ 校内委員会の設置と特別支援教育コーディネーターの指名

校長（園長を含む）は，特別支援教育の実施責任者として，リーダーシップを発揮しつつ，校内に特別支援教育に関する委員会を設置する。また，校内委員会や校内研修の企画・運営，関係諸機関・学校との連絡・調整，保護者に対する相談窓口などの役割を担う者として，特別支援教育コーディネーターを指名し，校務分掌に明確に位置づける。

❷ 個別の指導計画の作成

幼児児童生徒の個々の実態等に応じた教育を進めるため，個別の指導計画（一人一人の教育的ニーズをもとに，単元や学期，学年ごとの指導目標や指導内容・方法を盛り込んだ指導計画）を作成し，それを活用した指導の充実を進める。

❸ 関係諸機関や保護者との連携

多面的な実態把握，個別の教育支援計画（障害のある幼児児童生徒に対して，乳幼児期から学校卒業後までを通じて，一貫して的確な教育的支援を行うための計画）の作成のため，特別支援教育コーディネーターを窓口として，医療，福祉，労働などに関する関係諸機関や保護者と連携を図る。

❹ 特別支援学校のセンター的機能

特別支援学校においては，これまで蓄積してきた専門的な知識や技能を生かし，地域における特別支援教育のセンターとしての機能の充実を図る。幼稚園や小学校，中学校，高等学校などの要請に応じ，個別の指導計画や個別の教育支援計画の作成などへの援助を含め，その支援に努める。

❺ 交流及び共同学習の推進

各学校においては，障害のある幼児児童生徒と障害のない幼児児童生徒の双方の教育的ニーズに対応した内容・方法を検討しつつ，早期から双方による交流及び共同学習を組織的，計画的，継続的に実施する。

文部科学省（2012）は，共生社会の形成に向けてインクルーシブ教育システムを構築すること，またそのために，さらに特別支援教育を推進して

いくことの重要性を指摘している。特別支援教育における取り組みは，障害のある幼児児童生徒の自立と社会参加を促すだけでなく，社会全体における多様性の理解にもつながっていくだろう。

2 特別支援教育に関わる制度

1. はじめに

　教育基本法（2006（平成 18）年改正）第 4 条には，障害のある者が障害の状態に応じ十分な教育を受けられるよう，教育上必要な支援を講ずるべきことが規定されており，特別支援教育に関わる制度は，そのことを具現化したものと考えられる。

　特別支援教育に関わる制度として，「通常の学級における特別支援教育」「特別支援学級」「特別支援学校」「就学に関する制度」を述べる。

2. 通常の学級における特別支援教育

　小学校や中学校及び高等学校の通常の教育課程を実施する学級（以下，通常の学級とする）における特別支援教育の実施の根拠となる規定は，学校教育法第 81 条であり，第 1 項には，次のように規定されている。

> 　幼稚園，小学校，中学校，義務教育学校，高等学校及び中等教育学校においては，次項各号のいずれかに該当する幼児，児童及び生徒その他教育上特別の支援を必要とする幼児，児童及び生徒に対し，文部科学大臣の定めるところにより，障害による学習上又は生活上の困難を克服するための教育を行うものとする。

　「次項各号のいずれかに該当する幼児，児童及び生徒」とは，後述する小学校や中学校の特別支援学級において教育を受ける児童生徒を指している。

また，「その他教育上特別の支援を必要とする幼児，児童及び生徒」とは，通常の学級において教育を受ける児童生徒を指しており，LD，ADHD，高機能自閉症等の知的障害のない発達障害等のある児童生徒等が想定される。

また，小学校や中学校，高等学校等の通常の学級で教育を受けながら，特別な教育課程を編成し，一部の授業を特別の場所で教育を受ける「通級による指導」も実施されている。「通級による指導」は，「通級指導教室」と言われることがある。実施の根拠となる法令は，学校教育法施行規則第140条であり，次のように規定されている。

　小学校，中学校，義務教育学校，高等学校又は中等教育学校において，次の各号のいずれかに該当する児童又は生徒（特別支援学級の児童及び生徒を除く。）のうち当該障害に応じた特別の指導を行う必要があるものを教育する場合には，文部科学大臣が別に定めるところにより，（中略）特別の教育課程によることができる。

1　言語障害者

2　自閉症者

3　情緒障害者

4　弱視者

5　難聴者

6　学習障害者

7　注意欠陥多動性障害者

8　その他障害のある者で，この条の規定により特別の教育課程による教育を行うことが適当なもの

第8号の「その他…」は，肢体不自由者，病弱及び身体虚弱者を指していると考えられる。

また，インクルーシブ教育システムの構築のための連続性のある多様な学びの場づくりとして，東京都などでは，教員が各学校を巡回し，通常の学級で教育を受けている発達障害等のある児童生徒に対して，学校内に設

けられた「特別支援教室」で指導することが実施されている。さらに，高等学校においても，2018（平成30）年度より通級による指導が実施されている。

3. 特別支援学級

小学校や中学校には，特別の教育課程を編成・実施することができる特別支援学級を設けることができるようになっている。特別支援学級の根拠となる法令は，学校教育法第81条であり，前述のように第1項で設けることができることを規定し，同条第2項では，特別支援学級の教育の対象とする障害を次のように規定している。

小学校，中学校，義務教育学校，高等学校及び中等教育学校には，次の各号のいずれかに該当する児童及び生徒のために，特別支援学級を置くことができる。

1　知的障害者

2　肢体不自由者

3　身体虚弱者

4　弱視者

5　難聴者

6　その他障害のある者で，特別支援学級において教育を行うことが適当なもの

「6　その他…」は，言語障害，自閉症・情緒障害を指している。また，「障害のある児童生徒等に対する早期からの一貫した支援について（通知）」（文部科学省初等中等教育局長　平成25年10月4日付け　25文科初第756号）には，障害の状態，教育上必要な支援の内容，地域における教育の体制の整備状況等を勘案して，特別支援学級で教育を受けることが適当と認める者を対象とすることが示されている。

なお，学校教育法第81条では，高等学校に特別支援学級を設置できるよ

うに規定されているが，実際には設置されてこなかった。

4．特別支援学校

　学校教育法の一部改正（2007（平成 19）年施行）により，それまでの盲学校，聾学校及び養護学校（以下，盲・聾・養護学校とする）は特別支援学校の制度となった。盲・聾・養護学校と同じ障害を教育の対象としているが，1 つの学校において複数の障害種に対する教育を行うことができるようになった。より正確に述べると，養護学校については，知的障害と肢体不自由などの複数の障害を教育の対象とすることは可能であり，実際に設置されていた。特別支援学校の制度となって，例えば聴覚障害と知的障害などを対象とする学校を設置することが可能となった。特別支援学校には，幼稚部，小学部，中学部，高等部を設置できるようになっている。また，小学部と中学部は都道府県の義務設置である（学校教育法第 80 条）。

　特別支援学校の目的，教育の対象者，小学校等への助言・援助，教育課程等は，学校教育法に規定されている。

❶ 特別支援学校の目的

　特別支援学校の目的については，学校教育法第 72 条に次のように規定されている。

　　特別支援学校は，視覚障害者，聴覚障害者，知的障害者，肢体不自由者又は病弱者（身体虚弱者を含む。以下同じ。）に対して，幼稚園，小学校，中学校又は高等学校に準ずる教育を施すとともに，障害による学習上又は生活上の困難を克服し自立を図るために必要な知識技能を授けることを目的とする。

　「準ずる教育を施す」とは，幼児児童生徒の障害の状態等を考慮して，幼稚園，小学校，中学校，高等学校の教育目標の達成に努める教育を行うことを意味している。また，「障害による学習上又は生活上の困難を克服し自立を図るために必要な知識技能を授ける」とは，幼稚部，小学部，中学部，

高等部の教育課程において，自立活動という指導領域が編成・実施されること等を指している。

❷ 教育の対象者

特別支援学校の教育の対象とする者は，前述の学校教育法第72条に規定されているように，視覚障害者，聴覚障害者，知的障害者，肢体不自由者又は病弱者（身体虚弱者を含む）である。また，「特別支援学校」という学校名からどの障害種別を教育の対象とするのかが明らかでないので，同法第73条では，「当該学校が行うものを明らかにするものとする」と規定しており，具体的には，学校教育法施行規則第119条で，学則その他の設置者の定める規則で定めること，保護者等に積極的に情報提供をすることを規定している。また，同法第75条では，障害の程度は政令で定めることとしており，学校教育法施行令第22条の3に規定されている。

また，学校教育法第80条により，都道府県は，視覚障害者，聴覚障害者，知的障害者，肢体不自由者又は病弱者（身体虚弱者を含む）の教育を行う特別支援学校の設置義務がある。つまり，都道府県の域内には，必ず5つの障害種を教育の対象とする特別支援学校が設置されなければならない。

❸ 小学校等への助言・援助

学校教育法第74条において，特別支援学校は幼稚園，小学校，中学校，義務教育学校，高等学校，中等教育学校の要請に応じて，特別支援学級や通常の学級で教育を受ける幼児児童生徒の教育に関して助言・援助を行うよう努めることが規定されている。いわゆる「センター的機能」と言われるものであり，障害のある幼児児童生徒の教育についての地域における中核的な機関としての役割を果たすことが期待されている。

特別支援学校のセンター的機能としては，次の6つが想定される。

①小・中学校等の教員への支援機能
②特別支援教育等に関する相談・情報提供機能
③障害のある幼児児童生徒への指導・支援機能
④福祉，医療，労働などの関係機関等との連絡・調整機能

⑤小・中学校等の教員に対する研修協力機能

⑥障害のある幼児児童生徒への施設設備等の提供機能

また，センター的機能は，保育園や認定こども園の保育施設等も対象とすることが期待されている。さらに，高等学校に在籍する障害のある生徒の就職のための支援（高等学校と就労支援機関のネットワークづくり，産業現場等における実習のノウハウの提供等）も実施されるようになってきている。

❹ 教育課程

特別支援学校の教育課程については，学校教育法第77条に文部科学大臣が定めることが規定されている。文部科学大臣の定めとしては，学校教育法施行規則第126条（小学部の教育課程），第127条（中学部の教育課程），第128条（高等部の教育課程）がある。また，第129条には，教育課程の基準として，特別支援学校幼稚部教育要領，特別支援学校小学部・中学部学習指導要領，特別支援学校高等部学習指導要領によることが規定されている。

また，教育課程については，次のように規定されている。

①第131条：複数の種類の障害を併せ有する児童生徒を教育する場合や，教員を派遣して教育を行う（いわゆる訪問教育）場合の特別の教育課程と教科書

②第132条：研究開発のための特別の教育課程，日本語の通じない児童生徒の特別の教育課程

③第134条：特別支援学校高等部の通信による教育

❺ 特別支援学校設置基準

特別支援学校の設備編制等の基本的事項について定めた特別支援学校設置基準（令和3年文部科学省令第45号）が公布（令和3年9月24日）された。特別支援学校の設置者は，特別支援学校の編制，設置及び設備等がこの設置基準より低下した状態にならないようにし，これらの水準の向上

を図ることに努めなければならないとされている。

5. 就学に関する制度

　障害のある児童生徒の就学に関する手続き等は，学校教育法施行令に規定されている。新たに義務教育を受ける年齢になる子どもの就学手続きの流れを紹介する。

❶ 学齢簿の編製

　市町村教育委員会は，学齢（義務教育年齢）の子どもが義務教育を確実に受けることができるようにするため，10月1日現在において，その市町村に住所を有する新入学者について，毎学年10月31日までに，住民基本台帳に基づき学齢簿を編成することになっている（学校教育法施行令第2条，学校教育法施行規則第30条及び第31条の規定による）。

❷ 就学時健康診断の実施

　学校保健安全法施行令第1条の規定により，学齢簿に基づき，翌年の4月に就学する子どもの健康診断が11月30日までに実施されることになっている。検査項目は次のように示されている。

第2条　就学時の健康診断における検査の項目は，次のとおりとする。

　　1　栄養状態

　　2　脊柱及び胸郭の疾病及び異常の有無

　　3　視力及び聴力

　　4　眼の疾病及び異常の有無

　　5　耳鼻咽頭疾患及び皮膚疾患の有無

　　6　歯及び口腔の疾病及び異常の有無

　　7　その他の疾病及び異常の有無

---

❸ 保護者，専門家からの意見聴取

　障害のある児童生徒の就学先の決定に当たり，市町村教育委員会は，保護者に対して就学相談を実施する。また，学校教育法施行令第18条の2の

規定により，市町村教育委員会は，小学校や中学校や特別支援学校への就学又は転学に係る通知をするときは，保護者，就学に関する専門的知識を有する者の意見を聴くものとすることとされており，障害の状態，教育上必要な支援の内容，地域の教育体制の整備状況，本人・保護者の意見，専門家の意見，その他の事情から総合的に判断することとされている。

　本人・保護者の意見を最大限尊重し，教育的ニーズと必要な支援について合意形成を行い，市町村教育委員会が最終的に決定する。

❹ 都道府県教育委員会への通知

　市町村教育委員会は，特別支援学校に就学させることが適当な児童生徒であると判断した者について，12 月 31 日までに都道府県教育委員会へ通知する。

❺ 保護者等への通知

　都道府県教育委員会及び市町村教育委員会は，1 月 31 日までに保護者等へ就学する小学校や中学校や特別支援学校と入学期日を通知する。

❻ 就学猶予・免除

　義務教育段階の児童生徒については，病弱，発育不完全その他やむを得ない事由があり就学困難と認められる場合，就学義務を猶予・免除する規定がある（学校教育法第 18 条）。

3

特殊教育・特別支援教育の歴史的変遷

1．近代的特殊教育の始まり

❶ 盲・聾教育の始まり

　幕末から明治初期にかけてのわが国には，特に盲・聾教育に関する情報，すなわち海外における視覚障害児，聴覚障害児等の教育施設，凸字や点字の解読法，手話法や発音・読唇法等の教育についての情報が，外国人や幕府の海外使節団，留学生らによって伝えられた。

1872（明治5）年の「学制」において，わが国の教育法制上，障害のある子どものための学校に関する規定が初めて登場した。そこで示された「廃人学校」とは，障害のある子どもの諸教育施設を一括して総称したもので，障害のある子どもについても教育の対象として考慮するという認識があったものと考えられる。その後，1878（明治11）年に京都盲唖院（後の京都市立盲唖院）が創設され，わが国の近代盲・聾教育が開始された。

1890（明治23）年の改正小学校令では，「学制」において不明瞭であった盲唖学校の設置と廃止に関する規定が設けられた。この年は，東京盲唖学校の石川倉次らにより日本訓盲点字が翻案された年でもあり，点字はその後，盲唖学校の増加とともに全国的に普及していった。1891（明治24）年には，文部省令で「幼稚園図書館盲唖学校其他小学校ニ類スル各種学校及私立小学校等ニ関スル規則」が出され，私立の盲唖学校が各地に開設されるようになった。

1900（明治33）年8月には，小学校令の改正により，小学校に盲唖学校を附設することが認められた。その後，1907（明治40）年4月に師範学校規定が制定され，文部省訓令の中に，盲人・唖人，心身発育不完全な児童のために，師範学校附属小学校の中に特別学級を設け，教育方法を研究することが要望された。その結果，徳島，高知，和歌山，三重等の師範学校附属小学校に盲・聾児の学級が設置された。

❷ 知的障害教育の始まり

知的障害教育に関しては，その起源を福祉施設に見いだすことができる。例えば，学校教育の対象とならなかった知的障害児のための施設として，1891（明治24）年に石井亮一が創立した滝乃川学園（創立当時の名称は孤女学院）では，知的障害児を保護収容し，セガン（Seguin, E. D.）の生理学的方法を基礎として指導を行った。

学校教育における知的障害教育については，1890（明治23）年4月，松本尋常小学校に学業不振の子どものための特別な学級を設置したのが，わが国における知的障害特殊学級の始まりとされている。この学級は4年で廃止されたが，1896（明治29）年に長野尋常小学校に設けられた知的障害

児のための特別な学級「晩熟生学級」は，大正期まで存続した。

　また，1907（明治40）年の文部省訓令により，師範学校附属小学校に知的障害児のための特殊学級が設置されたが，戦前まで存続した東京高等師範学校附属小学校の特殊学級を除き，いずれも短命に終わっている。なお，これらの特殊学級での指導は，障害のない児童の教育課程の程度を下げ，丁寧に教えることが中心であり，知的障害教育独自の教育内容・方法を伴うものではなかった。

2.　大正から昭和初期の特殊教育

❶ 盲・聾教育の発展

　大正時代に入り，私立を中心に小規模の盲唖学校が増加した。1923（大正12）年には，「盲学校及聾唖学校令」が制定され，同令によって盲学校と聾唖学校は制度上分離され，普通教育を基本に，盲児や聾唖児が自立した生活をするために必要な知識・技能を授けるという目的が設定された。また，同令では，盲・聾唖学校を小・中学校と同様に位置づけ，その設置義務を道府県に課したことから，私立学校の道府県立移管が進められた。また，初等部，中等部の二部制を基本としたことから，中等教育への道も開かれ，初等部等の授業料，入学料免除等の施策も明確にされた。

　なお，この時期には，教員養成機関の整備拡充も図られ，東京盲学校及び東京聾唖学校に師範部が設けられた。1920（大正9）年には滋賀県に口話法による私立の日本聾話学校が設置され，同様の学校が各地に広がっていった。

❷ 知的障害教育の発展

　1922（大正11）年頃からは，大都市を中心に，公立小学校に学業不振児や知的発達に遅れのある子どものための特別な学級が設置された。

　その後，1940（昭和15）年には知的障害教育のための初めての独立した学校として，大阪市立思斉学校が創設された。1941（昭和16）年3月には国民学校令が公布され，この施行規則第53条において，「身体虚弱，精神薄弱其ノ他心身ニ異常アル児童ニシテ特別養護ノ必要アリト認ムルモノノ

為ニ学級又ハ学校ヲ編制スルコトヲ得」として示された。また，その時の文部省令第55号によって，それまで様々な名称で呼ばれていた特別の学級は，養護学級，養護学校と称されることになった。

❸ 肢体不自由教育の始まり

肢体不自由教育に関しては，1897（明治30）年代以降，整形外科学が，ヨーロッパからわが国に伝えられたことに始まる。高木憲次は，身体が不自由なために学校に行けない子どもに対して治療と学校教育と職業教育を行う「夢の楽園教療所」の実現を唱え始めた。これがわが国における肢体不自由教育の必要性を述べた最初のものとされている。高木の構想が現実となったのは，1942（昭和17）年の肢体不自由児施設「整肢療護園」設立である。

一方，1921（大正10）年，東京市小石川区に，柏倉松蔵によって設立された肢体不自由施設「柏学園」が，日本における最初の肢体不自由児療護施設であり，初等中等教育と整形外科的治療を施した。

その後，東京市において肢体不自由児のための教育施設開設の機運が高まり，1932（昭和7）年に東京市立光明学校が創立された。独立の学校による肢体不自由児教育は光明学校のみだったが，いくつかの県では，小学校に肢体不自由児の特別な学級を設けたり，身体虚弱児や知的障害児の学級と併設したりしていた。

❹ 病弱教育・身体虚弱教育の始まり

病弱・身体虚弱教育については，1897（明治30）年の文部省訓令の「学生生徒身体検査規程」により，児童生徒の体格を区別して，それが，1900（明治33）年に「学生生徒身体検査規程」として公布されている。さらに1920（大正9）年，文部省令第16号「学生生徒児童身体検査規程」として公布され，発育について評価されることになった。

このような状況の中，身体虚弱児の健康増進対策の1つとして，休暇集落が実施され，1900（明治33）年の東京の馬込村に最初の休暇集落が設けられた。1912（大正元）年に，高松市立四番丁尋常小学校が実施した夏休み休暇集落は結核対策の施設としても意義が認められた。このように身体

虚弱児童の養護は結核予防対策にもつながるとされ，大正中期には同様の施設が全国にも開設されるようになった。

身体虚弱児のための特別支援学級として開設されたものとしては，1926（大正15）年東京市鶴巻尋常小学校における養護学級がある。その後，1927（昭和2）年には，東京市麹町尋常小学校に開放学級が，1930（昭和5）年には麻布区本村尋常小学校に戸外学級が設置された。なお，最初の公立病弱養護学校（門司市立白野江養護学校）が設置されたのは，1950（昭和25）年である。

❺ 弱視・難聴・言語障害教育の始まり

1）弱視教育

わが国で最初の弱視学級は，1933（昭和8）年，東京市麻布区南山尋常小学校に開設された。この学級は，最初「弱視学級」の名称だったが，当時の弱視教育が視力の保護・保存を目的としていたことから，後に「視力保存学級」に改められた。

2）難聴教育

東京聾唖学校は，1926（大正15）年に1学年おきに難聴学級を設けることになった。この背景には，歯牙伝導補聴器の開発や大学の耳鼻咽喉科学教室などの情報，便宜の提供などがあった。1934（昭和9）年には，東京市小石川区礫川小学校に難聴学級が設置された。

3）言語障害教育

わが国の初期の言語治療施設は，ほとんどが吃音矯正を目的としたものであった。これは1903（明治36）年，伊沢修二が設立した楽石社の影響が大きく，社会事業と見なされ，学校教育における言語障害教育の進展に影響を与えることはなかった。その後，1926（大正15）年に東京市深川区八名川小学校に吃音学級が開設された。

3. 戦後の特殊教育

❶ 学校教育法の公布と特殊教育

第二次世界大戦後，日本国憲法及び教育基本法に基づき，新しい学校教

育制度を定めた学校教育法が1947（昭和22）年に公布された。この公布により，特殊教育も学校教育の一環をなすとされ，盲学校・聾学校・養護学校への就学の義務化が開始された。学校教育法第71条において，盲・聾・養護学校は，それぞれの学校が対象とする障害のある幼児児童生徒のそれぞれの段階に応じて，幼稚園，小学校，中学校，高等学校に準ずる教育を施すとともに，障害に基づく種々の困難を克服するために必要な知識技能を授けることを目的とされた。しかし，戦後の混乱と窮乏の中において，新学制による義務教育年限の延長，さらに当時は盲・聾・養護学校が未整備であったことなどにより，その施行が延期された。

❷ 盲・聾・養護学校の義務化

　盲・聾学校については，1923（大正12）年の盲学校及聾唖学校令により，1948（昭和23）年度から義務化され，1956（昭和31）年度に9年の義務制が完成した。一方，養護学校については，1950（昭和25）年に最初の公立病弱養護学校（門司市立白野江養護学校）が，1956（昭和31）年に最初の公立肢体不自由養護学校（大阪府立養護学校・愛知県立養護学校）が，1957（昭和32）年に最初の公立精神薄弱（当時）養護学校（東京都立青鳥養護学校）が設立され，1963（昭和38）年には精神薄弱養護学校学習指導要領が公布されたが，重度・重複の障害のある児童生徒については，そのほとんどが就学猶予・免除の対象になっていた。

　文部省では，1972（昭和47）年度を初年度として「特殊教育拡充計画」を策定し，特に養護学校については「養護学校整備7年計画」を立て，最終年度の1978（昭和53）年度までに，対象となる学齢児童生徒全員を就学させるのに必要な養護学校の整備を図った。こうした経緯により，1979（昭和54）年に養護学校における教育が義務化され，それまで就学猶予・免除の対象になることがほとんどであった重度・重複障害のある児童生徒も養護学校に入学できるようになり，訪問教育も開始された。自閉症が情緒障害として位置づけられ，特殊教育の対象となったのもこの時である。

❸ 戦後の特殊学級の発展

　特殊学級については，学校教育法第75条にその規定が置かれたが，これ

は戦前の小学校等に設けられた特別な学級や養護学級の系譜を引き継ぐものであった。学校教育法が公布される前年に，東京都大和田国民学校に養護学級が設置されたのが，戦後最初の特殊学級と言われている。言語障害特殊学級については，1958（昭和33）年に仙台市立通町小学校に設置され，弱視特殊学級については，1963（昭和38）年大阪市立本田小学校に設置されたのが始まりと言われている。

❹ 通級による指導の開始と発展

　1993（平成5）年の文部省による「学校教育法施行規則第73条21第1項の規定による特別の教育課程」により，通級による指導の規程ができた。通級による指導とは，小・中学校の通常の学級に在籍している，言語障害，情緒障害，弱視，難聴などの障害がある児童生徒のうち，比較的軽度の障害がある児童生徒に対して，各教科等の指導は主として通常の学級で行いつつ，特別支援学校小学部・中学部学習指導要領を参考とし，個々の障害の状態に応じた特別の指導（「自立活動」及び「各教科の補充指導」）を特別の指導の場（通級指導教室）で行う教育形態である。

　その後，2006（平成18）年4月1日より施行された「学校教育法施行規則の一部を改正する省令」により，これまで情緒障害者として位置づけられていた発達障害である自閉症者と心因性の情緒障害者とに分類され，また，LDやADHD児が新たに通級による指導の対象として加えられた。この通級による指導の制度化は，特殊教育・特別支援教育の状況改善に大切な役割を果たした。

　さらに，2018（平成30）年度より，高等学校における通級による指導が開始され，特別の教育課程を編成することが可能になった。これにより，各学科に共通する必履修教科・科目や総合的な学習の時間，選択教科・科目，特別活動に，「障害に応じた特別の指導」を加えたり，選択教科・科目の一部をそれに替えたりすることが可能となった。

4. 特別支援教育の推進

❶ 特別支援教育とは

　特別支援教育とは，「障害のある幼児児童生徒の自立や社会参加に向けた主体的な取組を支援するという視点に立ち，幼児児童生徒一人一人の教育的ニーズを把握し，その持てる力を高め，生活や学習上の困難を改善又は克服するため，適切な指導及び必要な指導支援を行うもの」である。2007（平成19）年4月から学校教育法に位置づけられ，すべての学校において，障害のある幼児児童生徒の支援をさらに充実していくこととなった。特別支援教育の理念等については，「特別支援教育の推進について（通知）（19文科初第125号）」に記載されているので，参照されたい。ここでは，この通知に沿って特別支援教育のポイントについて述べる。

❷ 特別支援教育の対象・体制

　特別支援教育は，これまでの特殊教育の対象の障害だけでなく，LD等の発達障害も含め，特別な支援を必要とする幼児児童生徒が在籍するすべての学校において実施されるものである。各学校園長は，特別支援教育実施の責任者として，自らが特別支援教育や障害に関する見識を深めるとともに，リーダーシップを発揮して特別支援教育体制の整備等を行い，組織として十分に機能するよう教職員を指導することが求められている。

　特別支援教育を確実に実施するため，各学校園において，①特別支援教育に関する校内委員会の設置，②在籍する幼児児童生徒の実態把握，③特別支援教育コーディネーターの指名と校務分掌への位置づけ，④関係機関との連携を図った「個別の教育支援計画」の策定と活用，⑤「個別の指導計画」の作成，⑥教員の専門性の向上を推進していくこと，が求められている。③については，特に特別支援学校の特別支援教育コーディネーターは，自校への支援や地域や関係機関等との連携だけでなく，地域の小・中学校等への支援を行うセンター的機能を発揮することが求められている。④，⑤については，特別支援学校においては策定・作成・活用が義務づけられており，小・中学校等においては必要に応じて策定・作成・活用を行うこととされている。

　なお，発達障害のある児童生徒については，改正発達障害者支援法が2016（平成28）年８月１日から施行されたことにより，文部科学省及び厚生労働省では，障害のある子どもの早期保育・教育から就労を視野に入れた「切れ目のない支援」を実施するため，子ども一人一人に関わる教育，福祉，医療，労働等の関係者・関係機関による支援の充実を図ることが求められている。

　また，このことに関連して，教育委員会においては，障害の有無の判断や望ましい教育的対応について専門的な意見等を各学校に提示する，教育委員会の教職員，専門家，医師等から構成される「専門家チーム」の設置や，各学校を巡回して教員等に指導内容や方法に関する指導や助言を行う巡回相談の実施についても，可能な限り行うこととされている。

❸ 保護者からの相談への対応や早期からの連携

　各学校及びすべての教員は，保護者からの障害に関する相談などに真摯に対応し，その意見や事情を十分に聴いた上で，当該幼児児童生徒への対応を組織的に行うことが求められている。

　2007（平成19）年４月に施行された「学校教育法等の一部を改正する法律の施行に伴う関係政令の整備等に関する政令（平成19年政令第55号）」において，障害のある児童の就学先の決定に際して保護者の意見聴取を義務付けたことに鑑み，小学校及び特別支援学校において障害のある児童が入学する際には，早期に保護者と連携し，日常生活の状況や留意事項等を聴取し，当該児童の教育的ニーズの把握に努め，適切に対応することが求められるようになった。

　さらに，2013（平成25）年９月に学校教育法施行令が一部改正され，障害のある子どもの就学先決定の仕組みが改められた。障害のある子どもの就学先の決定について，一定の障害のある子どもは原則として特別支援学校に就学するというこれまでの学校教育法施行令における基本的な考え方を改め，市町教育委員会が，個々の子どもについて障害の状態等を踏まえ，本人・保護者の意見を最大限尊重した十分な検討を行った上で，小・中学校又は特別支援学校のいずれかを判断・決定する仕組みに改められた。

❹ 教育活動等を行う際の留意事項

　障害のある幼児児童生徒への支援に当たっては，障害種別の判断も重要だが，当該幼児児童生徒が示す困難に，より重点を置いた対応を心がけ，その幼児児童生徒のニーズに合わせた指導や支援を検討することが求められる。その他，学習上・生活上の配慮及び試験などの評価上の配慮，交流及び共同学習，障害理解教育等の推進，進路指導の充実とキャリア支援，支援員等の活用，学校間や関係機関等との連絡などが求められている。

❺ 小学校学習指導要領等における特別支援教育の充実

　幼稚園教育要領，小学校学習指導要領及び中学校学習指導要領（平成29年3月），高等学校学習指導要領（平成30年3月）において，特別支援教育に関する記述が次の通り充実し，特別支援学校教育要領・学習指導要領以外においても特別支援教育の充実がさらに目指されることとなった。

①個々の児童生徒の障害の状態等に応じた指導内容や指導方法の工夫を組織的かつ継続的に行う。

②特別支援学級及び通級による指導に関する教育課程編成の基本的な考え方を示す。

③家庭，地域及び医療や福祉，保健，労働等の業務を行う関係機関との連携を図り，長期的な視点での児童への教育的支援を行うために，個別の教育支援計画を作成，活用に努める。また，各教科等の指導に当たって，個々の児童生徒の実態を的確に把握し，個別の指導計画を作成，活用に努める。

④特別支援学級に在籍する児童生徒や通級による指導を受ける児童生徒については，個別の教育支援計画及び個別の指導計画を全員作成する。

⑤各教科等に学習上の困難に応じた指導内容・方法の工夫について記述する。

⑥交流及び共同学習を推進する。

　障害のある子どもたちの学びの場の柔軟な選択を踏まえ，幼稚園，小・

中・高等学校の教育課程との連続性を重視している点が大きな特徴である。また，障害のある個人を伸ばすといった観点に加え，障害理解教育や心のバリアフリーのための交流及び共同学習を推進することで，周囲の環境を整備し，誰にとっても学習・生活しやすい学校環境を整えることが求められている。

5．共生社会の形成に向けたインクルーシブ教育システムの構築

　中央教育審議会初等中等教育分科会（2012）によると，「共生社会」とは，「これまで必ずしも十分に社会参加できるような環境になかった障害者等が，積極的に参加・貢献していくことができる社会である。それは，誰もが相互に人格と個性を尊重し支え合い，人々の多様な在り方を相互に認め合える全員参加型の社会である」。

　わが国において 2014（平成 26）年に批准・発効した国際連合「障害者の権利に関する条約」第 24 条によると，インクルーシブ教育システムとは，人間の多様性の尊重を強化し，障害者が精神的及び身体的な能力等を可能な最大限度まで発達させ，自由な社会に効果的に参加することを可能とするとの目的の下，障害のある者と障害のない者が共に学ぶ仕組みであり，障害のある者が教育制度一般から排除されないこと，自己の生活する地域において初等中等教育の機会が与えられること，個人に必要な「合理的配慮」が提供される等求められている。

　インクルーシブ教育システムにおいては，同じ場で共に学ぶことを追求するとともに，個別の教育的ニーズのある幼児児童生徒に対して，自立と社会参加を見据えて，その時点で教育的ニーズに最も的確に応える指導を提供できる，多様で柔軟な仕組みを整備することが重要である。そのためには，通常の学級，通級による指導，特別支援学級，特別支援学校といった，「連続性のある多様な学びの場」を用意することが必要となる。

　特別支援教育を推進していくことは，子ども一人一人の教育的ニーズを把握し，適切な指導及び必要な支援を行うものであり，この観点から教育を進めていくことにより，障害のある子どもにとっても，障害があること

が周囲から認識されていないものの学習上又は生活上の困難のある子どもにとっても，さらにはすべての子どもにとっても，良い効果をもたらすことができるものと考えられる。

4

障害者の権利に関する条約と特別支援教育

1. 特別支援教育の現状と障害者の権利に関する条約の間のジレンマ

　国際連合「障害者の権利に関する条約」を批准した後，国際連合障害者権利委員会（国際監視システム；以下，権利委員会とする）と政府やNPO等によって権利条約の実効状況に関する国際連合の総括所見・報告のサイクルが何度か行われる。コロナ禍によって審査が遅れ，2022年9月9日に総括所見・勧告が初めて公表された（United Nations, 2022）。

　ここで問題となるのは特別支援教育とインクルーシブ教育の関係であろう。他の国に対するこれまでの権利委員会の動向を見ると，障害のある子どもたちの教育に関しては，「第24条　教育」でインクルーシブ教育がうたわれているが，条約（United Nations, 2006）英文版のp.17（e）にある consistent with the goal of full inclusion の下線部分は，「完全な包容」や「完全なインクルージョン」と訳すより，教育分野でのフル・インクルージョンという特別支援教育の用語で解釈すべきであろう。インクルージョンについて Terzi（2010）は，欧米では，インクルージョンと法律でうたっていても，特別支援学校があったり通常の学級でのフル・インクルージョンを行っていたりと多様であり，例えばスウェーデン，スペイン，イタリアのように，ほとんどの障害のある子どもが小・中学校等の通常の学級で教育を受けているフル・インクルージョンの国もあれば，フランス，デンマーク，オーストリア，フィンランド，それにスロバキアのようにインクルージョンと特別支援教育機関が併設されている（multi track型）国もあるとしている。フル・インクルージョンとは，インクルージョンの中でも

「あらゆる分離形態を拒否する」インクルージョンである（中村・岡，2005）。

　日本より5年早く条約を批准した韓国に対する障害者権利委員会の勧告では，通級による指導も含めて，特別支援学校や特別支援学級への在籍児童生徒数の増加に対する批判や，通常の学級で行われているインクルーシブ教育も国連が望むインクルーシブ教育とはまったく異なる内容であるという批判がなされている。韓国に対する意見が極めて厳しかったのは，障害者権利委員会がフル・インクルージョンを原則にして審査しているからであろう（落合ら，2015）。また，OECD諸国の多くがmulti track型であることも，障害者権利委員会から批判された国々が多かった理由であろう。日本に対する初回の審査は2022年8月22，23日に行われ，韓国への総括意見・勧告とほぼ同じ内容だった（United Nations, 2022）。日本政府はこれから障害者権利委員会と意見のフィードバックを行いながら最終報告書を作り上げる。障害者権利委員会が総括所見の中で指摘したように，拡大していく特別支援教育制度をどのように位置づけ，調整していくか検討しなければならない。つまり，特別支援教育体制とフル・インクルージョンとのジレンマに陥ることになる。そして，日本の社会にとってのフル・インクルージョンの意味も考える必要がある。次回は，2028年2月20日までに定期報告の提出が求められている（United Nations, 2022）。

2．共生社会とは何か

　参議院共生社会に関する調査会は，1998年6月16日に参議院議長に提出された「参議院制度改革検討会報告書」の答申に基づき設置され，その主旨は，わが国を取り巻く社会的環境は大きく変化しており，男性と女性，健常者と障害者，日本人と外国人，現役世代と年金世代など，社会を構成している様々な人々が，互いにその存在を認め合い，共生していく社会を築くこととしている。これが共生社会であり，的確な対応を目指し，わが国の社会における人と人との新しい関係を模索すべく新たに設けられたものである。1995年の阪神・淡路大震災，2004年の新潟県中越地震による経験から問題提起されている。

その後の 2011 年 3 月 11 日の東日本大震災，それによる東京電力福島第一原子力発電所事故，その 5 年後の熊本地震，かなり高い確率で発生すると予測されている南海トラフの巨大地震や温暖化に起因する異常気象による大規模自然災害等への懸念，少子高齢化の加速，国並びに地方の財政債務の増加，人口の減少＝納税者の減少，コロナ禍による格差の拡大，財政負担の増大が加わり，2023 年の現在を考えると，もはや共生社会の構築を喫緊の課題として考えなければならない事態に直面している。内閣府は，「共生社会の形成促進と自由主義・市場経済化の動きとの関係は，経済構造改革がそうであるように，共生社会の形成の過程でトレードオフ（二律背反）の関係が見られることがあるが，その基盤が整った後においては相互補完の関係になると考えられる」（共生社会形成促進のための政策研究会，2005）としているが容易なことではない。

3. 共生社会構築のための戦略としてのインクルージョン

インクルージョンという概念は単に教育上の話題ではなく，過去 30 年間に起きた政治・経済的な出来事にソーシャル・インクルージョン（社会的包摂）という政治的思想の関与があったと考える。近江（2002）は，英国は政治形態が 1970 年代から第一の道：労働党政権（社会民主主義），第二の道：保守党（新自由主義），第三の道：新労働党，という図式になったが，1976 年の財政破綻の経験も踏まえ，自由市場主義と福祉国家主義の両者をかなり純粋な形態で経験したことで，ソーシャル・インクルージョンや参加型社会福祉のように一人一人が市民として活躍する社会を構成するという世界観に到達したとしている。

内閣府共生社会政策統括官下で行われた共生社会形成促進のための政策研究会（2005）も，共生社会の概念は，自由主義化，市場経済化や情報の高度化などの昨今の流れの中で注目されるべき概念であり，伝統的な共同体では注目されなかった流れであるとしている。また，Giddens・渡辺（2009）は，「第三の道」という均衡ある中道政治の路線は，英国が長い歴史の中で高い代償を払い，試行錯誤を重ねた末にやっと辿り着いた道であ

り，日本がこれから西欧諸国が辿ったのと同じ道のりを歩むことは不可能であると述べている。東日本大震災からの復興，悪化の一途を辿る国家財政，人類が経験したことがない深刻化する少子高齢化問題，コロナ禍など，今の日本には財政的な余裕もないし時間の猶予もないのではないか。

　グローバリゼーションの高まりと少子超高齢社会の中で，市場主義改革と福祉改革の同時推進を行う新しい市民意識を持った人々が共生社会形成の担い手となる必要がある。福祉政策では，市場と政府とを福祉供給の主体とする二分法ではなく，それらにボランティア組織やCSR（企業の社会的責任）等による新たな非営利部門を組み込み，三者の長所を融合させることによって高い効果を生む「福祉ミックス」を最適モデルとして，21世紀の日本の福祉の在り方としている（岩田ら，2014）。

　文部科学省（2015）中央教育審議会教育課程企画特別部会論点整理補足資料「1．2030年の社会と子供たちの未来」では，今世紀に入ってから，日本の高齢化率は欧米主要国をはるかに上回って世界一を維持しながら，2060年までには生産年齢人口が2010年と比べ約半数に減ると指摘している。各年代が均等に減るのではなく，高齢者の割合が非常に高い人口ピラミッドのまま経過していく。債務残高対GDP比を見ると，日本は他の工業国と大きく水をあけて債務残高が高く，コロナ対策でさらに増大した。経済成長によって予算を獲得してから社会保障を吟味することはもう不可能で，むしろ，萱野（2015）が述べているように，日本は成長社会から定常社会，そして縮小社会に既に入り，現在は縮小社会の世界におけるフロントランナーになっていて，その解決の手本はどこにもない。共生社会とは，成長を前提としない状態での資本主義社会の合理的在り方の1つであるという認識を持ち，その実現に向けた取り組みの在り方を真摯に考える時が来ている。

4.　おわりに

　国際連合「障害者の権利に関する条約」が批准・発効され，様々な国内法が整備されつつあるが，フル・インクルージョンが議論されても，特別

支援教育制度への在籍者はますます増加している。DSM-5では自閉症，広汎性発達障害，アスペルガー症候群は自閉スペクトラム症（ASD）という1つの診断名になり，知的障害を伴う重度の自閉症者から障害のない一般の人々にまでつながる幅広い概念として捉える。森ら（2014）が述べているように「DSM-Ⅳよりはるかに診断が容易になり，また診断対象が広がったというのが実感である」となるだろう。

　このような状況の中で，我々は「診断のインフレ」の心配をする。そして，グローバリゼーションの進展によって，ますます社会的格差が大きくなっていくと，障害による課題を抱える児童生徒だけではなく，社会経済的な困難による課題を抱える児童生徒も特別支援教育制度を拠り所とする傾向が強くなる可能性がある。実際，「通常の学級に在籍する特別な教育的支援を必要とする児童生徒に関する調査結果」（文部科学省，2022b）では，2002年では小・中学校で6.3%，2012年では同6.5%，2022年では同8.8%という推定値が出されている。また，需要の増加が著しい特別支援学級担任や通級による指導を担当する教員については，特別支援学校教諭免許状を有すること等の法令上の規定はない。これらの学級・教室における予想を上回る教員の需要の増加は，臨時的任用教員，臨時採用教員，非常勤講師等として採用された教員が支援を担当する状況が常態化する懸念にもつながる。すると「特別支援教育のインフレ」を生じさせ，結果的に特別支援教育の質の低下を招く恐れさえある。障害のある子どもだけでなく，貧困など社会経済的な困難を背負う子どものインクルージョンを考え，社会的格差の連鎖を断ち切るセーフティーネットも考えなければならない。共生社会構築のための戦略としてのインクルージョンを考えるためには，社会の変化と教育課程や現職教員研修，教員養成の在り方を俯瞰して見る目を国が持つ必要がある。コロナ禍によって，諸問題が急増しているため，一刻も早くこの流れをつくっていく必要がある。

5

特別支援教育の対象・教育課程の編成・配慮事項
（学習指導要領関係）

1．特別支援教育の対象者

　特別支援教育の対象者の状況（2022（令和3）年5月1日時点）は，表1-1のようになっている。

　近年，児童生徒数が減少する中，特別支援学校の在籍児童生徒数，特別支援学級で教育を受ける児童生徒数，通級による指導を受けている児童生徒数の増加傾向が続いている。

　特別支援学校の対象となる障害の程度は，学校教育法施行令第22条の3に，表1-2のように規定されている。

2．特別支援教育に関する教育課程の編成

❶ 通級による指導の教育課程

　学校教育法施行規則第140条には，通級による指導の教育課程について規定されている。

> 　小学校，中学校，義務教育学校，高等学校又は中等教育学校において，次の各号のいずれかに該当する児童又は生徒（特別支援学級の児童及び生徒を除く。）のうち当該障害に応じた特別の指導を行う必要があるものを教育する場合には，文部科学大臣が定めるところにより，（中略）特別の教育課程によることができる。（以下，略）

　通級による指導の授業時数の標準としては，自立活動指導の時間と各教科の内容を補充するための特別な指導の時間を合計した年間の授業時数の標準のみが定められている。具体的には，年間35単位時間から280単位時間までとされている。つまり週当たり1単位時間から8単位時間である。また，LD児及びADHD児については，月1単位時間程度の指導でも十分な教育的効果が認められる場合があることから，年間10単位時間から280単

● 表 1-1　義務教育段階の特別支援教育の対象者の状況（令和 3 年 5 月 1 日現在）（文部科学省，2020a, 2022b をもとに作成）

特別支援学校（小・中学部）		0.8%	（約 8.0 万人）
小・中学校	特別支援学級	3.4%	（約 32.6 万人）
	通級による指導	1.7%	（約 16.3 万人）※1
義務教育段階で特別支援教育を受けている者		5.9%	（約 56.9 万人）
義務教育を受けている全児童生徒数※2		961 万人	

※1　令和 3 年 3 月 31 日時点。
※2　通常の学級には LD，ADHD 等の児童生徒が約 8.8% で在籍する可能性がある（文部科学省の調査（令和 4 年）において，学級担任等の教員により判断された回答に基づくものであり，医師の診断によるものでない点に留意する必要がある）。

● 表 1-2　特別支援学校の対象となる障害の程度

障害種	障害の程度
視覚障害者	両眼の視力がおおむね 0.3 未満のもの又は視力以外の視機能障害が高度のもののうち，拡大鏡等の使用によっても通常の文字，図形等の視覚による認識が不可能又は著しく困難な程度のもの
聴覚障害者	両耳の聴力レベルがおおむね 60 デシベル以上のもののうち，補聴器等の使用によっても通常の話声を解することが不可能又は著しく困難な程度のもの
知的障害者	一　知的発達の遅滞があり，他人との意思疎通が困難で日常生活を営むのに頻繁に援助を必要とする程度のもの 二　知的発達の遅滞の程度が前号に掲げる程度に達しないもののうち，社会生活への適応が著しく困難なもの
肢体不自由者	一　肢体不自由の状態が補装具の使用によっても歩行，筆記等日常生活における基本的な動作が不可能又は困難な程度のもの 二　肢体不自由の状態が前号に掲げる程度に達しないもののうち，常時の医学的観察指導を必要とする程度のもの
病弱者	一　慢性の呼吸器疾患，腎臓疾患及び神経疾患，悪性新生物その他の疾患の状態が継続して医療又は生活規制を必要とする程度のもの 二　身体虚弱の状態が継続して生活規制を必要とする程度のもの

位時間までとされている。

　また，通級による指導は，児童生徒が在籍している学校で実施する場合と他校で実施する場合とがあり，他校の教室で受けた授業を在籍している学校の授業とみなす規定が設けられている。学校教育法施行規則第141条には，次のように規定されている。

　前条の規定により特別の教育課程による場合においては，校長は，児童又は生徒が，当該小学校，中学校，義務教育学校，高等学校又は中等教育学校の設置者の定めるところにより他の小学校，中学校，義務教育学校，高等学校，中等教育学校又は特別支援学校の小学部，中学部若しくは高等部において受けた授業を，当該小学校，中学校，義務教育学校，高等学校又は中等教育学校において受けた当該特別の教育課程に係る授業とみなすことができる。

　また，小学校学習指導要領解説総則編（文部科学省，2017）等には，通級による指導において特別の教育課程を編成する場合の例や留意点等について解説されている。

❷ 特別支援学級の教育課程

　学校教育法施行規則第138条には，特別支援学級の教育課程について規定されている。

　小学校，中学校若しくは義務教育学校又は中等教育学校の前期課程における特別支援学級に係る教育課程については，特に必要がある場合は，（中略）特別の教育課程によることができる。

　また，小学校学習指導要領解説総則編（文部科学省，2017）等には，特別支援学級において特別の教育課程を編成する場合の例や留意点等について解説されている。概要を紹介する。

　①特別の教育課程を編成するとしても，学校教育法に定める小学校の目

的及び目標を達成するものでなければならない。

②特別の教育課程を編成する場合には，学級の実態や児童の障害の状態等を考慮の上，特別支援学校小学部・中学部学習指導要領を参考とし，「自立活動」を取り入れたり，各教科の目標・内容を下学年の教科の目標・内容に替えたり，各教科を特別支援学校（知的障害）の各教科に替えたりするなどして，実態に合った教育課程を編成する。

❸ 特別支援学校の教育課程

特別支援学校の教育課程については，学校教育法第77条に幼稚園，小学校，中学校，高等学校に準じて文部科学大臣が定めると規定されており，文部科学省令である学校教育法施行規則に規定されている。具体的には，第126条（小学部の教育課程），第127条（中学部の教育課程），第128条（高等部の教育課程），第129条（幼稚部の教育課程），第130条第1項（各教科の全部又は一部について合わせて授業することができる），第2項（知的障害や重複障害のある児童生徒に対して，各教科，特別の教科である道徳，外国語活動，特別活動及び自立活動の全部又は一部について合わせて授業することができる），第131条（重複障害者の教育課程，訪問教育の教育課程）等が規定されている。

また，特別支援学校幼稚部教育要領，小学部・中学部学習指導要領，高等部学習指導要領に各教科等の内容，授業時間数等が規定されている。これらを総括的に表すと表1-3のようになる。

3. 教育課程編成の配慮事項

教育課程を編成する際に配慮すべき事項は，特別支援学校の学習指導要領等の総則に示されている。

特別支援学校小学部・中学部学習指導要領（文部科学省，2017）第1章総則には，「教育目標」「教育の基本と教育課程の役割」等が8節にわたって示されている。

また，特別支援学校高等部学習指導要領（2019）第1章総則には，「教育

◉ 表 1-3　特別支援学校の各部の教育課程

	特別支援学校（視覚障害・聴覚障害・肢体不自由・病弱）	特別支援学校（知的障害）
幼稚部	健康，人間関係，環境，言葉，表現，自立活動	健康，人間関係，環境，言葉，表現，自立活動
小学部	各教科（国語，社会，算数，理科，生活，音楽，図画工作，家庭，体育），特別の教科である道徳，外国語活動，総合的な学習の時間，特別活動，自立活動	各教科（生活，国語，算数，理科，音楽，図画工作，体育），特別の教科である道徳，特別活動，自立活動，（必要である場合は外国語活動を加えることができる）
中学部	各教科（国語，社会，数学，理科，生活，音楽，美術，保健体育，技術・家庭，外国語），特別の教科である道徳，総合的な学習の時間，特別活動，自立活動	各教科（国語，社会，数学，理科，音楽，美術，保健体育，職業・家庭，外国語），特別の教科である道徳，総合的な学習の時間，特別活動，自立活動
高等部	別表第三（各学科に共通する各教科，主として専門学科において開設される各教科）に属する科目，別表第五（特別支援学校（視覚）の主として専門学科において開設される各教科）に属する科目，別表第五（特別支援学校（聴覚）の主として専門学科において開設される各教科）に属する科目，総合的な探究の時間，特別活動，自立活動	各学科に共通する各教科（国語，社会，数学，理科，音楽，美術，保健体育，職業，家庭，外国語（必要に応じて），情報（必要に応じて）），主として専門学科において開設される各教科（家政，農業，工業，流通・サービス，福祉），学校設定教科，特別の教科である道徳，総合的な探究の時間，特別活動，自立活動

目標」「教育課程の編成」の２節が示され，「教育課程の編成」には，「高等部における教育の基本と教育課程の役割」「教育課程の編成」等が９款にわたって示されている。

　このうち，「重複障害者等に関する教育課程の取扱い」には，次のように規定されているので，概要をまとめる。

　1　児童生徒の障害の状態により特に必要がある場合

　（1）各教科（・科目）の目標及び内容の一部を取り扱わないことができる。

　（2）各教科（・科目）の目標及び内容の一部を下学年・下学部の教科の目標及び内容の一部によって替えることができる。

　（3）外国語科については，外国語活動の目標及び内容の一部を取り入れる

ことができる。

2　特別支援学校（知的障害）の児童生徒について

（1）小学部：小学部3段階に示す各教科，外国語活動の内容を習得している者には，小学校学習指導要領の各教科，外国語活動の目標，内容の一部を取り入れることができる。

（2）中学部：中学部2段階に示す各教科の内容を習得している者には，中学校学習指導要領の各教科，小学校学習指導要領の各教科・外国語活動の目標，内容の一部を取り入れることができる。

（3）高等部：高等部2段階に示す各教科の内容を習得している者には，高等学校学習指導要領の各教科・科目，中学校学習指導要領の各教科，小学校学習指導要領の各教科・外国語活動の目標，内容の一部を取り入れることができる。

3　特別支援学校（視・聴・肢・病）の知的障害を併せ有する児童生徒について

各教科（・科目）の目標及び内容の全部又は一部を特別支援学校（知）の各教科の目標及び内容の全部又は一部によって替えることができる。

4　重複障害者のうち，障害の状態により特に必要がある場合

各教科（・科目）の目標及び内容の全部，特別活動と道徳の目標及び内容の一部，総合的な学習の時間（総合的な探究の時間）に替えて，自立活動を主として指導を行うことができる。

5　訪問教育の場合

上記1～4によることができる。

6

個別の教育支援計画の作成

1．個別の教育支援計画とは

　2017（平成29）年7月に出された，文部科学省の「小学校学習指導要領解説　総則編」によると，「個別の教育支援計画」とは，家庭，地域及び医療，保健，福祉，労働等の関係機関との連携を図りつつ，幼児期から学校卒業後までの長期的視点に立って，一貫した教育的支援を行うために，障害などのある子ども一人一人について作成した支援計画であると記されている。「個別の教育支援計画」の作成・活用にあたっては，本人及び保護者のニーズや将来なりたい自分の姿に向けて，学校，家庭，医療機関及び福祉機関等において，支援の目標，具体的な支援内容・方法・評価などを記述し，定期的に振り返ったり，見直したりしながら，各々の使命や役割を明確化し，連携を図ることが重要である。そして，「個別の教育支援計画」や「個別の指導計画」の作成・活用を通じた，一貫した支援の実現が求められる。

2．個別の教育支援計画作成上の留意点

❶ 合理的配慮の内容を明記する

　国際連合「障害者の権利に関する条約」において，「合理的配慮」は「障害者が他の者と平等にすべての人権及び基本的自由を享有し，又は行使することを確保するための必要かつ適当な変更及び調整であって，特定の場合において必要とされるものであり，かつ，均衡を失した又は過度の負担を課さないものをいう」と定義されている。障害の有無にかかわらず，足を骨折した子どもに杖を勧めたり，視力が低下している子どもに眼鏡を勧めたりするように，必要な教育的な支援内容を明記し，柔軟な教育課程の編成や教材等の配慮を行う。

❷ 幼小中高と引き継ぐ

　通常の学級内には，個別の教育支援計画の作成が望ましい子どもが複数

在籍する場合がある。複数の子どもの情報をすべて引き継ぐのは手間も時間もかかる。そのため，各学校で，伝達事項を焦点化すること，日頃からの情報交換等を密にすることで，効率のよい引き継ぎが可能となる。例えば，幼稚園から小学校への引き継ぎでは，保護者の願いや思いを主に聞き取る。小学校から中学校では，特に学校生活での様子や連携先を伝える。中学校から高等学校では，自立と社会参加へ向けた進路関係を主とすることなどが考えられる。

❸ 特別な教育的ニーズのあるすべての幼児児童生徒に作成する

　PTA総会や学校長だよりなどを活用し，校長がリーダーシップを発揮する。そして，個別の教育支援計画の運用を柔軟に行い，必要な項目だけを記入することや，指導支援を進めていく中で随時必要な加除修正を行うこと，既存の個別の指導計画に加筆すること等，段階的に対象を広げていく。過度の負担にならぬよう，スモールステップで進めていく。

3．小学校での実践活用事例

❶ 「個別の教育支援計画」の特色

　筆者の所属校では，担任が替わっても，これまでの指導等の経過がわかるよう，1年時からの記録を個人ファイルに綴じている。また，在学中，学年の途中で課題が出てきたときには，そのときからの個別の教育支援計画を作成することもある。過去の記録を読み返すことにより，対象児童の成長や課題が把握でき，前担任との連携をとりやすくしている。

　また，個別の教育支援計画と個別の指導計画を同じファイルで管理することにより，家族構成や成育歴，児童の状況などから指導目標までが一目でわかるようにしている（表1-4）。特別支援学級に在籍している児童だけでなく，発達障害等の診断を受け，通常の学級に在籍しながら通級指導教室に通っている児童も含め，学校として特に継続的支援の必要な児童は全員「個別の支援計画」と「個別の指導計画」を作成している。なお，特別支援学級に在籍している児童の「個別の指導計画」は，教育委員会が作成した様式を活用している。

◉ 表 1-4　小学校の個別の教育支援計画（例）

個別の教育支援計画（通常の学級）　　　　　　　㊙

NO.1（プロフィール表）　　　　　　　　　　　　　　　年　　月　　日作成

作成者（　　　　　　　　　　　）

ふりがな		○○○　○○○		学年・組	○年○組	性別	男・女
児童名		○○　○○		生年月日		平成○○年○月○日	
				連絡先		○○─○○○○	

家族構成	続柄	氏　名	職業・学校等		その他の特記事項	
	父	○○ ○○	○○			
	母	○○ ○○	○○			
	兄	○○ ○○	中2・○○中学校			
	妹	○○ ○○	小1・○○小学校			

生育歴	乳幼児期〜 歩行開始，歩行，発語共に遅くて心配だった。		
	3歳1カ月〜 ○○保育所入所		
	5歳1カ月〜 ○○園入園（週2回グループ療育，2週に1回個別療育に並行通園）		

医療・放デイ等連携	年　齢	相談機関名	内　　　　　容
	入学前	○○園	検査
	6歳	子ども家庭センター	発達検査，診断

手　帳	

心理検査	検査名【WISC Ⅳ知能検査】　　　　　検査日 2020 年 9 月 検査結果 言語理解：75，知覚推理：70，ワーキングメモリー：60，処理速度 80 全検査：68 平均よりも低い力，衝動性・多動性・こだわりが目立つ

既往症診断名	自閉スペクトラム症

児童の状況 課題 大：4 中：3 小：2 無：1	国語（読解：3　書く：4　話す：3　想像力：4　） 算数（理解：2　計算：3　図形：2　推論　：4　） 図工（絵　：2　制作：3　体育（ぎこちなさ：3　リズム感：4　） 授業態度（姿勢：4　文字：3　発表：2　）
	・漢字を丁寧に書けるようになった。音読は文字を飛ばさずに読むことを頑張っている。 ・計算の定着に時間がかかる。定着しても，しばらくやっていないと，忘れやすい。 ・図工は，自分で考えて表現できるようになってきている。 ・体育は，ボール運動は得意だが，リズムに合わせて体を動かすことに課題がある。 ・音楽はリコーダーの練習は課題曲に良く取り組むことができている。 ・姿勢の保持ができにくい。
	注意集中：4　多動性：2　衝動性：3　こだわり：4
	集団行動：2　コミュニケーション：3　感情のコントロール：3
	・多動性，衝動性がある。 ・相手の話を最後まで聞かないうちに，自分が言いたいことを話す。 ・気になるものがあると立って動くことがある。 ・話を集中して聞けないために，何をしたらよいか分からない時ある。

本人の願い	・先生の目を見て話を聞くようにがんばりたい。	保護者の願い	・楽しく学校に通ってほしい。 ・落ち着いて学習してほしい。
本年度の目標	・指示を最後まで聞く。 ・課題をやりきる。	支援の手だて	・できたかできていないかを視覚支援で分かるようにする。 ・どこまでやったら終わりか，いつまでやったら終わりか知らせておく。

NO.2（個別の指導計画）

		指導目標及び取組	成果と課題
1学期	学習	授業に集中して取り組む。	気分にむらがあり，課題に取り組めない時もあった。一緒に書く，手伝うなどして，作業が遅れないような手立てを続けていく。
	生活	身の回りの整理整頓ができ，必要な持ち物がそろえられる。	持ち物をロッカーの上などに置いてしまうことがある。席を立つときには，机上の整頓をするように声掛けをしていく。
	対人	友達と仲良く遊ぶ。	外遊びでは友達と積極的に遊んだ。トラブルがあった時には言葉を使って解決できるようにしていく。時系列にあったことをまとめるようにしていく。
		指導目標及び取組	成果と課題
2学期	学習		
	生活		
	対人		
		指導目標及び取組	成果と課題
3学期	学習		
	生活		
	対人		

【 次年度への引継事項 】

❷ **保護者の理解について**

　児童への支援にあたっては，保護者の理解が大切になる。保護者からの気づきや相談があるときは，「個別の教育支援計画」と「個別の指導計画」をもとに保護者と一緒に考えていく。しかし，通常の学級で，担任の気づきから始まる場合は，保護者の理解が得られない場合もある。そのときは，児童の課題を一方的に話すのではなく，日々の子どもの様子や学校での支援内容についてケース会議等で確認し，保護者に伝え理解が得られるようチーム体制で支援を続けている。その内容を「個別の教育支援計画」と「個別の指導計画」に随時記録していく。

❸ **ケース会議について**

　担任が児童への支援について迷ったり困ったりしたときには，特別支援教育コーディネーターに相談し，管理職を含めた教職員でケース会議を開き，支援の方法を考え，決めていく。授業の工夫や児童への声掛けの仕方などから，支援員がどのように関わるかまで考え実践している。また，学期末には，成果と課題を振り返り，支援方法の見直しを図り，その内容を「個別の教育支援計画」に記録していく。

❹ **関係機関との連携について**

　筆者の所属校では，医師や専門員と定期的にかつ，必要に応じて連携を図っている。また，放課後等デイサービスの指導員とも連携を図り，保護者の思いを共有したり，授業観察後，助言を受けたりして授業や支援の方法の改善に生かしている。児童の実態を客観的に理解するためにも，外部の専門家とともにアセスメントに基づいて具体的な支援を考えていくことは，極めて重要である。また，心理検査，発達検査の実施が必要な場合には，保護者や教育委員会と連携して実施している。

現場からのメッセージ

　児童は「わかりたい」「できるようになりたい」という思いを持って学校に通ってきています。特別支援学級や交流学級の担任，通級指導教室担当，管理職等，その子に関わるすべての先生がそれぞれの立場で一人の児童を育てていくための資料として個別の教育支援計画を作成しています。それぞれの立場でできることをチーム体制で継続的に支援して

いきます。子どもたち一人一人の成長を願い，目の前の階段を一段ずつ上っていき，先生が替わっても今までの取り組みや支援をつなぐための大切な記録になります。

4. 中学校での実践活用事例

❶ 記入例

筆者の所属校の個別の教育支援計画（例）は，表1-5の通りである。障害の状態や相談歴等の基本情報及び本人や保護者の願い，合理的配慮に関して記載するものであり，生徒を取り巻く周辺情報をこの計画によって把握できるようになっている。年度ごとに更新し，新たな情報があった場合は加筆する。基本的には担任が作成するが，特に合理的配慮（支援の内容）については，特別支援教育コーディネーターが中心となって全体で情報を共有しながら検討し，作成を支援している。

❷ 保護者との連携について

年度始めの支援計画の作成にあたっては，前年度の情報をもとに保護者に丁寧に説明を行う。十分に願いを汲みとれるよう配慮するとともに，支援の内容及び方向性を共有できるようにする。学期末等に行われる個別面談を通じて生徒の様子を伝え，現段階での課題や生徒の将来像につながるような支援の方向性について検討し，個別の教育支援計画及び個別の指導計画に反映していく。

❸ ケース会議について

担任が生徒への支援について迷ったり，他のアイデアを必要としたりする場合には，特別支援教育コーディネーターに相談し，ケース会議を開いている。担任から生徒の実態を聞き，その後，関係者による支援の方法や方向性を決めるための会議を開く。授業中の言葉掛けや対応から教育支援員の介入に関すること，保護者との連携など，必要な支援について意見交換し，支援の役割分担を行って方向性を立て，実践していく。この会議を踏まえ，支援計画の見直しを行う。また，関係機関との個別の連携にもつなげていっている。

◉ 表 1-5　中学校の個別の教育支援計画（例）

令和○年度入学

個別の教育支援計画

作成日：令和○年○月○日
担任：　　○○　○○

本人	ふりがな	○○○　○○○○	男・女	生年月日	平成○年○月○日生
	氏名	○○　　○○		電話番号	○○○—○○○—○○○○
	住所	○○市○○町○丁目○番○号			
障害の状態	診断名	広汎性発達障害　ADHD　知的障害			
	手帳	療育手帳B　平成○年○月○取得　（次回更新　令和○年○月）			
	検査結果	WISC-Ⅳ　　　　令和○年○月○日（○○子ども家庭センター） 　全検査＝＊ 　言語理解＝＊　知覚推理＝＊　ワーキングメモリー＝＊　処理速度＝＊			
	投薬の状況	○○○○　　　　朝・夕			
	その他				
相談歴および連絡先	医療機関	○○療育支援センター（○○Dr　tel＊＊＊＊＊＊） ○○リハビリテーションセンター（○○作業療法士　tel＊＊＊＊＊＊）			
	福祉機関	放課後児童デイサービス（○○）			
	教育機関	通級指導教室の利用（○○小学校○学年〜○学年），○○教育センター			
	その他				

【本人や保護者の願い】

	本人	保護者
学習面	漢字を書くこと，計算ミスを減らすことを頑張りたい。	学習に自信を持てるようになってほしい。
行動面対人関係面等	コミュニケーションをうまく図れるようになって友だちを増やしたい。	相手の気持ちを考えて行動してほしい。

【合理的配慮（支援の内容）】

学習面	・得意な課題と苦手な課題を取り入れて指導する。課題の量を調節する。 ・取り組める時間を少しずつ長くしていく。
行動面対人関係面等	・SSTを活用してより良い人間関係づくりに向けたトレーニングを行う。 ・良いかかわり方のモデルを示す。

❹ 関係機関との連携について

　担任が生徒の学校生活に関して専門機関からの助言を必要とするような場合，保護者に了解を得た上で，特別支援教育コーディネーターが窓口となって関係機関と連携を図っている。実際に行った連携では，担任が生徒の実態とこれまでの支援，その後の変化について関係機関の担当者に報告

し，支援の方向性や修正について協議を行った。連携の内容を校内委員会で報告し，生徒に関わる教職員全体で共通理解のもと支援にあたるようにした。学年が進むにしたがって，進路に関する情報を協議事項に入れていくことも重要である。

現場からのメッセージ

　中学校に入ると，3年後には進路選択という現実があります。生徒の将来像を保護者と一緒に具体的に考えていくことで，支援の方向性が次第に明確になり，生徒自身の目標実現に向けた意欲も高まってきます。機会をとらえて進路情報も共有できるようにし，本人・保護者の願いに反映させておく必要があります。個別の教育支援計画は，次年度，担任に必要な情報を引き継ぐだけでなく，次の学校へも支援をつないでいく大切な記録です。

5. 特別支援学校での実践活用事例

❶ 特色

　2021（令和3）年度から，広島県立特別支援学校では個別の教育支援計画が統一様式となっている。すべての障害種で共通の基本情報の様式に，障害種別または各学校で必要に応じて選択できる様式を併せて使用する。表1-6，表1-7は2020（令和2）年度の基本情報の様式で，先行して知的障害の特別支援学校に導入されたものである。関係機関との連携の際，児童生徒の医療・療育・保健・福祉サービス，地域・余暇，進路関係等の状況を学校問わず同じ様式で把握することができる。

❷ 保護者との連携について

　筆者の所属校では，保護者からの聞き取りや前年度の個別の教育支援計画等の資料をもとにして，原案を教員が作成し，保護者に説明する。児童生徒の状況に変更があった場合，その都度加筆・修正を行い，保護者に内容を確認し同意を得た上で，配付し，日々の支援や連携に活用している。

　さらに毎日の連絡帳でのやりとりや，家庭訪問，保護者との面談時等に家庭での様子や薬の変更等の最新情報を聞き取り，必要に応じて個別の教育支援計画に反映して，保護者と共有することで，よりよい支援や連携に

◉ 表 1-6　特別支援学校の個別の教育支援計画（記入例 1，一部抜粋）

広島県立●●特別支援学校

第△学年　□組

令和　年度　個別の教育支援計画

作成日　令和 2 年 4 月○日　　作成者（　○○△△　）

ふりがな			クロ　ハナコ	性別	生年月日	連絡先（電話，メール等）：通常
氏名			黒　花子	女	平成 20 年 12 月 21 日	母（□□□ － □□□□ － □□□□） 父（○○○ － ○○○○ － ○○○○）
ふりがな			クロ　タロウ	続柄	家族構成	連絡先（電話等）：緊急時（携帯，職場等）
保護者氏名			黒　太郎	父	父，母，兄	母（□□□ － □□□□ － □□□□） 父職場（△△△△ － △△ － △△△△）

住所			〒 111 － 1111 ○○市●●町 1 － 1	入学前の経歴	学校等名	○○市立▲▲保育園
住所 （施設等）			〒		期間	平成 25 年 4 月　　　から 平成 28 年 3 月　　　まで
通学方法	行き	スクールバス	●●コース（○○バス停）		学校等名	
	帰り	スクールバス その他	●●コース（△△バス停） 放課後デイサービス（□□）		期間	から まで
	所要時間		約 30 分		学校等名	
	備考				期間	から まで

障害・疾病にかかる診断名	診断名， 診断日， 診断機関， 服薬等	診断名：知的障害 診断日：平成□年△月△日 診断機関：○○病院 服薬：リスパダール（朝● mg・夕△mg）	検査の記録	実施日， 検査 機関名， 内容等	平成 26 年 8 月ごろ ●●センター LC スケール LC 年齢○歳△ヶ月
発作，ぜんそく等	有・無	無	医療的ケア等	要・不要	不要
療育手帳	判定	B	サポートファイル		有
	交付年月日	平成 26 年 10 月○日	受給者証	有・無	有（令和 2 年 5 月 1 日）
	次回判定年月	平成 28 年 10 月		受給量	月 20 日
本人の希望		たくさん遊びたい。			
保護者の希望		友だちを増やしてほしい。			

更新日（令和 2 年 11 月△日）

広島県立●●特別支援学校

令和　年度　個別の教育支援計画

氏名（　○○△△　）

連携機関	C医療・健康		連携先, 連携日, 連携内容, 担当者等	連携先:■■病院 連携日:令和2年□月□日 連携内容:服薬の種類の変更を含む, 薬の調整。アレルギーについて。
	E療育・教育		連携先, 連携日, 連携内容, 担当者等	連携先:●○療育園 連携日:令和2年□月□日 連携内容:学校で行っている平仮名指導を共有した。
現在の生活・将来の生活に関すること	健康（生活上の制限や留意事項等）			季節の変わり目に風邪をひきやすい。
	基本的生活習慣	食事	食形態	普通食。
			好きな食べ物	白米, 肉。
			アレルギー（エピペン使用の有無）	えび（エピペンの使用が必要）
			給食（配慮）	偏食があるため, 丼ものは, 白米と具材を分ける。 ドレッシング・ソース類はそのままかけず, 別添えにする。
		睡眠		毎日9時間睡眠。
		排泄		トイレトレーニング中。定時排泄を促せば, トイレで排泄することができる。
		清潔		手洗いは石鹸が残っていたり, 綺麗に拭けないこともあるが概ね一人でできる。 歯磨きは手順カードを見ながら歯全体をまんべんなく磨くことができる。
		衣服の着脱		前後, 裏表は確認する必要があるが, 着脱自体は一人で行うことができる。
	人との関わり			あまり積極的に友だちと関わろうとしない。 一緒に活動することは嫌がらない。
	興味・関心		学習面	なぞり書き, ひも通し, 粗大運動等。
			生活面, その他	音の出る絵本, ままごと, 塗り絵等。
合理的配慮の内容				気持ちが落ち着かないときに, 大きな声が出たりおもちゃを投げたりしてしまうことがある。 落ち着くまでクールダウン用の場所に移動して, ゆっくり過ごす。

以上の内容を確認し, 他機関との連携に使用することを了承しました。
※年度途中に情報を更新した場合は, 保護者に確認の上, 更新日を記入したものを他機関との連携に使用します。

　　　　　　年　　月　　日　保護者氏名　　　　　　　　　印
更新日（令和2年11月△日）

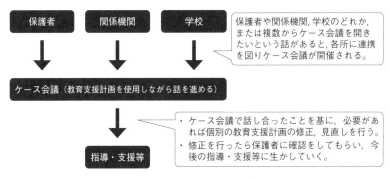

◉ 図1-1 関係機関との連携

つながるようにしている。

❸ 関係機関との連携について

このように作成した個別の教育支援計画をもとに，所属校では図1-1のように，関係機関と連携してケース会議を開催している。会議では，保護者に確認した最新情報を使用し，現在の児童生徒の様子や課題，目標等を円滑に共有できるようにしている。その上で相談し，指導支援の内容やその方向性を参加者全員でそろえることで，児童生徒が一貫した指導支援を受けることができる。あわせて，児童生徒の健康状態や職場体験の活動等についても正確に把握することで，体調の変化への対応や今後の進路の取り組みにも活用することができる。

現場からのメッセージ

個別の教育支援計画は，様々な関係機関と連携する際や日々の指導支援に活用する資料ですので，常に最新の情報を記載する必要があります。そのために，引き続き保護者からの丁寧な聞き取りを心がけ，個別の教育支援計画が指導支援や進路等，児童生徒のより良い教育に役立つものとなるように取り組んでいきます。

第**2**章

障害のある乳幼児期の子どもへの支援

1

障害のある乳幼児期の子どもとは

1. 障害のある乳幼児期の子ども

「障害のある子どもとは」と聞かれた場合，小学校の教員であれば「特別支援教育の対象である知的障害や聴覚障害，あるいは学習障害などの発達障害のある子どもです」と答える人が多いだろう。では，乳幼児期の幼稚園の教員や保育士の場合はどうだろうか。特別支援教育は保育現場にも十分浸透しており，やはり多くの人から同じような言葉が返ってくる。しかし，以下のような言葉を聞くこともある。

「知的障害かなと思うんだけど，今は気になる子なんですよね」「この子の診断名はADHDだったのだけど，昨日自閉症になったみたい」

このような障害の診断をめぐる言葉に違和感を持つ方もいるだろう。しかし，乳幼児期は障害の診断をめぐっては微妙な時期であると言えるだろう。特に定型発達の子どもとの線引きが難しい点にその特徴がある（図2-1）。

乳幼児期はなぜ線引きが難しいのだろうか。その理由について以下の2つから述べる。

❶ 環境の影響を受けやすい時期であること

乳幼児期はその後生きていくための人生の基盤づくりの時期である。まさに土台をつくり上げている渦中であり，そうした土台は生活の少しの変

45

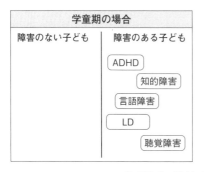
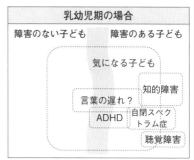

● 図2-1　障害に対する捉え方の違い

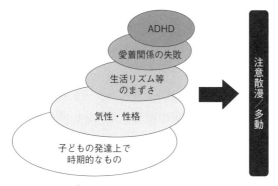

● 図2-2　注意散漫や多動が生じる多様な背景（七木田・松井，2015）

化により容易に揺らぐ。障害の有無を問わず，養育者との生活では様々な
発達上のリスクが存在する。家庭内の養育力の低下が指摘されていること
を含めて，虐待，家庭不和，転居，きょうだいの出生，不健全な生活リズ
ムなどリスクは多岐にわたる。乳幼児期の子どもはこうした影響を受けや
すく，時に障害のない子どもも障害のある子どもと似た行動をとる場合が
ある（図2-2）。

❷ 可塑性に富む時期であること

可塑性とは，外的な力によって事物が変形した際，そのまま柔軟に変化
しうる性質のことを意味する。同じ状況が子どもの発達にも当てはまる場

合がある。例えば，ネグレクト（養育放棄）を受けていた子どもの中には，施設入所や里親委託等により生活環境が改善された場合，遅れていた知的発達が急激に促進する場合がある。障害があっても，環境を整えることで発達を促進できるという事実は，わが国を含め多くの国が「早期介入」の必要性を問う根拠となっている。

　こうした2つの理由から，障害のある子どもが生活で見せる姿はとても可変的である。障害のある子どもに対する適切な支援の開始に向けて，診断が重要な役割を果たすことは間違いないが，乳幼児期のこうした特性から，より慎重な判断が望まれる。

2. 障害のある乳幼児に気づくプロセス

　周囲の大人が子どもの障害の存在に気づくことに関連して，「今後の障害児支援の在り方について」（厚生労働省，2014, pp.20-21）に以下のような記載がある。

> 　乳幼児健康診査（以下，乳幼児健診という。）は，病気の予防や早期発見，健康の保持・増進を目的としているが，その機会を通じて，保護者が障害に気づくことも多く，こうした「気づき」を促すための支援を進める上で，重要な役割を担う。そのため，個人情報の保護に留意しつつ，各市町村の母子保健部門から適時適切に障害児支援部門に情報を提供し，障害種別に応じた適切な支援につなぐことができるような体制を作ることが必要である。

　すべての子どもの健全な発達促進が国の大きな課題であった戦後から，1970年代以降の知的障害や脳性麻痺児への早期介入システムの整備，2005年発達障害者支援法に基づく早期発見・支援の必要性の指摘に至るまで，わが国では乳幼児健康診査（健診）を「早期発見・支援」のシステムの要としてきた。母子保健法に基づく乳幼児健康診査では，1歳6か月児健診，3歳児健診を行うことが自治体に義務づけられている。ここでは保健師や医師等のチームが保護者や子どもに直接関わり，子どもの健康・発

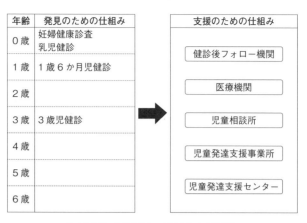

年齢	発見のための仕組み
0歳	妊婦健康診査 乳児健診
1歳	1歳6か月児健診
2歳	
3歳	3歳児健診
4歳	
5歳	
6歳	

支援のための仕組み

健診後フォロー機関

医療機関

児童相談所

児童発達支援事業所

児童発達支援センター

● 図2-3　早期発見・支援のための仕組み

達状態を確認する。この中で明確な障害やその疑いが発見された子どもは，二次的な健康診査やフォローアップのための施設へ移行する。また，医療機関や児童相談所などで障害の診断を受けたり，発達検査を行った後，必要に応じて専門的な指導を行う機関（児童発達支援事業所や児童発達支援センター）を利用する（図2-3）。

　ただし，こうした早期発見・支援のルートに乗りにくい子どももいる。特に知的な能力が定型発達と知的障害児との境界線上にあるような子どもや発達障害児の場合，その兆候が出ていたとしても，1歳6か月児健診や3歳児健診では気づかれない場合もある。また健診の受診率が80〜90％前後の自治体もあり（益子，2008），子どもの発達の遅れを指摘されたくない保護者が一定数存在することも示唆される。子どもと保護者に「来てもらう」ことで成り立つシステムでは限界があるとはいえ，近年では乳幼児が生活する保育所・幼稚園での「発見」に期待が寄せられている。ただし，発見の役割を担いすぎて保護者との関係が悪くなることもあり，就学直前の5歳児健診（小枝，2013）や専門家による地域の園に対する巡回相談の実施など，早期発見・支援の重層化に向けたシステムづくりが現在も進んでいる。

3. 障害のある子どもにとっての乳幼児期

　乳幼児期の障害の早期発見・支援では，〈気になる側面の発見〉→〈相談〉→〈支援の開始〉という単線的なプロセスを想像しがちだが，実際には子どもや保護者は複雑なプロセスを経る場合がある。このことについて「移行」の視点から見ていく。

　早期発見・支援の中で，子どもと保護者は多くの場所や施設を行き来する。こうした行き来のことを「移行」と呼ぶが，この移行には「成長に応じて移り変わる垂直的な移行」と「異なる施設を複数利用する際の平行的な移行」がある。図2-4に，生後早い時期に専門機関につながったAくんの移行の経緯を示す。

　ここでは早期発見・支援のプロセスにおける「母親の心配の程度」と「家族（Aくん）と支援者との関係性」がまとめられている（下部は，太い線ほど家族が頼りにしていた支援者を意味する）。Aくんは1歳から3歳にかけて，2つの専門機関を利用していたが，母親と児童発達支援事業所の指導員との間で，指導方針がうまく合わず，途中で指導を中止した。一方，生後すぐから通っていたA病院での言語指導は頼りにしており，他県へ引越しをしてからも「やっぱりあそこ（A病院）のような指導を子どもに受けさせたい」と，児童発達支援事業所を探し，小学校に入るまで幼稚園と平

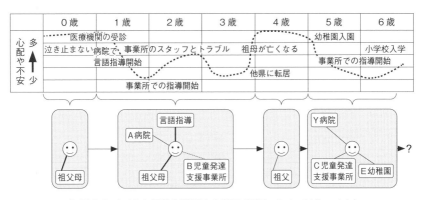

● 図2-4　Aくんと保護者が経験した移行（母親へのインタビューより）

行して利用していた。

　早期発見・支援の流れに乗ることで，子どもと保護者は想定していなかった新しい施設や人に出会い，そこで様々な感情経験を得る。そうした経験は子どもと保護者にメリットになることもあれば，逆の場合もある。それにもかかわらず，乳幼児期には，子どもや保護者のために支援者間の調整を行ってくれるコーディネーターが不在の場合も少なくない（星山ら，2005）。保護者の障害受容にも配慮しながら，子どもや保護者ら当事者の視点に立ち，自らの支援を相対化する視点が求められる。

2 障害と初期発達

1．発達の考え方

　「発達」という言葉からどのようなことを想像するだろうか。子どもの見た目の変化になぞらえて「風船のように小さかったものが大きくなった」などのように「成長」という言葉と同義に捉えることもある。あるいは，この言葉自体に物事の成立や到着地点を彷彿させる「達」という文字が入っていることから「できなかったことができるようになる」ことを「発達」と捉える場合もある。いずれにしても，グラフで表せば右肩上がりで伸びていくイメージが強い「発達」だが，加齢に伴い消失していく能力の存在（例えば，流動性知能：新規の情報を処理し操作していく能力）や，質的な転換期の存在（例えば，2歳頃に急に語彙が増えだす語彙のボキャブラリースパート），あるスキルが増えると違うスキルは減るという現象（コミュニケーションにおける身振りと言葉のトレードオフ現象，図2-5；長崎，1994）など，単純に右肩上がりだけでは説明できない現象も多くある。

　やまだ（2011）はCole & Cole（1989）のモデル（図2-6）を引用しながら，「発達現象を見るには，それをどのような『ものの見方』で見るのかということ，つまり『発達観』と切り離すことができない」と述べている。現

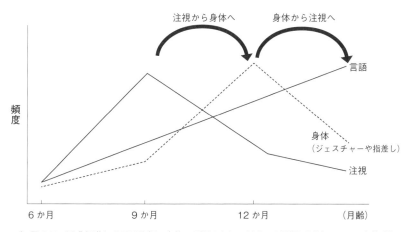

● 図2-5　要求行動における注視・身体・言語のトレードオフの関係（長崎, 1994 より作成）

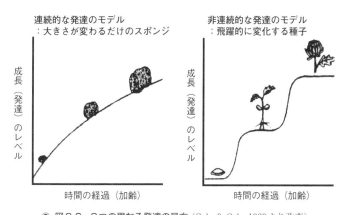

● 図2-6　2つの異なる発達の見方（Cole & Cole, 1989 より改変）

在のところ，多くの発達理論では「発達段階」という発達の見方が採用されている。刻一刻と変化していく心身の変化に対して，ただ単純に成長していくのではなく（図2-6左），一定の時期（ステージ）に独特な発達の姿が存在するという見方である（図2-6右）。こうした発達段階を考慮に入れることで，①個々の発達の現段階を知り，②次にどのような発達が想定され，③そのために今必要な教育目標は何なのか，を明らかにすることがで

きる。障害のある子どもの発達は，障害のない子どもの発達と量的・質的な違いも見受けられるが（次の 2. を参照），そうした違いを理解するためにも標準的な発達段階が参考になる。

2. 障害のある乳幼児の発達の特徴

前節で，障害の有無を問わず乳幼児期の子どもたちは，環境の変化を受けやすく，またその発達は可塑性が高いことを指摘した。こうした乳幼児期に，障害のある子どもに現れやすい発達の特徴について，以下では運動発達と言語・コミュニケーションの発達を例に説明する。

❶ 運動発達

生後 1 年間で身長は 1.5 倍，体重は 3〜4 倍近くになる。体が大きくなることに加えて，この時期は姿勢の保持や手足の動かし方にも大きな変容が見られる。一般的には，1 歳前後で歩行が完成するまでに，定頸，お座り，はいはいやつかまり立ちのプロセスを経るが，筋緊張の低いダウン症児の場合，個人差は大きいが，2 倍ほどの時間をかけてゆっくりと発達が進む（多和田・万歳，2005：表 2-1）。

❷ 言語・コミュニケーションの発達

障害のない子どもでは 1 歳前後で意味のある言葉（一語文）が出てくるが，障害のある子どもの場合，運動発達と同様に，喃語や指差しの出現など，途中のプロセスを含めて全般的に遅れることがある。一方で，例えば

● 表2-1　定型発達児とダウン症児間の運動発達の違い（多和田・万歳，2005）

	定型発達児	ダウン症児
定頸	4.0	6.0
お座り	7.0	12.9
はいはい	9.0	17.4
立つ	12.0	18.3
1人で歩く	14.0	29.2

単位：か月

ダウン症児の場合では「言語理解」や「相互伝達系（他者と関わること自体を目的とするコミュニケーション）」に比べ，「言語表出」や「要求伝達系（他者を目的達成の手段とするコミュニケーション）」が遅れやすく，一方で自閉症児の場合は他の領域に比べ「相互伝達系」が遅れることが指摘されている（長崎・小野里，1996）。

　こうした例からもわかるように，一般的な発達と障害のある乳幼児が示す発達の違いは，量的なものだけではない。認知，運動，言語・コミュニケーションなど，特定の発達領域内でも「不均衡さ」が表れることがあり，またそれは年齢を経る中で，顕著になる場合もある。子どもの障害特性がそうした不均衡さに影響を与えている可能性もあるため，発達の遅れという視点だけではなく，より質的な側面から発達を捉える必要がある。

3. 発達に影響を与える個人因子と環境因子

　子どもの発達に対しては，障害特性を含めた個人因子と，周囲の環境因子の2つが相互に影響を及ぼし合っている。前者の例としては，ダウン症の子どもが持つ低緊張が運動面の発達に大きな影響を及ぼすこと，全体処理よりも局所処理を優先してしまう自閉症児の視覚処理システムが対人関係やコミュニケーション行動に影響を与えてしまうこと，などが挙げられる。

　一方で，似たような障害特性や知的水準を持つ子どもでも，生活環境次第で発達の姿が異なる場合がある。例えば言葉の獲得においては，1歳前後で有意味語が表出するために，養育者等との間で指差しや身振りなど非言語的なやりとりを十分に重ねている必要がある。当然，そうしたやりとりは授乳や泣きへの対応，あやし遊びや絵本の読み聞かせなど，何気ない日常の活動を通して行われる。しかし，ネグレクト（養育放棄）など不適切な養育環境では，子どものコミュニケーション行動は引き出されず，その結果発達が二次的に遅れる。

　その他の環境因子の例として，異なる国の異なる生活様式が独自な数概念の形成プロセスをもたらすこと（前川，2006）を挙げることもできるだろう。このように養育者によって足場がつくられた何気ない生活へ子ども

が「参加する」ことで，発達が促されるという側面も見逃すことができない。特に，保護者にとって，乳幼児期は「障害受容」をめぐり，とても複雑な思いを抱く時期である。子どもを「受け入れることができない」「かわいいと思うことができない」といった状況は，個々の子どもに対する発達の期待と生活環境の充実（足場づくり）に対して，ネガティブな影響を及ぼしかねない。発達支援に携わる者は子どもの内と外，つまり個人因子と環境因子の双方の視点を持つことが求められる。

3 障害のある乳幼児理解の方法

　障害のある乳幼児を適切に理解し，個々のニーズに応じた支援を行うためにも，実態把握（アセスメント）が欠かせない。ただし，そうした実態把握を通して得るべき情報は障害のある乳幼児自身に関するものから，その周囲の環境に関するものまでとても膨大である。またその方法も検査用具や実施手順等が標準化された知能検査，発達検査に代表されるフォーマル・アセスメントだけでなく，日常の観察や聞き取りを主とするインフォーマル・アセスメントもあり多岐にわたる（図2-7）。日常の乳幼児の姿から，

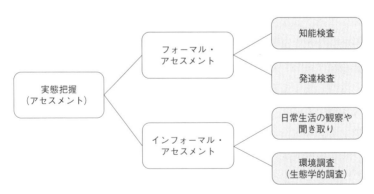

● 図2-7　フォーマル・アセスメントとインフォーマル・アセスメント

何を，どのように引き出し，またそれをどのように支援につなげていくのかについて，各手法のポイントを押さえておくことが重要である。

1．フォーマル・アセスメント

　フォーマル・アセスメントは検査用具や所定の用紙を用い，実施や評価の手続きがある程度決められた評価を用いる点に特徴がある。こうしたアセスメントは実施者の主観や思い込みを避けて評価を行うことが可能であるため，より正しく子どもの現在の能力を評価し，今後重点的に扱うべき発達課題を明らかにする上で参考になる情報が得られる。また検査によっては，行動観察だけではわかりにくい個々の乳幼児の得意なこと，苦手なことを把握することもできる。

　表2-2に障害のある乳幼児に対して使用されることの多いフォーマル・アセスメントを示した。これらの多くは「知能検査」と「発達検査」に分けることができる。「知能検査」では専門的な訓練を受けた心理士等が決められた検査内容を実施し，子どもの知能や認知機能の状態を客観的な数値等に変換するなどして，その実態を把握する。しかし，子どもの年齢が低い場合には発達や脳の成熟が未分化であることが多く，また机上で大人とやりとりをしながら実施される検査には負担もかかるため，知能検査が適用できない場合もある。そのため，運動・言語・社会性などの発達領域別に評価を行うことのできる「発達検査」を用いて，実態把握を行うこともある。発達検査では，乳幼児が日常生活で行いやすい行動を中心に質問が用意されていることが多く（例えば「寝る前にトイレに行く」「公園にあるジャングルジムの頂上まで登れる」など），子どもの身近にいる養育者に対する聴取や観察を通して，評価を行うことができる。情報の信頼性，つまり「その情報が確かであるか」という点では知能検査に劣るものの，場所や時間を問わずに実施できるため，幼稚園や保育所での実態把握でもよく使用されている。

● 表 2-2　フォーマル・アセスメントの例（石井，2011 より改変）

	検査名	方法	適用年齢	所要時間（およそ）	結果の表示
1	遠城寺式・乳幼児分析的発達検査	保護者からの聴取，観察，直接検査	0か月〜4歳8か月	15分	運動，生活習慣，言語等，6領域についてプロフィールを作成
2	乳幼児精神発達診断（津守・稲毛式）	保護者からの聴取，観察	0歳〜7歳	20分	運動，探索，言語等，5領域についてプロフィールを作成
3	乳幼児発達スケールKIDS	保護者からの聴取，観察，直接検査	0歳〜6歳11か月	20分	運動，操作，言語，概念，社会性，しつけ等9領域についてプロフィールを作成
4	新版K式発達検査2001	観察，直接実施	0歳〜成人	30分	運動，認知，言語の領域別に得点を算出 領域別発達指数とプロフィールを作成
5	田中ビネー知能検査V	直接検査	2歳〜成人	30分	精神年齢，知能指数を算出 プロフィールなし
6	WPPSI-Ⅲ知能検査	直接検査	2歳6か月〜7歳3か月	50分〜（年齢によって異なる）	各領域ごとの評価点をもとにプロフィールを作成 言語理解，知覚推理，語い総合（4歳以上では処理速度も）などの合成得点を算出
7	KABC-Ⅱ心理・教育アセスメントバッテリー	直接検査	2歳6か月〜18歳11か月	30分〜（年齢によって異なる）	認知処理過程と知識・技能の習得度，継次処理と同時処理といった観点別にプロフィールを作成

2. インフォーマル・アセスメント

　Bagnato et al.（2010）は，米国で障害のある乳幼児を対象に開発された発達検査や知能検査を概観した上で「もしあなたが魚の行動を知りたいと思った場合，水から出して観察することはばかげていることに気づくはずだ」と揶揄し，問いを投げかけた。つまり，前節で指摘したように子どもの発達に対しては個人要因だけでなく，環境要因も影響を与えている。それにもかかわらず，フォーマル・アセスメントでは環境要因に関する情報が（客観性の担保のため）むしろ排除されているのである。こうした弱点を補うためにも，定められた手法を用いず，子どもの生活場面やそこでの様子を自由に聞き取ったり，観察したりするなどして情報を集める，イン

フォーマル・アセスメントの実施が重要である。インフォーマル・アセスメントを用いることで得られる支援上の利点は以下の３点である。

①「いつ，だれと，なぜ，どのように」といった子どもの行動や発達に関する生態的な情報が加味されることで，学習に欠かせない子どもの動機や人との関係性を知ることができる。

②保護者を含めた支援者間で情報を補い合うことができ，多面的な視点から障害のある乳幼児を理解できる。

③乳幼児が実際に生活している文脈で扱うことのできる目標と支援を検討できる。

インフォーマル・アセスメントには，決められたやり方はない。ただし，特定の発達領域や支援者が気になっていることについて，先の「いつ，だれと，なぜ，どのように」という視点を交えながら，柔軟に観察や聞き取りを行うことが求められる。

また「環境調査（生態学的調査）」（図2-8）では，障害のある乳幼児が

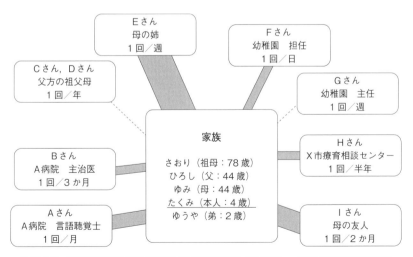

● 図2-8　ある家族に関する環境調査（生態学的調査）（McWilliam, 2010を参考に筆者作成）

日頃「どのような場」で,「どのような人」と「どのくらいの頻度」「どのような関係のもと」関わっているのかを明らかにする。図2-8の中の線の幅は親密度の高い関係者を,点線はストレス源となっている関係者を意味する。乳幼児期の「早期発見・支援」の文脈で出会う人や施設は多岐にわたる。1日,1週間あるいは1年のサイクルをどのようなリズムで過ごしているのか,あるいは公的・私的なサポートにどの程度つながっているのかを把握することは,子どもの発達促進に留まらず,保護者の悩みや優先事を把握する上でも貴重な情報である（McWilliam, 2010）。

3．子ども理解におけるその他の配慮事項

以下ではフォーマル・アセスメントとインフォーマル・アセスメントを実施する上で,大切なポイントを3つ挙げる。

❶ 目的に合った適切な検査の選択

個々の検査は明らかにできる内容や規模に違いがある。実態把握の目的に沿って適切な検査を選んだり,組み合わせたりする必要がある。一方で,過剰な検査等の実施は,子どもや保護者,支援者に負担や不利益をもたらす場合もあり,注意が必要である。

❷ 実態把握から支援へつなげるという視点

アセスメントは支援のつながり,つまりその後の「見立て」や「目標設定」「支援の実施」などに適切につながってこそ,生きるものである（Bricker & Pretti-Frontczak, 2004）。得られた情報がそこで止まってしまわないように,情報伝達や意思決定のシステムについても,検討しなければならない。

❸ 複数の目から理解するということ

1人の支援者が把握・整理できる情報には限りがある。解釈の誤りを防ぐためにも,支援者間での情報の共有が求められる。なおその際,個人情報の取り扱いには最大限の注意が求められる。

4

就学支援

1．就学の仕組みとその変遷

　障害のある幼児とその保護者の多くは，国や自治体が用意した早期発見・支援を通して，様々な経験を乳幼児期のわずか数年の間に得る。その直後に大きな節目として位置づいているのが小学校への就学である。

　かつて，障害のある子どもの教育とは「特別な場による教育である」と言われていた頃，盲・聾・養護学校（現特別支援学校）や特殊学級（現特別支援学級）への就学は，学校教育法施行令第 22 条の 3（第 1 章 5 節の表 1-2 を参照）などから画一的に決められていた。しかし 2002（平成 14）年の「認定就学制度」により，受け入れ側の小学校の施設整備等が整っているなど特別な事情がある場合には，例外的に地域の小学校へ就学することが認められるようになる。そして，2013（平成 25）年 9 月に施行された「学校教育法施行令の一部改正」では，当初の就学先の決定を行うための画一的な仕組みを改め，障害の状態，本人の教育的ニーズ，保護者の意見，専門家や学校等その子どもが生活する地域の実情などを含めた総合的な観点から，就学先を決定することとなった（図 2-9）。特に保護者の意見については，2007（平成 19）年の同令改正時より就学先決定時の保護者の意向聴取が義務づけられて以降，可能な限り尊重されることが求められている。さらに，決定された学びの場の変更（転学）については，以前は障害の状態が変化しない限り認められなかったが，現在では，地域における教育体制整備の状況等によって，柔軟に変更できることが認められている。

　こうした変更はあくまで一部であるが，このように 21 世紀初頭から現在に至る十数年の間で，就学先の決定を行う仕組みは大きく変わってきた。もちろんこれらの変化は目に見える変化に留まらない。「人間の多様性の尊重等の強化，障害者が精神的及び身体的な能力等を可能な最大限まで発達させ，自由な社会に効果的に参加することを可能とする」ことを目的とした，インクルーシブ教育システムの理念の実現に向けて，障害のある子どもの

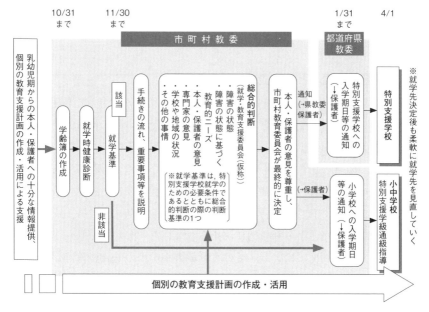

● 図2-9　障害のある児童生徒の就学先決定手続きの流れ（文部科学省，2013より）

「学び」に関する様々な権利を認めようとする方向性がここに見てとれる。

2. 障害のある幼児と保護者にとっての就学移行

　障害のある子どもの学びの場が決められていくプロセスを図2-9に示した。このプロセスは就学前年度に既に進行している。小学校就学までに，障害のある子どもや保護者が抱く思いや得る経験を知ろうとすることは，就学支援での寄り添い方や具体的な方法を考える上でとても重要である。

　就学前の当事者らの思いや立場を一様に示すことは難しいが，小学校への就学は喜ばしい人生の出来事である一方，障害のある子どもの場合は多くの困難が生じやすい。障害のある子ども本人には，移行に伴う環境の変化に順応できない事態が生じる。特に就学を期に，子どもがそれまでにつくり上げてきた人や施設等のつながりは，大きく変わることがある（本章

1節の図2-4を参照）。小学校等を含めた新たな生活環境で自らの居場所を見いだせず，落ち着きのなさや不適応など気になる行動が増えてしまうこともある。

　一方，保護者の場合，上記のプロセスを経る中で様々な不安やストレスを感じる。特に「新しい生活がうまくいくのだろうか」という心理的不安だけでなく，就学先の決定のプロセスを経る中で，就学に関する情報の取得，就学先の見学，教育委員会とのやりとり，書面上の手続き，あるいは配偶者や親族との話し合いなど，様々なことが求められる。こうした活動そのものが更なる不安をもたらすこともあるだろう。

3. ライフステージの転換に求められる就学支援の方法

　乳幼児期から学童期へ障害のある子どもの「学び」の継続や新しい環境へのスムーズな適応を実現させるために，そして保護者や支援者の安心した就学を実現させるために様々な就学支援が講じられている。特に近年，保幼小の保育者や教員間の引き継ぎの実施に加えて，情報の共有化をもたら

● 表2-3　就学支援のレパートリーとポイント（真鍋，2012）

学校や自治体による就学支援のレパートリー	就学支援を個別化するための要点例
・（保護者に対する）就学先の決定のための学校見学	・どこからどこへの移行であるか
・（子どもに対する）保幼小連携の一環としての学校見学	・学校区はどうか
・保護者の悩み相談会	・移行前と移行後の環境はどのくらい違うか
・就学支援シートやサポートファイルの作成，提供	・親しい友達はそのままか
・就学前の保護者を交えた／交えない情報交換会の実施	・保護者は就学移行の経験があるか（兄・姉がいるか）
・就学後の保護者を交えた／交えない情報交換会等の実施	・就学支援シートなど情報をまとめるツールがあるか
・学校適応に向けた準備教育	・活用できる就学支援は（左記）はどのくらいあるか
…	…

す「就学支援シート」が多くの自治体で採用されるようになってきた（詳しくは第5章4節を参照）。こうした学校レベル，自治体レベルで用意される就学支援を基盤として，個々に異なる状況にある障害のある子どもたちの実態に対応できるよう，就学の状況を広くアセスメントし，個別に就学支援をマネジメントしていく発想も求められている。表2-3にそうした就学支援の個別化に向けて求められる視点の例（真鍋，2012）を示した。

　ただし，いずれの方策を講じる場合でも，本章の1節で指摘したように，子どもと保護者は乳幼児期の「早期発見・支援」の文脈で，様々な人や施設と出会いそこで多様な経験をしている。こうした個々の家族が持つ歴史に耳を傾け，寄り添う姿勢（七木田，2016）を持つことが大切である。

第 3 章

幼稚園等・小学校・中学校・高等学校
（中等教育学校）における特別支援教育

1

幼稚園・保育所・認定こども園における特別支援教育

1. 幼稚園・保育所・認定こども園の特別支援教育とは

　乳幼児期は，適切な保育により発達の可塑性が期待できる時期であり，それは障害のある子どもも同様である。また乳幼児期の障害や発達の遅れは，心身に及ぼす内的あるいは外的要因に影響されやすく，適切な保育と環境が極めて重要な意味を持つ。一人一人の子どもの問題は，まさに個別的であり，個々のニーズに即して対処しなくてはならない。障害のある子どもの保育とは，広義には障害のある乳幼児の保育全般のことを言うが，狭義には保育所や幼稚園が実施する障害のある子どもの保育を指す。近年では，ノーマライゼーション思想のもとに，障害のある子どもと障害のない子どもの保育が統合される，いわゆる統合保育が進展してきた。しかし，障害のある子どもが障害のない子どもの集団に招き入れられたような形で時間と空間を共有するだけでは，相互の関わりが不十分であり，お互いの成長にいかなる影響も及ぼされないといった批判も少なくない。インクルーシブ保育（全包括保育）は，このような問題を解決するために実践されるようになってきた。インクルーシブ保育では，障害のある子どもがいない状況でも常に多様な保育形態が行われる。各々の子どもの個性や特性（その中に障害も含まれる）を考慮しながら，協力・協調する教育方法であり，障

害のある子どもだけでなく，困難を感じているすべての子どもが対象となる。

2. 「気になる子ども」という存在

　幼稚園や保育所の保育者の間では「気になる子ども」という言葉が使われることが少なくない。その理由は子どもが成長途中の乳幼児であるため，診断が難しい場合や，子どもが示す「気になる行動」が障害によるものか，環境のためなのかがわかりにくい場合が多いからである。しかし，この「気になる子ども」という言葉については，なんとなく耳あたりがよい一方で，保育の中で様々な混乱の要因になっていることが指摘されている。

　例えば，高田・石岡（2010）は，ある市の公立保育所の保育士を対象とした調査の結果「気になる」子どもの割合は3歳児12.6%，4歳児9.9%，5歳児8.9%であったことを報告している。また，平澤ら（2005）は，ある市の保育所保育士を対象とした調査の結果，在籍する0～6歳の子どもの3.4%に，診断されていないが「気になる・困っている行動」があると回答し，郷間ら（2008）は，京都市の保育所保育士を対象とした調査の結果，診断は受けていないが保育を進める上での困難を感じる「気になる子ども」は全体で13.3%であったことをそれぞれ報告している。

　水内ら（2001）は，保育所でクラスの中の「ちょっと気になる子ども」に対する保育者の意識の変容を明らかにした。それによれば，保育者にとって気になっていた行動上の問題は，実は発達の通過点にすぎず，専門家とのカンファレンスを通じて，保育者が「気になる子ども」へ受容的に関わることを学ぶ中で，子どもの気になる行動が徐々に減少していった，ということが報告されている。上記の先行研究からも，「気になる子ども」という言葉の持つ曖昧さが，保育実践では過剰なラベリングとなる危うさを招きかねないことが示唆されよう。

　気になる子どものすべてが発達障害のある子どもではない。中には，環境に対して関心の旺盛な子どもや，活動的で動きの多い子どもなど，特に発達的には問題がないにもかかわらず，気になる子どもの行動として理解される場合もある（真鍋，2011）。保育で陥りがちなこうした行き過ぎを避

けるためにも，発達障害と気になる子どもとの関連性に対して，保育者は
冷静に発達の実態に即した理解と対応ができるようにしなければならない。

3.「特別な配慮が必要な子ども」の保育が目指すもの

　障害のある幼児は，入園して初めての集団生活を経験する。それまでの
生活経験の有無がそのまま発達の個人差につながる幼児期においては，入
園前までの幼児一人一人の生活経験や発達，行動特性，興味・関心などに
ついての理解を深め，それらに応じて保育をすることが求められる。幼児
一人一人の特性を見極め，どの幼児もかけがえのない存在として大切に受
け止めることを基本として，「配慮が必要な子ども」を含めた保育の在り方
について，以下に具体的に述べる。

❶ 計画性のある，見通しを持った保育

　わが国では伝統的に，幼児の主体性を大切にした保育を普及してきた。こ
れを端的に「自由保育」といい，そのため一部には「放任保育」との誤解
も生じている。多くの有能な保育者は幼児の主体的な遊びや活動の中に，発
達の芽やきっかけを見つけ，無意図を装って働きかける。またこのような
「企み」は，1日の保育だけで終わらず，1週間，学期，あるいは年間計画
の中に組み込まれる。このような目に見えない指導が保育を特徴づけてい
るが，これを「放任保育」と呼ばれては，保育者の立つ瀬がない。こと障
害のある幼児においては，療育機関や家庭との連携を図りながら，就学に
向けて見通しのある保育をする必要がある。加えて，前述した保育の「見
えにくさ」を頭に入れ，家庭や関係機関に日常の保育が計画的に行われて
いることを説明できる配慮も必要になる（本郷，2006）。

❷ ともに育つ保育

　障害があっても障害のない子どもと分離して教育するのではなく，とも
に学ぶ，すなわち障害のある子どもとない子どもからなる通常の集団を用
意するノーマライゼーションという思想により，統合保育が進められてき
た。その利点は，障害のある子どもは生活経験の拡大や，心理的にも安定
感，満足感が得られる，また障害のない子どもにとっては，障害のある子

どもに対する理解や意識が助長され，望ましい人間関係が育成される，といったことが挙げられる。ただ障害のある幼児と障害のない幼児の保育が統合されたと言っても，時間と空間が共有されただけで，障害のある幼児が「お客さん」のように扱われ，まわりの幼児と望ましい関係が育たないといった批判も少なくない。また社会がそうであるように，まわりの幼児もこの環境から得るものがなければ意味がない。障害のある幼児とない幼児がともに育つ環境をどのように設定するのかが重要な課題となる。

❸ 「あたりまえ」の保育

　「配慮が必要な子ども」の支援においては，他機関との連携が求められるが，保育者は，障害のある子どもの療育の専門家が言うことにそのまま従ってしまうことが少なくない。子ども集団の中で普通に行われる「あたりまえ」の保育者の対応は，刺激を統制し，関わりを系統的に行う専門的な個別指導の前には，ほとんど無力のようである。しかし研究では子ども集団の一員として「その場にいて楽しい」と子どもが思っている場合，それだけで学習は生じているとの報告もある（渡部，2001）。なぜなら，「一緒にいて楽しい」と思えるような人間関係のある子ども集団では，容易に意欲的なコミュニケーションが成立するからである。このように，子どもたち各々が「楽しい」「心地よい」という「気持ち」で結びついた共同体に参加することにより，まさに保育での「あたりまえ」の対応がいかに重要であるかが示されているといえよう。障害のある幼児に対しては，専門的対応よりもむしろ日常的な保育を丁寧に行うといった「自然な」関わりが求められている証左である。

4．配慮の必要な子どもの保育の未来のために

　2015 年に，オーストラリア・シドニーの保育園を訪問する機会を得た。同国の中でも極めて先進的な取り組みをしていることで知られる大学附属の保育園であったが，とりわけ「見える保育」に積極的に取り組んでいることに興味を持った。例えば保育園の入り口には保育者全員の顔写真と名前が掲示されていた。保育の記録も，写真や製作物をファイルに入れて園

児一人一人のものがいつでも取り出せるようになっていた。驚いたのは，玄関ホールには大型ディスプレイが置かれ，迎えに来た保護者がその日の保育を写真で確認できるようになっていたことであった。あらゆることに説明責任が求められるようになっている現代，保育の世界にもその波が来ているのかもしれない。

　園長も兼ねている大学教授に「配慮の必要な子どものための指導計画はあるか」と尋ねた。これだけ保育を記録しようと心がけている園なので，詳細な記録があってしかるべきと思ったのである。園長の答えは「そういうものはない」とのこと。理由を問うと，「保育では，すべての子どもに個別の指導計画が必要です…障害の有無は関係ありません」という返答であった。障害の有無に関係なく，保育では「一人一人の育ちを把握」することが保育者にまず求められる。その子に合った適切な保育をすることは日常的に行っていることで，それは保育政策の制度変更の影響に関係なく，忘れてはならないものであろう。

2 小学校における特別支援教育

1. はじめに

　学習への意欲が低い子ども，理解に時間のかかる子ども，行動上の課題がある子ども，仲間関係に悩む子ども，不登校の子ども，日本語を母国語としない子ども等，様々なニーズのある子どもたちへの支援が，「障害」のある子どもへの特別支援教育による支援と並列的に試みられているのが多くの小学校における現実であろう（齊藤・藤井，2009）。

　今日の小学校における特別支援教育では，通常の学級の中で支援が必要な発達障害の子どもについても，「多様な学習者」の1人として捉え，彼らの独自性を授業の中に生かしていく方略を検討していくことが必要である（司城，2013）。すなわち，学習面などに困難さのある子どもの一般的なつ

まずきと，発達障害のある子どもがつまずきやすいところは重なる面が多い（国立特別支援教育総合研究所，2009）ことから，発達障害のある子どものための個別的な支援の工夫を，授業の中に生かしていくことが求められる。

2. 学校全体で取り組むモデル

　特別支援教育は「特別な教育」ではなく，「従来行ってきた通常の学級での教育実践」をより向上させる教育という認識が少しずつ広まっていく中，特別支援教育と通常の教育の枠組みを一本化し，体系的に捉えるモデルが「学校全体で取り組むモデル」（図3-1；藤井・齊藤，2010）である。

　これは，米国におけるRTI（Response to Intervention）3層モデルを基盤にしたもので，「学校全体で取り組むモデル」は，①教育的取り組みを「学習面」及び「社会性・行動面」の2つのシステムに分け，②教育的取り組みを1次的な取り組み，2次的な取り組み，3次的な取り組みと3層構造に分けて検討することを特徴としたモデルである。

　1次から2次，3次と上方に向かうに従って，支援はより集中的で，密度の高いものとなる。1次的な取り組みのレベルでは，「すべての児童を対象」に，学習面についてのシステムにおいては「わかる授業」，社会性・行動面についてのシステムにおいては「居心地のよい学級」を目指した取り組みを行う。1次的な取り組みで全体の80〜90％の児童の学力保障と社会性の発達を保障することを目指す。2次的な取り組みのレベルでは，1次的な取り組みだけでは望ましい効果を上げることが難しかった「配慮を要する児童を対象」に，場合によって課題を個別化したり，小グループでよりきめ細やかな支援を行う。2次的な取り組みでは，全体の5〜10％の児童の学力と社会性の発達を保障する。そして，最終の3次的な取り組みのレベルでは，1次的，2次的な取り組みのみでは望ましい効果を上げるのがより困難な残りの1〜5％の「特別な支援を要する児童個人を対象」に，心理的アセスメント等に基づいた密度の高い指導や支援を行い，この子どもたちの学力と社会性の発達を保障する。

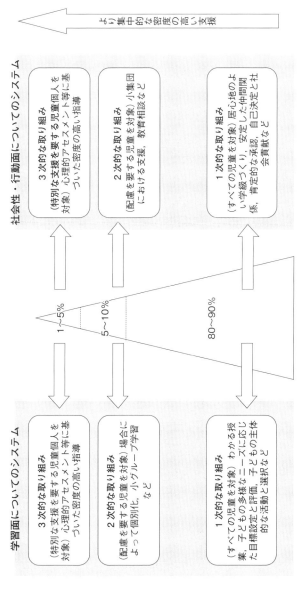

● 図 3-1　RTI 3層モデルに基づく学校全体で取り組むモデル（藤井・斉藤，2010 より改編）

また，このモデルは1人の教員，1つのクラスで完結する取り組みではなく，「学校全体で取り組む」モデルであるということは押さえておくべき点である。学校のすべての児童一人一人の学力の向上と社会性の発達を保障するため，学校全体でどのように1次的，2次的，3次的な取り組みを構築し，教職員が役割分担をしながらいかに協働していくかが鍵となる。

3. 土台となる1次的な取り組み

これからの小学校における特別支援教育においては，「学校全体で取り組むモデル」の1次的な取り組みの充実を図ることが，発達障害のある児童だけでなく多くの児童の学習規律・集団規律そして基礎的学力の定着につながると期待できるため重要である。

❶ 居心地のよい学級づくり：社会性・行動面における1次的な取り組み

居心地のよい学級づくりのための基本要件として，①刺激が整えられた教室環境，②学習や集団生活のためのルールが明確である，③お互いに認め合うことができる，が挙げられる。

①「刺激が整えられた教室環境」とは，余計な刺激をできるだけなくし，子どもたちの行動のきっかけとなる刺激や利用できる刺激をいつでも使えるように整えておくことである。

②「学習や集団生活のためのルールが明確である」の「ルール」とは，やってはいけないことや管理するためのルールではなく，子どもたちのやりやすさを助け，ポジティブに活動できるためのルール（漆澤，2014）であり，それを明確にすることが重要である。

③「お互いに認め合うことができる」ためには，お互いのよさに気づき合うことが求められる。

小学5年生の児童を対象に，居心地のよいルールづくりと互いに認め合う学級づくりを試みた実践（池島・松山，2014）では，ポジティブな行動規範チャートを作成し，児童らに行動規範チャートにあるような行動をお

互いに見かけたら，所定のカードに記入させ，それをクラス全体に公表するという取り組みを行った。この結果，学級の雰囲気は大きく変わったことを報告している。

　社会性・行動面における1次的な取り組みでは，"あたりまえ"と思われるようなポジティブな行動に目を向けさせるルールを設け，そのルールを"守らせる"のでなく，お互いに認め合い，この取り組みをやっていきたいと思えるような手立てを講じていくことがポイントになる。

❷ **わかる授業づくり：学習面における1次的な取り組み**

　「わかる授業づくり」は，「学習のユニバーサルデザイン」「授業のユニバーサルデザイン」「協同学習と学び方を学ぶことに着目したユニバーサルデザイン」など，ユニバーサルデザインという観点から進められてきている（詳細は，柘植，2014などを参照されたい）。

　これらのユニバーサルデザインを生かした授業づくりの基本的姿勢は，子どもの特性を受容的，共感的に理解しながら授業を作っていくことである（廣瀬，2009）。すなわち，児童のつまずきを予測したり，あるいは実践を行いながら児童のつまずきを明らかにしていきながら，そのつまずきに応じた支援を授業の中に柔軟に盛り込んでいくことである。もちろん，つまずきだけでなく児童の得意な面にも注目し，それを生かしていくことも必要である。

　子どもの特性をより理解するためにも形成的評価を繰り返し行い，つまずきをできるだけ的確に捉えること，そして障害特性を熟知することと同時に目の前の子どもへの指導を，担当の教員1人だけでなく，教員間の共同から複数の視点で絶えず検証し，その指導を修正していくことが求められる（吉田，2015）。

4. まとめ

　小学校では，「個別の教育支援計画」や「個別の指導計画」の作成は全国的に実施されてきており，その活用の充実が課題とされている。それらのツールに記載された具体的な指導内容を「学校全体で取り組むモデル」の

1次的な取り組みから3次的な取り組みの中に落とし込みながら，支援内容を評価していくことで，充実が図られよう。こうした「個別の指導計画」と連動した授業づくり・学級づくりが望まれる。

　また，発達障害のある児童だけがクラスの中で目立ってしまわないような「見えない支援」（桂，2016）を行い，子どもの「わからない」「できない」が認められ，それらの言葉を言いやすい学級風土を築きながら，2次的そして3次的な取り組みが「あたりまえ」になるような学級づくり・授業づくりを行っていくことで，子どもたちにとって居心地のよい学校になっていくのではないだろうか。

3 中学校における特別支援教育

1. はじめに

　中学生は，思春期と呼ばれる時期の子どもたちである。この時期は，身体の成長だけではなく，精神的にも子どもから大人へと成長していく。また，この時期は，第二次反抗期でもあり，親や学校，社会に対して反抗的な態度をとる時期でもある。家族や友人，学校の教員など様々な人との関わりの中で色々な壁にぶつかり，試行錯誤を繰り返しながら「自己」を確立させていく，「第二の誕生」と呼ばれる時期である。

　小学校から中学校に進学すると，授業時間が変わるだけでなく，クラス担任制から教科担任制に変わり，担任の教員と接する時間が少なくなる。定期試験も行われるようになる。部活動も始まり，同級生だけではなく，先輩との関係など，人間関係も広がりを見せるようになる。このような教育環境の大きな変化についていけず，不登校やいじめが増加してしまう現象は「中1ギャップ」とも呼ばれ，社会現象にもなっている。

　こうした複雑な背景を踏まえ，高橋・田部（2013）は「中学校における特別支援教育の保障は，発達障害等の生徒への対応のみならず，『中1ギャッ

プ』や二次障害，思春期特有の不安定さや発達的課題を抱える生徒の問題が深刻化しないための予防策としての意義も大きい」と指摘している。

2. 中学校における特別支援教育の現状

❶ 問題の複雑化

　発達障害，とりわけ自閉スペクトラム症の中核的な障害の１つに，他者とのコミュニケーションの困難がある。これが原因となり，不登校やいじめといった二次障害を引き起こすこともある。ただし，思春期特有の不安定さなども原因として考えられるため，一概に発達障害を前提とするのではなく，学校の様子や家庭環境を含めて慎重に探っていく必要がある。複雑な背景を抱える場合，「どこから手をつけたらいいのかわからない状況」に陥ってしまい，支援の手を差し伸べることが難しい状態になることがある。問題が重篤化する前に，「気になる」段階から支援体制を整える必要がある。相澤ら（2009）は，中学校における「気になる生徒」に関する調査を行い，クラスの「気になる生徒」は女子よりも男子のほうが多く，問題の内容も男女によって異なることを明らかにした。具体的には，男子は行動統制や注意の問題が多く，女子は不登校や対人関係に関する問題が多い傾向がある。そのため，診断名の有無にかかわらず「気になる段階」から性差を考慮した支援を開始する必要があることを指摘している。

❷ 連携の難しさ

　早期から支援体制を整えるために，生徒の実態把握を行う必要がある。小学校からの引き継ぎは生徒を理解するための重要な資料となる。しかしながら，現状において学校間の引き継ぎが円滑に行われているとは言い難い。その理由として，小学校と中学校の教員間の特別支援教育に対する意識の違いが挙げられる。渡部・武田（2008）は，小学校よりも中学校で発達障害への意識が低いことを指摘し，その要因として，中学校では不登校などの生徒指導に大きな比重を置かなければならない点を挙げている。吉澤・米山（2003）は，中学校における発達障害のある生徒への対応が不十分な理由として，教科担任制のため生徒の状態像がつかみにくいこと，問題は

学習面や情緒・行動面など多岐にわたり，不適応行動のほとんどが生徒指導上の問題として捉えられていることを指摘している。このような中学校の教育事情を踏まえ，保田・姉崎（2012）は，校内における特別支援教育の体制づくりには，①小学校・中学校・高等学校がつながる「縦の連携」，②教育・医療・福祉機関がつながる「横の連携」，③校内全体で取り組む「教員間の連携」が必要であると指摘している。

❸ 保健室の果たす役割

　教科担任制の中学校では，担任が生徒と関わる時間が小学校に比べて少ない。そのため，保健室が生徒のSOSを発見する場としての役割を担っている。稲垣ら（2000）は，保健室には「『処置の部屋』として，『休養の部屋』として，『相談の部屋』として，そして時には『生活を送る部屋』，『学習の部屋』などの機能がある」と指摘している。担任や級友と良好な関係を築くことが難しく，学校の中で自分の居場所が見つけられない生徒にとって，保健室という場所や養護教諭の存在は心理的な安定を図る意味でもかけがえのないものになっている。

3.「連携」を意識した実践の紹介

　現状においては，必ずしも「連携」を意識した実践報告が蓄積されているとは言えない。ただ，中学校の教育事情を踏まえると，教員間や各関係機関との連携を強め，生徒を多角的な視点から捉えた支援を行う必要がある。ここでは，教員間の連携に特化した実践（栁・司城，2015）と関係機関との連携に特化した実践（若林・大島，2015）を紹介する。

　栁・司城（2015）は，教科担任制の利点を生かした実践を行っていた。具体的には，各教科の担当者や部活動の顧問，養護教諭など，それぞれの立場から生徒の見立てを持ち寄り，生徒理解の一覧表を作成することで，共通する問題の背景を探るとともに，効果的な支援方略について教員間の共通理解を図っていた。様々な場面での生徒の情報を持ち寄ることで，「何かわからないけどこだわっている状況」の背景がわかり，より具体的な支援が行われていた。教員間の連携については「学級担任，各教科担任や顧問

が持つ情報が共有された上で，それらがどのように関係するのかが整理されることが重要である」と指摘されていた。

　若林・大島（2015）は，特別支援学校でセンター的機能を果たし，学校と地域の適応指導教室との三者で連携しながら，不登校状態にある生徒の登校復帰に向けた実践を行っていた。良好な対人関係を築くことができず不登校状態にある（アスペルガー障害の診断を受けている）生徒を対象に，まずは特別支援学校にて「相談室」として生徒と関わりを持ち，他者と関わることの成功体験を蓄積させた。ここから得られた生徒の実態と対応の仕方について，地域の適応指導教室の指導員と情報を共有し，相談室と適応指導教室での対応の一本化を図った。その後，学校と相談室，適応指導教室等の関係者がケース検討会を重ね，登校復帰に向けた環境調整を行うことで，生徒は再び登校するようになった。適応指導教室の指導員が学校で学習指導を行うなど，生徒の実態と要望に合わせたきめ細かい支援が行われていた。

　ここでは「連携」に焦点を当て，2つの実践を紹介した。これらの実践に共通しているのは，生徒に対する丁寧なアセスメントをもとに支援を行っているところである。教員間や各関係機関と連携することは，支援の選択肢を増やすことにつながると言える。

4. まとめ

　佐藤（2011）は，中学校における特別支援教育が浸透していく中で，「厳しいしつけ」のような，従来の生徒指導の在り方が変わってきていることを示唆した。その上で，これまでの教育文化を否定するのではなく，どう接点を見いだし，うまく融合できるかが課題であると述べている。現時点において，中学校の教育課程や教育文化を特色とした実践は少ない。今後，実践報告が蓄積されていく中で，中学校独自の特別支援教育の在り方を探っていく必要があろう。

高等学校における特別支援教育

1. 高等学校における特別支援教育の体制整備

　中学校から高等学校（通信制含む）への進学率は，令和元年度には98％を超えており（文部科学省，2020a），高等学校には義務教育終了後に自立に向けた準備期間を提供することのできる教育機関としての役割が求められている。全日制，定時制及び通信制にかかわらず高等学校には，障害等のある生徒が一定程度在籍している現状が報告されており（文部科学省，2009a），高等学校における特別支援教育の推進による「インクルーシブ教育システム」の構築及び中学校卒業後の「学びの場の連続性」の確保が求められている（文部科学省，2016）。

　高等学校における特別支援教育の体制整備状況は，回答した4,920校（国立，公立，私立含む）のうち，校内委員会の設置が85.3％，実態把握は85.7％，特別支援教育コーディネーターの指名が83.8％，校内研修の実施が64.7％，教職員の外部研修への参加が80.2％である（文部科学省，2020b）（表3-1）。一方で，設置者別にその体制整備状況を見ると，国立，公立，私立間に偏りがある（図3-2）。特に，国公立よりも私立のほうが，特別支援教育の体制整備状況はより不十分であるといえる。ただし，特別支援教育が開始されて間もない平成20年度の整備状況（文部科学省，2009b）から比較すると，状況は継続して改善していることから，今後も体制整備の充

● 表3-1　令和元年度　体制整備状況（文部科学省，2020b）

(単位%)

区分	校数	校内委員会	実態把握	コーディネーター	校内研修	外部研修
国立	19 校	94.7	89.5	100	42.1	42.1
公立	3,572 校	97.4	95.2	99.1	76.3	91.8
私立	1,329 校	52.8	60.1	42.3	33.6	49.4
計	4,920 校	85.3	85.7	83.8	64.7	80.2

平成30年9月1日現在　特別支援教育体制整備状況調査より筆者一部抜粋

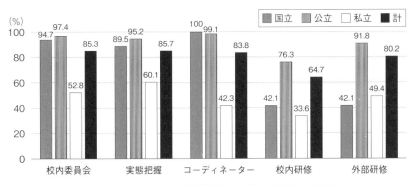

● 図3-2　令和元年度　体制整備状況の比較（文部科学省，2020b）

● 表3-2　平成20年度　体制整備状況（文部科学省，2009b）（単位%）

区分	校数	校内委員会	実態把握	コーディネーター	教員研修の受講
国立	18校	55.6	72.2	61.1	30.1
公立	3,922校	89.5	71	87.5	36.5
私立	1,321校	26.6	41.6	22.3	17.1
計	5,261校	73.6	63.6	71.1	31.7

平成20年9月1日現在　特別支援教育体制整備状況調査より筆者一部抜粋

実が期待される（表3-1，表3-2）。

2. 高等学校において特別支援教育を必要とする生徒の現状

　2019（令和元）年9月1日時点で，高等学校（中等教育学校後期課程，通信制課程含む）において，通級による指導を受けている生徒数は，全国で787名であり，そのうち732名は公立学校に，55名は私立学校に在籍していた。通級による指導を受けている生徒を障害種別で見ると，自閉症の生徒が最も多く，次いで注意欠陥多動性障害，学習障害，情緒障害，言語障害の順であった（表3-3）。この調査結果では，通級による指導を受ける生徒の障害種別による人数は，小学校では言語障害が最も多く，通級による指導を受けている子どもの障害種別の内訳の傾向は異なるが，中学校とは

● 表 3-3　高等学校の通級による指導の生徒内訳（文部科学省，2020b）

区分	計	言語障害	自閉症	情緒障害	弱視	難聴	学習障害	注意欠陥多動性障害	肢体不自由	病弱・身体虚弱
国立	−	−	−	−	−	−	−	−	−	−
公立	732	29	337	103	−	2	115	143	1	2
私立	55	−	10	1	4	7	11	7	3	12
計	787	29	347	104	4	9	126	150	4	14
小学校	116,633	39,106	21,237	15,960	191	1,775	17,632	20,626	82	24
中学校	16,765	556	4,051	3,091	27	423	4,631	3,933	38	15

令和元年度　文部科学省調査　第 2 部資料編より筆者一部抜粋

類似する傾向にあった。

3.　高等学校における「通級による指導」の実施

　小学校及び中学校において通級による指導を受ける児童生徒は年々増加傾向にある。特に中学校での増加が顕著であり，通級による指導が開始された 1993（平成 5）年には 296 人であったが，2007（平成 19）年には 11,950 人となり，約 40 倍に増加した。障害のある生徒にとって中学校卒業後の進路は，主に高等学校または特別支援学校高等部となっている。高等学校へ進学した生徒に対しても，学びの連続性を確保し，障害の特性に応じた質の高い指導を確保するために高等学校の特別支援教育の体制整備が急がれている。

　高等学校は，教育課程の編成，単位による履修・修得，卒業認定制度，必履修教科・科目等，全日制，定時制及び通信制といった点から義務教育段階とは異なる。文部科学省は 2015（平成 27）年からこれらの高等学校教育の特徴を踏まえた「通級による指導」の制度化及び特別支援教育の充実の在り方を検討してきた。

　2016（平成 28）年 12 月には学校教育法施行規則等が改正され，2018（平成 30）年 4 月から「高等学校における通級による指導」が制度化された。現在は，学校及び各県の教育委員会を含め高等学校における通級による指導の実施について組織的に取り組んでいる。高等学校の通級による指導は，

小学校・中学校と同様に，自校通級，他校通級，巡回指導によって実施されることとなった。文部科学省では，公立高等学校における通級による指導のための加配定数措置や「初めて通級による指導を担当する教師のためのガイド」を作成するなど，その体制整備及び担当教員の専門性向上を図る取り組みを実施している。

4. 高等学校における特別支援教育の推進と通級による指導上の留意点

　前述したように文部科学省は，通級による指導を受ける生徒に対応した教師の質の担保を喫緊の課題としていることから，「初めて通級による指導を担当する教師のためのガイド（https://www.mext.go.jp/tsukyu-guide/index.html）（令和2年3月26日）」を公開し，通級による指導の年間の流れ，利用決定から終了までのフロー図，実態把握から個別の指導内容を設定し指導計画の立案までの具体的な過程を示すなど，現場の教師が利活用できる情報を発信している。

　高等学校における通級による指導には，在籍する学校において指導を受ける自校通級と，他の学校に週に何単位時間か定期的に通級し，指導を受ける他校通級，通級による指導担当教員が複数の学校を巡回し指導する巡回指導の3つの実施形態がある。それぞれの実施形態には長所と短所がある。自校通級では，生徒は別の学校へ通学するといった負担がなく，担当教員と関係を構築しやすいという利点があるが，周囲の生徒に通級による指導を受けていることを知られたくない場合や生徒自身に心理的な抵抗感のある場合には，生徒自身が負担を感じることが想定される。一方で，他校通級は，自校の他の生徒へ通級による指導を受けていることを知られにくいことから心理的な負担が軽減できることや，グループ指導が実施しやすいという長所があるが，他校へ生徒が通わなければならない距離や交通手段など，他校の立地や交通条件によっては生徒の金銭的負担や身体的負担となる短所が生じてくる。指導教員が複数校を巡回して実施する巡回指導では，対象となる生徒が少ない学校においても，通級による指導が可能

になることや，巡回予定に合わせることで複数の生徒でのグループ指導が可能になる長所がある。しかし巡回にあたる指導教員の移動の負担やその旅費の措置等による制限などが生じるという短所がある。通級による指導においては，生徒やその保護者と信頼関係を構築し，安心して通級による指導を受けてもらうためにも，それぞれの実施形態の長所と短所とを丁寧に説明することが重要になる。

　通級による指導を受ける生徒が自らの困難を改善することを目指す指導に主体的に取り組むには，生徒との対話を重視し，生徒自身が自らの課題を意識し，具体化された学習課題に取り組めるように全教職員の協力のもとに指導及び支援が効果的に行われる体制づくりが大切になる。また最も効果的な実施方法を探るためにも生徒の自尊感情や心理的な抵抗感に配慮し，生徒の過剰な負担にならない範囲で，放課後等の時間の設定や，長期休暇中に集中的に実施する方法など，柔軟かつ多様な視点から検討する必要がある。

　通級による指導に係る取得単位数は，年間7単位を超えない範囲で卒業認定単位に含めることができる。また2以上の年次にわたる授業時間数を合算して，単位認定を行うことができ，単位認定を学期の区分ごとに行うことができる。その指導内容は，障害のある生徒が自立と社会参加を目指し，障害による学習上または生活上の困難を主体的に改善・克服するための指導であり，小学校及び中学校の通級による指導と同様に特別支援学校の自立活動に相当することが示されている。

　知的障害については，小学校・中学校の通級による指導の対象とされていないが，高等学校も同様に取り扱われており，「他の障害種と知的障害を併せ有する生徒については，改善・克服を必要とする主な困難が知的障害以外によるものである場合には，その障害によって生じる学習上又は生活上の困難を改善・克服するため，通級による指導を受けることは有り得ると考えられる。このような場合においては，在籍する学級において当該指導と関連付けた支援を行うことが必要であることに十分留意する必要がある（文部科学省，2016）」と言及されている。

5．高等学校と特別支援学校及び関係機関との連携

　特別支援教育を推進するために，高等学校には中学校や特別支援学校をはじめとする関係機関との連携が求められている。中でも特別支援教育の経験とノウハウを有する特別支援学校のセンター的機能を活用することが推奨されており，障害特性に応じた指導方法，専門機関との連携，校内支援体制づくりに関する情報などを収集することが求められている（文部科学省，2021）。高等学校は，自校にどのような特別支援教育のニーズがあるのか，また特別支援学校や関係機関はどのような支援提供が可能なのかについての情報を校内で共有しておくことが重要である。同時に特別支援学校においても，高等学校にはどのようなニーズがあり，センター的機能としてどのような支援ができるかを検討し，必要に応じて高等学校に情報を提供する準備をしておくことが大切である。こうした連携を実現するためには，高等学校側と特別支援学校側それぞれの特別支援教育コーディネーターが窓口となり，地域の高等学校の体制整備の充実に協働して取り組むことが大切になる。

　高等学校における発達障害等のある生徒については，一般枠での就労の他に，障害者手帳を取得し，障害者雇用枠による就労を目指した支援を行うことも必要になる。こうした卒業後を見据えた支援については，特別支援学校のこれまでの実践によるノウハウの共有や職業リハビリテーション機関との連携が重要になってくる。障害のある生徒が大学に進学する場合には，進学予定先の大学の障害学生支援部署との接続を意識した生徒への指導や環境調整を行うなど，移行支援が重要になる。

5

特別支援学級

1．特別支援学級とは

特別支援学級は，障害による学習上又は生活上の困難を克服するための

教育を行うために，必要に応じて小学校や中学校に設置されるもので，障害の状態や発達の段階，特性等に応じて，よりよい環境を整え，可能性を最大限に伸ばし，可能な限り自立し，積極的に社会に参加する人間に育てるため，特別に編成された学級である。特別支援学級の設置については，学校教育法第81条に次のように規定されている。

〔特別支援学級〕

第81条 幼稚園，小学校，中学校，義務教育学校，高等学校及び中等教育学校においては，次項各号のいずれかに該当する幼児，児童及び生徒その他教育上特別の支援を必要とする幼児，児童及び生徒に対し，文部科学大臣の定めるところにより，障害による学習上又は生活上の困難を克服するための教育を行うものとする。

② 小学校，中学校，義務教育学校，高等学校及び中等教育学校には，次の各号のいずれかに該当する児童及び生徒のために，特別支援学級を置くことができる。

　1　知的障害者

　2　肢体不自由者

　3　身体虚弱者

　4　弱視者

　5　難聴者

　6　その他障害のある者で，特別支援学級において教育を行うことが適当なもの

③ 前項に規定する学校においては，疾病により療養中の児童及び生徒に対して，特別支援学級を設け，又は教員を派遣して，教育を行うことができる。

さらに，学校教育法施行規則第137条では，次のように規定されている。

〔特別支援学級の設置区分〕

第137条　特別支援学級は，特別の事情のある場合を除いては，学校教育法

第81条第2項各号に掲げる区分に従って置くものとする。

2. 特別支援学級経営の基本方針

特別支援学級の経営の基本としては，次のようなことが大切となる。

①特別支援学級の教育を，学校経営の中核として位置づける

　ア　学校のすべての児童生徒一人一人を大切にし，認め合い，支え合おうとする環境づくりに努める。

　イ　児童生徒の障害の状態等の把握及び学級経営方針について，全教職員で共通理解を図る。

　ウ　教室の配置に留意するとともに，教材・教具の整備に努める。

　エ　特別支援学級担任教員が特別支援学級経営に専念できるような協力体制を整える。

　オ　一人一人の児童生徒の望ましい教育活動を保障するため，交流学級等と連携・協力し，効果的な指導を行う。

②一人一人の障害の状態，発達の段階等に応じた教育課程の編成に努める

　ア　障害の状態等を的確に把握するため，十分観察を行うとともに，諸検査による客観的な評価を行う。

　イ　一人一人について具体的な指導目標，内容を設定し，指導の形態等を考慮して，個別の指導計画を作成する。

　ウ　保護者や関係機関と連携し，個別の教育支援計画を作成する。

③関係機関との連携

　特別支援学校や医療・福祉等の関係機関と連携を図り，専門的な助言や援助を活用しながら，適切な指導を行うことが大切である。

④継続した就学支援を弾力的に実施する

　就学した後もその児童生徒の置かれている状況に応じて，継続的・弾力的に適切な教育措置が講じられるよう配慮することが大切である。

3. 特別支援学級の教育課程

　特別支援学級の教育課程は，学校教育法施行規則第138条において，「小学校，中学校若しくは義務教育学校又は中等教育学校の前期課程における特別支援学級に係る教育課程については，特に必要がある場合は，（中略）特別の教育課程によることができる。」と規定されている。

　この規定により，特別支援学級において特別の教育課程を編成して教育を行う場合であっても，特別支援学級は小・中学校に設置された学級であるため，学校教育法に定める小学校及び中学校の目的・目標を達成するものでなければならない。そして，特別の教育課程を編成する場合には，児童生徒の障害の状態等に応じて，特別支援学校の小学部・中学部学習指導要領を参考とし，例えば，障害による学習上又は生活上の困難の改善・克服を目的とした指導領域である「自立活動」を取り入れたり，各教科の目標・内容を下学年の教科の目標・内容に替えたり，各教科を特別支援学校（知的障害）の各教科に替えたりするなどして，児童生徒の実態や教育的ニーズに合った教育課程を編成する必要がある。

4. 指導の形態

　小学校及び中学校の学習指導要領では，教育内容を各教科等で分類しており，各学校では，実際の指導もほとんどその分類に基づいて進められている。特別支援学校小学部・中学部学習指導要領においても，教育内容を各教科，道徳科，特別活動等で分類しており，第1章第3節3（1）アに「各教科，道徳科，外国語活動，特別活動及び自立活動の内容に関する事項は，特に示す場合を除き，いずれの学校においても取り扱わなければならない」と示されている。

　特別支援学校（知的障害）における実際の指導は，各教科，道徳，特別活動別に分けずに，これらの一部または全部を合わせた「各教科等を合わせた指導」の形態で進められることが少なくない。この「各教科等を合わせた指導」の形態としては，日常生活の指導，遊びの指導，生活単元学習，作業学習などがある。「各教科等を合わせた指導」に関しては，学校教育法

施行規則第130条において次のように規定されている。

〔各教科の特例〕

第130条　特別支援学校の小学部，中学部又は高等部においては，特に必要がある場合は，第126条から第128条までに規定する各教科（次項において「各教科」という。）又は別表第3及び別表第5に定める各教科に属する科目の全部又は一部について，合わせて授業を行うことができる。

2　特別支援学校の小学部，中学部又は高等部においては，知的障害者である児童若しくは生徒又は複数の種類の障害を併せ有する児童若しくは生徒を教育する場合において特に必要があるときは，各教科，特別の教科である道徳，外国語活動，特別活動及び自立活動の全部又は一部について，合わせて授業を行うことができる。

　このように，知的障害特別支援学級では，特別支援学校（知的障害）の各教科の目標や内容に替えても習得が困難な場合，生活に役立つ知識や技能を習得させるために「各教科等を合わせた指導」を活用することもできる。

5.　教育課程編成上の留意事項

　特別支援学級は，在籍人数が少ないものの，個人差の大きい場合が多い。同じ学級の児童生徒たちに同一の指導目標や指導内容を，同一教材によって一斉に指導することは困難な場合が多いため，以下の4つの点に留意する必要がある。

❶ 指導内容の選択・組織上の工夫

　個に応じた教育課程を編成するためには，指導内容の選択・組織の段階で一人一人の児童生徒の発達の段階等に応じた指導内容を設定する必要がある。特別支援学級の教育課程の編成に当たっては，特別支援学校学習指導要領や小・中学校学習指導要領等の内容を参考にして，発達段階の異なる児童生徒に対応できるように，幅広い内容を段階別に整理しておくことが大切である。

❷ 指導の形態の工夫

　個に応じた教育課程の編成に当たって，指導内容の選択・組織上の工夫以上に配慮が必要なのは，個人の活動と活発な集団生活が同時に展開するような指導形態を設定し，それに基づく学習活動を組織することである。そのためには，各教科，特別活動等の指導以外に，生活単元学習や作業学習などの各教科等を合わせた指導を計画し，展開することも必要である。

❸ 交流及び共同学習

　児童生徒の障害の状態や発達の段階，特性等に応じて，運動会等の学校行事やクラブ活動等の時間には，通常の学級の児童生徒とともに活動することがある。各教科の時間においても，その一部を通常の学級で学習を行うことがある。また，特別支援学級の中だけでは，十分な集団活動を展開することが困難な場合も少なくない。そのため，教育課程の編成に当たっては，通常の学級との交流及び共同学習を積極的に計画する必要がある。

　しかし，不十分な計画のもとで実施すれば，交流及び共同学習の趣旨とは逆の結果がもたらされる恐れがある。児童生徒の教育的ニーズを把握し，すべての教員が障害についての正しい理解と認識を深め，校内の協力体制を構築し，個別の指導計画に基づいた効果的な活動を設定することなどにより，個々の児童生徒に対する個別的な配慮が十分なされた条件のもとで実施する必要がある（河村，2012）。

❹ 全校的な共通理解

　特別支援学級の教育課程は，学校全体の教育課程と大きな関わりを持ってくる。したがって，特別支援学級の教育課程は，特別支援学級の担任以外の教員の協力を得て組織的に編成されなければならない。

　編成された教育課程が円滑に遂行されるためには，教員間の共通理解や連携が大切である。通常の学級担任が，特別支援学級の児童生徒に関わる機会を多く持つようにすることや，特別支援学級の児童生徒が通常の学級で授業を受ける場合，特別支援学級の担任も通常の学級に出向き，必要に応じて追加的支援を行うことが大切である。

6

通級による指導

1．通級による指導とは

　通級による指導とは，学校教育法施行規則第 140 条及び第 141 条に基づき，小学校，中学校，義務教育学校，高等学校又は中等教育学校の通常の学級に在籍する軽度の障害がある児童生徒に対して，各教科等の授業は通常の学級で行いつつ，学習上又は生活上の困難の改善・克服を目的とする特別な指導が必要とされる場合は，障害に応じた特別の指導を「通級指導教室」といった特別の場で行う特別支援教育の 1 つの形態である。学校教育法施行規則第 140 条によると，通級による指導の対象となる児童生徒は，①言語障害者，②自閉症者，③情緒障害者，④弱視者，⑤難聴者，⑥学習障害（LD）者，⑦注意欠陥多動性障害（ADHD）者，⑧その他障害のある者で，この条の規定により特別の教育課程による教育を行うことが適当なもの，となっている。

　通級による指導は，特別の教育課程の編成により行われる。障害による学習上又は生活上の困難の改善・克服を目的とする「自立活動」が中心となるが，特に必要があるときは「各教科の補充指導」も行うことができる。指導時間については，自立活動と各教科の補充指導を合わせて年間 35 単位時間（週 1 単位時間）からおおむね年間 280 単位時間（週 8 単位時間）以内が標準とされている。なお，LD 及び ADHD の場合は，月 1 単位時間程度でも指導上の効果が期待できる場合があることから，下限が年間 10 単位時間とされている。

　通級による指導では，通級する児童生徒の日常生活の場である家庭，学校での適応を図るために特別の指導を行う。通級による指導で学習した内容が，日常生活の場で生かされるためには，児童生徒への指導とともに保護者への支援，在籍学級の担任との連携が重要になる。

　LD や ADHD のある児童生徒については，通級による指導の対象とするまでもなく，通常の学級における合理的配慮の提供やティーム・ティーチ

ング（TT）の活用，学習内容の習熟の程度に応じた指導の工夫により，適切に学習することが可能になる者も多く見られる。

通級による指導を行うに当たっては，必要に応じ，校長，教頭，特別支援教育コーディネーター，担任教員等で構成される校内委員会において，その必要性を検討するとともに，教育委員会等に設けられた専門家チームや巡回相談等を活用する。通級による指導の対象となるかどうかの判断に当たっては，医学的な診断の有無のみにとらわれることのないよう留意し，総合的な見地から判断することが大切である。

2. 通級による指導の実施形態及び内容

❶ 実施形態

通級による指導の実施形態には，大きく自校通級，他校通級，巡回指導の3つがある。自校通級とは，児童生徒が在籍する学校に設置された通級指導教室において指導を受ける形態であり，他校通級とは，他の学校に週に何単位時間か定期的に通級し，指導を受ける形態，そして巡回指導とは，通級による指導の担当教員が該当する児童生徒が在籍する学校に赴き，または複数の学校を巡回して指導を行う形態である。特に通級指導教室の設置数が少ない後期中等教育においては，担当教員が対象生徒の在籍校を訪問し，そこで指導する形態が増えている。

❷ 内容

次に，通級による指導における自立活動の内容は，人間としての基本的な行動を遂行するために必要な要素と，障害による学習上又は生活上の困難を改善・克服するために必要な要素で構成されている。内容は，「健康の保持」「心理的な安定」「人間関係の形成」「環境の把握」「身体の動き」「コミュニケーション」の6区分27項目に分類・整理されている（表3-4）。

通級による指導の指導内容には，自立活動と教科の補充指導の2つがある。自立活動の指導は，各教科のように学習指導要領に示された内容がすべての児童生徒に対して指導すべき内容を示した基準であるのとは異なり，具体的な指導内容を自立活動の項目ごとにそのまま設定することを意味し

◉ 表3-4　自立活動の内容の6区分27項目

1　健康の保持	①生活のリズムや生活習慣の形成 ②病気の状態の理解と生活管理 ③身体各部の状態の理解と養護 ④障害の特性の理解と生活環境の調整 ⑤健康状態の維持・改善
2　心理的な安定	①情緒の安定 ②状況の理解と変化への対応 ③障害による学習上又は生活上の困難を改善・克服する意欲
3　人間関係の形成	①他者とのかかわりの基礎 ②他者の意図や感情の理解 ③自己の理解と行動の調整 ④集団への参加の基礎
4　環境の把握	①保有する感覚の活用 ②感覚や認知の特性についての理解と対応 ③感覚の補助及び代行手段の活用 ④感覚を総合的に活用した周囲の状況についての把握と状況に応じた行動 ⑤認知や行動の手掛かりとなる概念の形成
5　身体の動き	①姿勢と運動・動作の基本的技能 ②姿勢保持と運動・動作の補助的手段の活用 ③日常生活に必要な基本動作 ④身体の移動能力 ⑤作業に必要な動作と円滑な遂行
6　コミュニケーション	①コミュニケーションの基礎的能力 ②言語の受容と表出 ③言語の形成と活用 ④コミュニケーション手段の選択と活用 ⑤状況に応じたコミュニケーション

ているわけではない。区分ごとに示された内容の中から，必要な項目を選定し，それらを相互に関連づけて具体的な内容を設定する。

　通級による指導では，障害による学習上又は生活上の困難の改善・克服を目的とする指導（自立活動）が主として行われるが，特に必要がある時は，障害の状態に応じて各教科の内容を補充するための指導（各教科の補充指導）を含めることも認められている（朝日，2012）。

　例えば，LDのある児童生徒に，聞く，話す，読む，書く，計算する又は推論する能力において一部又は複数の著しい困難があり，そのことが国語や算数・数学，英語等の教科の学習に影響することがある場合には，個々

のつまずきの状態に応じて教科の補充指導が必要になる。

3. 通級による指導の担当者の役割

❶ 児童生徒を支援する校内資源としての役割

　通級指導教室の担当者は，担任から相談があった場合には，まず話を聞き，つまずきや困難の状況を一緒に整理していくことになる。その際，できるだけ多面的な視点から整理するように心がける必要がある。相談内容から状況が把握でき，担任に助言する場合には，その担任の理解の範囲や程度を見極めながら担任が実施できる内容を助言していくようにする。

　特別支援教育の担当者として児童生徒の解釈や見立てを求められた時には，授業参観を行ったり，児童生徒と接したりして，多角的な視点から児童生徒の情報を収集し，総合的な解釈をするよう心がける。

　また，学年会等での情報交換の中から実態の把握が必要とされた児童生徒については，学校行事等での行動観察や，学習や行動の特徴から総合的に考えて実態把握をしていく。学年会等では，その児童生徒が抱えている課題の見極めや言動についての解釈，支援や具体的な配慮の仕方，教材の提供等について助言したり，学年としての共通理解について話し合ったりしていくことが重要である。

　通級指導教室の担当者が，通常の学級における学習活動の中で支援する場合は，あくまでも担任の指導内容やねらいに沿うことができるように，事前に話し合いの機会を持つことが重要である。通常の学級での実際の指導場面では，周囲の児童生徒の動向にも気を配り，支援する児童生徒に個別に関わり過ぎることで，その児童生徒に差別感や孤立感，羞恥心などが生まれないよう十分に配慮することが必要である。選択教科，総合的な学習の時間などの指導の場合も同様に行う。学校行事や学年行事等では，組織の一員としての動きをしつつも，担任との連携のもとで，さりげなく支援することが重要である。

❷ 担任からの依頼で行う個別指導や少人数指導の実施

　通級指導教室の担当者が，担任からの依頼で個別の指導を行う場合には，

担任の意向だけではなく，児童生徒本人の意見もよく聞き，支援してほしいことを把握して指導内容を考える必要がある。

少人数で行う場合の指導は，学級のような大きな集団ではなく，小集団という特性を生かした指導のねらいを考えることになる。例えば，集団で学習する方法（意見の言い方等）を学ばせる，ソーシャルスキルを身につけさせる，友達との関わり方を学ばせるなど，ねらいを明確にして指導を行うようにする。最終的には大きな学級集団の中でも，少人数指導で培われたことが発揮できるように児童生徒を導くことが重要である。

さらに，個別の指導や少人数での指導では，そこが児童生徒にとって精神的な支えとなるような居場所となり，児童生徒を支援していくことも重要なことである。

❸ 校内委員会への協力と専門的な知識の活用

通級指導教室の担当者は，学年会等での情報や担任からの相談を踏まえて，児童生徒について知り得ている情報を校内委員会へ提供する役割を担うこともある。

校内委員会での話し合いでは，できる限り専門用語を使用せずに，児童生徒の状況を説明することが大切である。そして，教室での具体的な支援の方法や具体的な教材・教具について示したり，アイディアを提供したりするなど，これまで培ってきた特別支援教育の専門的な知識と経験を活用し，提案していくことが重要である。さらに，校内委員会で個別の指導計画の作成をする場合には，できる限り話し合いに参加して，担当者として援助できることや役割を明確にしていくことが望まれる。

❹ 保護者への相談・支援

通級指導教室の担当者が，担任からの依頼を受けて保護者の相談を行う場合には，あらかじめ担任から児童生徒の様子や相談内容等について情報を得ておくことが大切である。1回の面談で一方的に指導や助言をして終了することは，保護者に不信感や反感を抱かせることにもなり，注意が必要である。担任と相談しながら，保護者と担当者との信頼関係を作り上げるよう，相談を継続していくことが重要になる。

なお，担任とともに保護者を支援する場合には，担任への支援も視野に入れ，補助的な立場で支援することが重要になる。要望があれば専門機関についての情報を提供することも大切である。

❺ 特別支援教育コーディネーターとの連携

　校内の特別支援教育コーディネーターとは，できる限り定期的な情報交換を行うように心がけ，校内事情の把握に努めることが重要である。特別支援教育コーディネーターから援助の依頼を受けた場合も，校内における特別支援教育コーディネーターとの役割分担を明確にし，効果的な支援体制が構築できるよう協力する必要がある。

4．高等学校における通級による指導

　インクルーシブ教育システムの理念を踏まえ，高等学校においても適切に特別支援教育が実施されるよう多様な学びの場の整備がなされている。その一環として，2018（平成30）年度より，高等学校においても通級による指導が開始され，障害に応じた特別の指導を行う必要性がある生徒への教育が可能になった。高等学校において初めて特別の教育課程を編成・実施することが可能になる画期的な教育施策の転換といえる。これまで小中学校で培ってきたノウハウを高等学校の通級による指導に生かしながら，担当教員の高い専門性を担保する方策を考える必要がある。

　通級による指導は，特別の指導を教育課程に加えたり，またはその一部に替えたりする特別の教育課程を編成することができる。ただし，高等学校においては，障害に応じた特別の指導を，高等学校学習指導要領に規定する必履修教科・科目及び総合的な探究（学習）の時間等に替えることはできない。なお，特別の指導を教育課程に「加える（授業時数が増加する）」場合，放課後等の授業のない時間帯に通級による指導の時間を設定する。また，「替える（授業時数が増加しない）」場合は，他の生徒が選択教科・科目等を受けている時間に「通級による指導」の時間を設定して対象となる生徒を支援することとなっており，高等学校の教育の共通性を確保する観点から，学習指導要領に規定する必履修教科・科目，総合的な探究

（学習）の時間，専門学科における専門教科・科目等，すべての生徒に履修させる教科・科目等と替えることはできない。

　なお，「加える」「替える」いずれの場合であっても，高等学校または中等教育学校の後期課程における障害に応じた特別の指導に係る修得単位数は，当該高等学校または中等教育学校が定めた全課程の修了を認めるために必要な単位数に，年間7単位を超えない範囲で加えることができると規定されていることにも留意する必要がある。

5. 通級による指導の今後

　通級指導教室は中学校ではその数が小学校に比べてかなり少ない。その背景として，小学校での通級による指導の成果があること，中学校から他の生徒と同じ条件で出発したいという生徒本人や保護者の気持ちがあることなどが指摘されているが，中学校段階でも継続して通級による指導を受けられるようにすることが，高等学校の通級による指導を成功に導くことにもなる。

　今後，中等教育段階における通級による指導を充実させるために，通級による指導担当教員の専門性向上や支援の拡充の在り方について議論する必要があろう。例えば専門性向上に関して文部科学省（2020）は，『初めて通級による指導を担当する教師のためのガイド』を発行し，通級による指導の仕組みや教室運営，担当者としての心構えや役割についての解説とともに，実践例を掲載している。

　次に，支援の拡充に関しては，東京都の場合，都立高校において，障害に応じた特別の指導を実施できるよう，在籍校の教員と発達障害等のある生徒への指導経験のある外部人材とが，ティーム・ティーチング形式で指導する仕組みを整備している。一方，広島県では，高等学校が学習面や生活面で困っている生徒の実態を把握した上で，合理的配慮を実施した授業を展開し，その授業における生徒の様子の観察，個別の指導計画等を活用した指導の工夫等の取り組みを行い，さらに支援が必要な場合，授業時間以外の時間に，特別支援学校のセンター的機能による支援を行う。こうし

た取り組みを経て，さらに追加的支援が必要な場合，通級による指導を行うこととなっている。

こうした地域の特性に応じた弾力的な支援体制づくりが，ひいてはインクルーシブ教育システムのさらなる展開に寄与するものと考えられる。

7　小・中学校等の特別支援教育コーディネーターの役割

1．特別支援教育コーディネーターとは

特別支援教育を推進するため各学校で中心的な役割を担っているのが，特別支援教育コーディネーターである。特別支援教育の在り方に関する調査研究協力者会議（2003）は，「今後の特別支援教育の在り方について（最終報告）」の中で「各学校において，障害のある児童生徒の発達や障害全般に関する一般的な知識及びカウンセリングマインドを有する者を，学校内及び関係機関や保護者との連絡調整役としてのコーディネーター的な役割を担う者（特別支援教育コーディネーター（仮称））として，学校の校務として明確に位置付ける等により小・中学校又は盲・聾・養護学校に置いて，関係機関との連携協力の体制整備を図ることが重要である」と述べ，特別支援教育コーディネーターの必要性を提言した。

その後，各学校で特別支援教育コーディネーターの指名が徐々に進み，2007年には文部科学省が「特別支援教育の推進について（通知）」の中で「特別支援教育のコーディネーター的な役割を担う教員を『特別支援教育コーディネーター』に指名し，校務分掌に明確に位置付けること」と規定した（文部科学省，2007）。こうして特別支援教育の始まりとともに特別支援教育コーディネーター制度も本格的にスタートした。公立幼稚園，小・中・高等学校における特別支援教育コーディネーターの指名率は2011年には99％に達し（文部科学省，2012），現在ほぼすべての公立学校でコーディネーターが指名されている状況である。

2. 小・中学校等における特別支援教育コーディネーターの役割

　文部科学省（2017）は，「発達障害を含む障害のある幼児児童生徒に対する教育支援体制整備ガイドライン」の中で，通常の学校の特別支援教育コーディネーターの役割として以下のようなものを挙げている。

〈 学校内の関係者や関係機関との連絡調整 〉
　・学校内の関係者との連絡調整
　・ケース会議の開催
　・個別の教育支援計画及び個別の指導計画の作成
　・外部の関係機関との連絡調整
　・保護者に対する相談窓口
〈 各学級担任への支援 〉
　・各学級担任からの相談状況の整理
　・各学級担任とともに行う児童等理解と学校内での教育支援体制の検討
　・進級時の相談・協力
〈 巡回相談員や専門家チームとの連携 〉
　・巡回相談員との連携
　・専門家チームとの連携
〈 学校内の児童等の実態把握と情報収集の促進 〉

　また，特別支援教育コーディネーターが実際に行っている業務内容について，柘植ら（2007）は，全国規模の調査から，多くの特別支援教育コーディネーターが「校内の教職員に対する特別支援教育の理解促進」や「子どもの実態把握の仕方の企画と実施」「校内研修会の企画と実施」といった校内の教職員に対する支援を行っていることを明らかにしている。さらに，中央教育審議会初等中等教育分科会（2012）は，幼稚園，小・中・高等学校の特別支援教育コーディネーターについて「校内や地域の関係者，関係機関と効果的に連携する力が求められるが，それだけでなく，学校全体の

教員の資質能力の向上に指導的な役割を果たすことも期待される」としている。

　このように特別支援教育コーディネーターには，連絡調整役としての役割のみならず，教職員への指導・支援という役割が期待されており，この役割は今後ますます重要になっていくと考えられる。

3. 特別支援教育コーディネーターに求められる資質・技能

　特別支援教育コーディネーターに求められる資質・技能として，国立特殊教育総合研究所（2006）は，「障害についての知識」や「アセスメントの技能」をはじめ「交渉する力」や「情報収集・活用の技能」「カウンセリングマインド」「ファシリテーション技能」など様々な項目を挙げている。これらの資質・技能に加えて，先に述べた教職員への指導・支援という役割を考えた時，重要となるのが「コンサルテーション」の技能であろう。コンサルテーションとは，支援や援助を提供する「コンサルタント」，コンサルタントから支援や援助を受ける「コンサルティ」，支援や援助を直接的に必要としている「クライエント」の三者の関係で示され（加藤，2004），コンサルタントは原則としてクライエントに直接介入しない。つまり，特別支援教育コーディネーターはコンサルタントとしてコンサルティである学級担任に助言や指導を行い，学級担任自身がクライエントである子どもに介入するという流れになる。特別支援教育コーディネーターが間接的に介入することで，学級担任は子どもに直接指導しながら自身の専門性を高めることができ，特別支援教育コーディネーター任せになることを防ぐこともできる。

　コンサルテーションについて，松岡（2011）は，応用行動分析の視点から，学級担任から特別支援教育コーディネーターへの相談には「適切な指導レパートリーが増加する」や「特別支援教育コーディネーターから賞賛される」といった結果を随伴させることが重要であると指摘している。特別支援教育コーディネーターが直接子どもに介入するのではなく，学級担任に適切な助言を与え，称賛しながら学級担任の指導レパートリーを増や

していくという支援は，まさに中央教育審議会初等中等教育分科会（2012）が示した特別支援教育コーディネーターが果たすべき「指導的な役割」と言えよう。

4. 特別支援教育コーディネーターを取り巻く諸課題

　文部科学省（2018）が行った2017（平成29）年度特別支援教育体制整備状況調査によると，公立の幼保連携型認定こども園，幼稚園，小・中・高等学校のうち特別支援教育コーディネーターを複数指名している学校は25.7%であり，専任の特別支援教育コーディネーターを配置している学校は12.2%であった。つまり，多くの特別支援教育コーディネーターが各校に1名で，且つ学級担任を兼務しながら業務を行っており，その負担は大きいと考えられる。過去に行われたいくつかの調査においても特別支援教育コーディネーターが負担感や多忙感を抱いていることが示されている。特別支援教育コーディネーターの職務環境を改善し，校内の特別支援教育をよりいっそう推進していくためにも特別支援教育コーディネーターの複数指名，専任化が求められる。

　また，特別支援教育コーディネーターの専門性の向上については，各自治体が研修会等を開催し，精力的に取り組んでいるところである。しかし，特別支援教育コーディネーターの知識や技能には差があり，自身の力量不足に悩んでいる特別支援教育コーディネーターも少なくない。わが国の特別支援教育コーディネーターのモデルであるとされているイギリスのSpecial Educational Needs Coordinator（SENCO）は，わが国と同様に校長が教員の中から任命するが，必ず国家認定資格を取得しなければならならないことになっている（Department for Children, Schools and Families, 2008）。一方，現在のところわが国の特別支援教育コーディネーターに資格制度はない。今後は，資格制度を含め，特別支援教育コーディネーターの専門性の向上に向けた取り組みが急務であろう。

第4章　特別支援学校における教育

視覚障害のある幼児児童生徒に対する教育

1. 視覚に障害がある幼児児童生徒

　メガネやコンタクトレンズを使っても視力が0.3に達しないと，黒板の文字が見づらくなり，文字の拡大や拡大鏡や拡大読書器などの視覚補助具の使用が必要になる。さらに，0.01〜0.02（5m用視力表の最も大きい視標0.1を50cm〜1mの距離でようやく見える程度）よりも低くなると，点字を使った教育が適切となる。このように視覚障害は通常の文字（以下，墨字）か点字かという文字選択が最大の課題といえる。

　特別支援学校（視覚障害；以下，盲学校）はこのような幼児児童生徒に対して，幼稚園・小学校・中学校・高等学校に準ずる教育を行うとともに，視覚障害を補うための知識・技能を習得させることを目的とした学校である。2019（令和元）年度の資料（全国盲学校長会，2020）では，視覚障害のみを対象とする特別支援学校は全国に62校（うち1分校）ある。また，視覚障害と，視覚障害以外の障害種も対象とする特別支援学校は20校である。視覚障害のみを対象とする特別支援学校に在籍する幼児児童生徒数は約2,500名で，ピークだった1959（昭和34）年の10,264名から減少し続け，幼児児童生徒の少人数化に加えて障害の重度重複化が大きな特徴である。

　主に視覚を用いて教育を受けるが，拡大鏡等の使用によっても墨字，図

形等の視覚による認識が困難な児童生徒には弱視特別支援学級がある。この学級は小学校や中学校に設置され，独自の教育課程で運営される。集団で学習可能な教科は通常の学級で学習し，一部の教科等については弱視特別支援学級で個に応じた指導を行っている学校もある。なお，これらの児童生徒には，障害を改善・克服するための特別な指導である自立活動が設定され，基本的に個別に指導される。

　通常の学級の活動におおむね参加でき，障害の改善・克服などのために一部特別な指導を必要とする場合は通級による指導の対象となる。墨字を読み書きするのに多少の時間を要するものの，通常の学級での教科等の学習におおむね参加できる児童生徒がその対象である。指導の内容は，視覚や視覚補助具の活用，さらに弱視児が苦戦することの多い漢字や実技，道具の使用等による教科の補充等が考えられる。

　近年はインクルーシブ教育の考えから，点字を使用する児童生徒が小・中・高等学校で学ぶ事例も見られる。この場合，点字教科書の確保や通常の学校での指導法では理解が困難な内容についてどのように指導するかを十分に検討する必要がある。そのため，盲学校にはセンター的機能という重要な役割があり，通常の学校での指導を踏まえた助言が期待されている。

2. 視覚に障害がある児童生徒の教科書

❶ 点字教科書

　盲学校で使用する点字教科書は，文部科学省著作教科書として小学部用に国語，社会，算数，理科，外国語，道徳の6教科，中学部用に国語，社会，数学，理科，英語の5教科がある。これらは検定教科書を原典として編集され，大幅な変更や修正は行わないことを原則に，図，表，写真等については，点図化，点字化や文章化するなどの配慮がなされている。目で見て確認する実験の多い理科を例にとれば，検定教科書では酸性・アルカリ性の学習にリトマス試験紙を使うが，視覚的に色の区別ができない盲児には，BTB溶液の色の変化を，光の強弱を音の高低に変換する機器（感光器）で確認するという配慮である。教員は，当然その編集内容を理解して

おく必要があるので，文部科学省は「特別支援学校（視覚障害）小学部点字教科書の編集資料」を発行し，webでも公開している（中学部も同様）。つまり，盲学校教員は検定教科書，点字教科書，そしてこの編集資料を見比べて，教材研究にあたることが大切である。

　それ以外の音楽や家庭科などの教科書は，学校教育法附則第9条に定められた教科用図書（附則9条本）を使用する。また高等部普通科で使用する点字教科書はすべてこの附則9条本の位置づけとなる。

　ところで盲学校で使用する点字教科書は，特定の検定教科書を原典としているので，各教科一種類しか発行されていない。つまり全国の盲学校はほぼすべての学校で同一の教科書を使用している。ところが小・中・高等学校で学ぶ児童生徒の点字教科書は，地域で採択された様々な検定教科書を使用するので，その保障が大きな課題となっていた。2008（平成20）年，国は教科書バリアフリー法を制定し，障害のある児童生徒のための「教科用特定図書等」の無償給与を実現した。その点訳は点字出版所やボランティアが行っているが，重複点訳を避けるため「全国視覚障害児童・生徒用教科書点訳連絡会（教点連）」というネットワークを組織して，点訳した検定教科書の教科名や出版社名を公開している（全国視覚障害児童・生徒用教科書点訳連絡会，2016）。

❷ 拡大教科書

　弱視児童生徒が使用する拡大教科書の歴史は古く，弱視教育が始まった昭和40年代であった。昭和50年代になると，全国に拡大写本のボランティアグループが組織され，拡大教科書の必要性が叫ばれるようになった。平成に入って国語と算数の拡大教科書が出版された。そして国立特殊教育総合研究所（当時）が2002〜2003（平成14〜15）年度の2か年にわたり「弱視児の視覚特性を踏まえた拡大教材に関する調査研究　弱視用拡大教材作成に関する開発及び支援について」をテーマに研究を実施し，コンピュータを活用したフルカラーによる「社会」「理科」の拡大教科書の開発研究を行った。その成果として「拡大教科書作成マニュアル」が公開された。その後，著作権に関する法律が改正され，教科書バリアフリー法の制定でよ

うやく弱視者用拡大教科書が法的に位置づいた。現在は，小学校と中学校のほぼすべての検定教科書の拡大教科書が複数の文字サイズで発行され，教科書会社のホームページに見本が公開されている。

3. 見えない，見えにくさを克服する教材・教具

❶ 点字盤と点字タイプライター

点字を書き表す器具の代表は「点字盤」（図4-1（a））である。これは点筆を使って用紙の裏面から1点1点を打つ（書く）ので，点の位置が読みと書きでは左右が逆になり，注意が必要である。その種類はB5サイズ用紙が使用できる標準点字盤の他に，携帯用点字器がある。また，指先で読むことが難しい中途失明者のために開発されたやや大きめの点字が書ける点字盤も市販されている。点字タイプライターは6点を同時に打つことができ，すぐに読むことができることから，小学校低学年の児童も容易に使用できる。その代表は米国製のパーキンスブレーラー（図4-1（b））である。現在はパソコン点訳が普及し，ソフトは有料／無料と様々であるが，点字印刷には高価な点字プリンターが必要である。

❷ 凸図等を描き表す器具

表面作図器（レーズライター）（図4-2）は盲児童生徒が図形や漢字学習に使用する。シリコンマット上に特殊な用紙をのせ，ボールペンで描くと描いた線が凸線となり，触りながら描ける。用紙は，透明のものとこれに和紙を張り付けた白色のものがある。後者は，1975（昭和50）年頃に，通常の学級で学ぶ盲児が塗り絵をしたいという要望から誕生したもので，クレヨンで色を塗ることもできる。一方，教員が凸教材を作成する方法には，立体コピー，真空成形，点図，3Dプリンターがある。立体コピーは特殊な用紙に原図をコピーして加熱すると黒い部分が発泡し凸線になる。真空成形は原版にプラスチック製シートを重ね，原版を複製する。点図はEDEL（エーデル）というソフトとパソコンで作図し，点字プリンターで印刷する方法で，点字と点図が同一用紙に印刷できる。3Dプリンターは，インターネット上にある3D画像ファイルを用いて印刷することができ，骨格や建

(a)

(b)

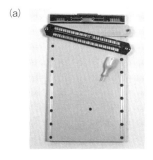

● 図4-1　点字盤（a）とパーキンスブレーラー（b）（日本点字図書館用具事業課, 2016）

● 図4-2　レーズライター（日本
点字図書館用具事業課, 2016）

● 図4-3　手持ち型拡大鏡（ルーペ）（日本点字図書館用
具事業課, 2016）

物，地図など様々な実践が行われている。最近はEasy Tactixという，特別なソフトを使わなくても専用用紙に立体印刷ができるプリンターも開発され，より便利に触図を作成することができるようになってきている。

❸ 視覚を補助する器具

　弱視児童生徒の多くは網膜像の拡大とコントラストの増強，速度の調整で見え方が向上する。拡大には見るものそのものを大きくする，目を近づける，光学的に像を拡大する，電子的に拡大するといった方法がある。原図の拡大にはコピー機の拡大機能を用いることで拡大教材を作成でき，地図などには向いているが，万能ではない。その点，前述した拡大教科書は書体，レイアウト，用紙サイズなどにも配慮されているが，原本教科書と

のレイアウトのズレや分冊の点で使用上配慮を要する。光学的拡大の代表は弱視レンズである。近用と遠用があり，近用（拡大鏡）には手持ち型（図 4-3），卓上型，眼鏡型，スタンド型など，学習課題や操作技能によって使い分ける。遠用は形状では手持型と眼鏡型，光学的にはガリレイ型とケプラー型があり，重量や弱視の特性から双眼鏡ではなく単眼鏡を用いる。レンズ選択の際は，使用者の見え方やレンズ使用の習熟度に応じて，共通では倍率，視界の広さ，使い勝手，近用ではディオプター，遠用では射出瞳径，単焦点／多焦点など多方面からの検討が必要となる。電子的拡大では，拡大読書器やタブレット端末等が用いられる。これはカメラとモニターが一体となっているため，弱視レンズよりも高倍率で歪みのない安定した画像で見ることができ，配色やマスキングなどの効果が得られる。特に，画像を学習者と指導者が共有して指導できる点での学習効果が見込める。

2

聴覚障害のある幼児児童生徒に対する教育

1．聞こえの仕組み

　聴覚は，音に関する情報を認識するための感覚器官であり，耳介から大脳皮質聴覚野にわたる部位によって構成される（図 4-4）。外界で生じた音（振動）は，まず外耳道を通過して鼓膜を振動させ，その振動は耳小骨へと伝わる。耳小骨の振動は蝸牛内を満たすリンパ液を振動させ，リンパ液の振動は蝸牛内の有毛細胞によって電気信号へと変換される。その電気信号は蝸牛神経に伝わり，脳幹を経て大脳皮質聴覚野に到達する。この一連の経路は，外耳（耳介，外耳道），中耳（鼓室，耳管，耳小骨），内耳（蝸牛，前庭，半規管），後迷路（蝸牛神経，脳幹，大脳皮質聴覚野）に区分される。また，外耳と中耳は音の情報が振動として伝わる経路で伝音系と呼ばれ，内耳と後迷路は音の情報が電気信号として伝わる経路で感音系と呼ばれる（図 4-4 参照）。

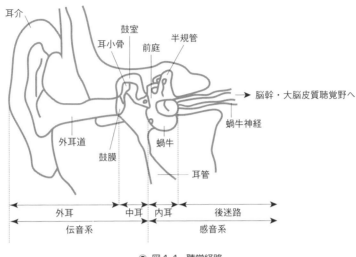

耳介

鼓室

耳小骨　前庭　半規管

脳幹・大脳皮質聴覚野へ

蝸牛神経

外耳道

鼓膜　蝸牛

耳管

外耳　　中耳　内耳　　後迷路

伝音系　　　　　感音系

● 図4-4　聴覚経路

2. 聞こえの障害の原因と特徴

　音が通常よりも小さく聞こえる状態を難聴といい，伝音系に原因がある
ものを伝音性難聴，感音系に原因があるものを感音性難聴，伝音系と感音
系の両方に原因があるものを混合性難聴という。難聴の程度は聴力レベル
（dBHL）の数値で表し，この数値が大きくなるほど難聴の程度は重篤にな
る。難聴の程度に関する分類は国や団体によって異なるが，日本聴覚医学
会難聴対策委員会（2014）は，平均聴力レベルが25dBHL以上40dBHL未
満の場合を「軽度難聴」，40dBHL以上70dBHL未満の場合を「中等度難聴」，
70dBHL以上90dBHL未満の場合を「高度難聴」，90dBHL以上の場合を「重
度難聴」と分類している。

　伝音性難聴は，先天性奇形や中耳炎などによって生じることが多く，外
科的治療によって聞こえの状態が改善することもある。補聴器などを用い
て音を増幅することで，聞こえを補償することも期待できる。感音性難聴
の原因は，先天性奇形や炎症，腫瘍，合併症，ウイルス感染，薬剤の副作
用，騒音，加齢など多岐にわたる。その多くは内耳の障害であり，難聴だ

けでなくリクルートメント現象（聴覚過敏の一種）を併せ呈することもある。感音性難聴の場合，音の存在に気づくことはできても，それがどのような音かを判断することが難しくなる。そのため，補聴器などを介して音を増幅しても，聞こえの不明瞭さが改善されないことがある。

3. 聞こえにくさに対する支援や配慮

聞こえにくさを補う機器には，補聴器や人工内耳がある。補聴器は入力音を増幅して出力する機器であり，箱型や耳かけ型，耳あな型，骨導型など様々な種類がある。人工内耳は入力音を電気信号に変換して蝸牛神経を刺激する機器であり，補聴器による効果が得にくい事例に適用される。人工内耳の使用にあたっては，機器の埋め込み手術が必要になるため，医学的な適応基準が定められている（日本耳鼻咽喉科学会，2014）。

聞こえにくさを補うためのコミュニケーション手段としては，読話（話者の口形を視覚的に捉えながら，音声言語を理解する手段）やキュードスピーチ（キューサインと呼ばれる手指運動によって，五十音の行の情報を補いながら発話する手段），手話（手形や手指運動，表情やうなずきなどを交えながら表現する視覚的言語），筆談などが挙げられる。それぞれに長所と短所があり，また発信者と受信者の実態によって使用されるコミュニケーション手段は異なる。

聴覚障害のある幼児児童生徒に対する主な配慮としては，①音響環境の整備（騒音や反射音の軽減，補聴援助システムの活用），②座席配置（教員や仲間の音声や口形が把握しやすい座席への配置），③視覚的支援（板書方法や教材教具の工夫，情報保障）の充実，④コミュニケーション面の支援，などが挙げられる。

4. 特別支援学校（聴覚障害）の状況

❶ 統計資料・調査から見る特別支援学校（聴覚障害）の状況

全国の特別支援教育に関する「特別支援教育資料」は，文部科学省のホームページに毎年掲載されている。学校数について，2019（令和元）年は，聴

● 表4-1　2019 年，2018 年，2009 年の学級数と在籍者数（聴覚障害
のみを対象とする特別支援学校）（文部科学省，2010, 2019, 2020 より）

		幼稚部	小学部	中学部	高等部	計
2009 年	学級数	332	543	283	403	1,561 学級
	在籍者数	1,136	1,746	1,048	1,563	5,493 名
2018 年	学級数	308	484	265	354	1,411 学級
	在籍者数	1,028	1,401	916	1,267	4,612 名
2019 年	学級数	306	490	258	348	1,402 学級
	在籍者数	1,014	1,433	878	1,200	4,525 名

覚障害のみを対象とする学校（単一校）が 85 校（前年は 86 校），複数の障害を対象とする学校が 33 校（前年は 31 校）である。単一校における学級数や在籍者数（表 4-1）を見ると，全体的に学級数や在籍者数は減少傾向にある。

　重複障害学級に在籍する児童生徒の割合（2019 年）については，小・中学部で 28.7％，高等部で 18.7％であり，他の障害種と比較しても低い値となっているが，一方で増加傾向にあるとされる（文部科学省，2020a）。また，大鹿ら（2019）の全国調査では，小学部では 37.7％，中学部では 26.1％の児童生徒が発達障害を併せ有する可能性があると報告されている。

　また，近年は，人工内耳を装用した幼児児童生徒数が増加している。上述の大鹿らによる一連の調査からは，2007（平成 19）年度，2011（平成 23）年度，2017（平成 29）年度の 10 年間で，人工内耳装用児の割合が急増していることがわかる（小学部で 14.9％→ 26.9％→ 36.8％，中学部で 5.7％→ 13.9％→ 31.8％）。鄭（2020）の調査でも，2019（令和元）年 5 月 1 日時点における全国の特別支援学校（聴覚障害）の在籍者のうち，約 33.2％の幼児児童生徒が人工内耳を装用しているとの報告がある。

　なお，公立小・中学校の通常の学級に在籍する聴覚障害のある児童生徒（学校教育法施行令第 22 条の 3 に該当する場合）は，2019（令和元）年度時点で，小学校に 256 名，中学校に 116 名となっている（このうち，通級による指導を受けている者はそれぞれ 177 名と 56 名である）。

❷ 特別支援学校（聴覚障害）の教育課程

特別支援学校（聴覚障害）の多くには，幼稚部以前の乳幼児を教育する部門が設けられている。これは「乳幼児教育相談」などと呼ばれることが多く，早期からの聞こえの補償と，言葉の習得のための教育が展開されている。

幼稚部からの教育課程は，通常教育に「準ずる」教育課程（学校教育法第72条）が採られている。小学校以降では，教科学習が開始されるが，児童の言葉の習得状況が学習に影響することも少なくない。そのため，在籍する学年に対応した教育課程を設ける場合（「学年対応」）と，前の学年の内容を中心とする場合（「下学年適用」）とがある。また，自立活動における指導も教育課程において重要な位置を占める。具体的には，「発音・発語指導」「聴覚活用」「文法指導」「聞こえの障害の理解」「補聴器指導」など，言葉の指導（言語指導）や障害認識に関する多様な内容が扱われている。

❸ 聴覚障害のある幼児児童生徒への教育

1）就学前までの教育

特別支援学校（聴覚障害）では言語指導が重視されるが，就学するまでの教育の目的としては，教科学習や生活（対人的なやりとり）の基礎となる言葉を身につけること，言葉の力を基盤にしながら，様々な社会的な場面での適切な行動を学ぶことが挙げられる。そのため，幼稚部の教育活動では，特に「遊び」や「トピックス」と呼ばれる教育活動を通じて，子どもの日常生活に近い状況での指導を展開することが多い。こうした指導は，「自然法的アプローチ」（自然法）と呼ばれており，子どもの言葉の習得に向けて，できるだけ普段の生活で遭遇する機会や経験を通じて行うことが大切であるという考えが基盤となっている。他方で，言語指導などで，単音や語彙などの言葉の小さな構成要素の習得から始め，文法や談話などへ系統的に広げていく指導を「構成法的アプローチ」（構成法）という。

実際の指導は両者が入り交じった形で行われるが，自然法的な内容が取り入れられることが多い。すなわち，子どもの生活を通して言葉の習得を目指しており，そのための多様な場面と，充実したコミュニケーション環

境が準備される。特に近年では，新生児聴覚スクリーニング検査の積極的な導入や聴覚補償機器の技術向上に伴い早期からの支援や聴覚活用の進展が見られる一方，手話を用いた教育も浸透してきた。聴覚障害のある子どもの聞こえの状態も多様化しており，音声や手話などの様々なコミュニケーション手段を活用することが望ましい。また，本人への指導だけではなく，周囲の大人，特に保護者に対しても言葉の習得のための望ましい関係づくりなどについての支援が重要とされる（中野・根本，2006）。これはほとんどの場合，聴覚障害のある子どもの保護者（親）は聴者であり，聞こえにくさのある子どもにどのように接し，育てていくのかという点についての経験や情報が不足し，心理的な不安を抱えることも多いためである。

2）就学後の教育

就学前までは話し言葉中心の活動が展開されるが，小学部以降の教科学習では，話し言葉に加えて書き言葉を用いた学習へと変化が起こる。主に就学前の生活経験を通して身につく言葉（の力）を「生活言語」，生活言語を基盤として学習場面で身につく言葉（の力）を「学習言語」と呼び，両者は異なる特徴を持つものとして区別される。就学の前後は生活言語から学習言語へと発達する時期にあるが，聴覚障害のある児童生徒には，生活言語の習得が十分でない者や，学習言語の習得が困難な者も多い。そのため，教科学習への移行に際して補充の指導（「わたりの指導」）を必要とすることや，学習言語の習得につまずくことで中学年以降の内容理解が難しくなり，学力や読み書き等に遅れが見られること（「9歳の壁」）が教育上の課題・問題として指摘されている（脇中，2013）。古くより聴覚障害教育においては，生活言語や学習言語といった言語観に基づく言語指導や教科学習の在り方も検討されており，その指導におけるポイントは多岐にわたる（齋藤，2018；四日市，2020）。

特別支援学校幼稚部教育要領，小学部・中学部学習指導要領（文部科学省，2017）では，教科指導における留意点として，学習の基盤となる言語力の育成や，個に応じたコミュニケーション手段の活用，聴覚・視覚を併用した効果的な学習活動の展開などを挙げている。なお，具体的な指導方

法や実践事例については，『聴覚障害教育の手引―言語に関する指導の充実を目指して―』（文部科学省，2020b）も参照されたい。

3）インクルーシブ教育システムの構築・推進に向けて求められるもの

近年では，通常学校に就学・進学する聴覚障害のある児童生徒が増加している。文部科学省の統計資料によれば，2019（令和元）年度に小・中学校の難聴特別支援学級に在籍する児童生徒は 1,885 名，通級による指導を受ける児童生徒は 2,198 名であり（文部科学省，2020a），加えて近年では，人工内耳装用児の約7〜8割以上が通常学校に進学しているという指摘もある（神田ら，2018）。通常学校に在籍する聴覚障害のある児童生徒への支援は，インクルーシブ教育システムを構築・推進していく上で重要な課題であり，幼児児童生徒の実態把握と指導，聞こえや言葉などの発達に関する基礎的な知識の習得は教員にとって必須の事項といえる。こうした現状を踏まえ，特別支援学校（聴覚障害）には，センター的機能を発揮することが求められており，総合的な支援体制の構築に向けて，聴覚障害教育の専門性を充実・継承しつつ，通常学校との連携を図ることがよりいっそう必要である。

3

知的障害のある児童生徒に対する教育

1．知的障害とは

2013（平成25）年10月に，文部科学省初等中等教育局特別支援教育課が作成した「教育支援資料―障害のある子供の就学手続と早期からの一貫した支援の充実」によると，「知的障害とは，知的機能の発達に明らかな遅れと，適応行動の困難性を伴う状態が，発達期に起こるもの」であると示されている。

「特別支援学校学習指導要領解説　各教科等編（小学部・中学部）」（文部科学省，2018）によれば，適応行動の面では，次のような困難さが生じやすいとされている。

ア　概念的スキルの困難性

　言語発達：言語理解，言語表出能力など

　学習技能：読字，書字，計算，推論など

イ　社会的スキルの困難性

　対人スキル：友達関係など

　社会的行動：社会的ルールの理解，集団行動など

ウ　実用的スキルの困難性

　日常生活習慣行動：食事，排泄，衣類の着脱，清潔行動など

　ライフスキル：買い物，乗り物の利用，公共機関の利用など

　運動機能：協調運動，運動動作技能，持久力など

2．知的障害在籍者数の推移

「教育課程企画特別部会　論点整理」（文部科学省，2015）には，特別支援学校・学級に在籍する知的障害のある児童生徒数が増加しているという結果が報告された。具体的には，特別支援学校（知的障害），知的障害特別支援学級の在籍者数は，2004（平成16）年には各々65,690名，57,083名に対して，2021（令和3）年には同134,962名，146,946名に増えている（文部科学省，2022）。知的障害のある児童生徒一人一人の障害の状態や多様化に対応する必要があり，発達段階に応じた自立活動や教科・領域の授業改善・充実を図ることが求められている。

3．自立課題とは

　特別支援学校（知的障害）の教育課程には，①各教科の内容が，学年別ではなく段階別に示されている，②日常生活の指導，遊びの指導，生活単元学習，作業学習などの「各教科等を合わせた指導」を行うことができる，③小学部の教科として「生活科」が設けられている等，知的障害のある児童生徒の学習上の特性を踏まえた特徴がある。これらについては，特別支援学校学習指導要領解説などに詳述されている。

　文部科学省（2020）の特別支援教育資料によると，特別支援学校（知的

障害）の学級数は 31,501 で平均在籍者数 4.2 名，知的障害特別支援学級の学級数は 29,162 で同 4.4 名であり，障害の状態も一人一人異なっている。したがって，通常の学級で行われている一斉授業という授業形態ではなく，きめの細かい個別指導の形態や同一活動における個別課題達成のための形態が重要となってくる。

個別学習の授業展開形態では，一人で机に向かって学習できる力が不可欠になってくる。そのために，児童生徒の実態を的確に捉えて，適切な自立課題を設定しなければならない。適切な自立課題とは，児童生徒が自力で解決できる課題，児童生徒の集中力に応じた量の課題，児童生徒が見通しを立てることができ，終わりがわかる課題であり，児童生徒の特性を考慮し，自立を目指した課題，繰り返し取り組むことができる課題，「わかりません」「助けてください」等の学習要求を保証した課題である。「1. 知的障害とは」で述べた 3 つの視点に関する実践事例を次に紹介する。

4. 自立課題の実践事例

❶ 概念的スキルの困難性を克服・改善する具体事例

言葉と数の概念的スキルについて，写真を用いて課題の意義を概説する。

課題 1 は，「か：黄色，き：ピンク，く：青，け：赤，こ：緑」のシールを貼るという課題である。か行だけでなく，濁音・半濁音，拗音等に発展可能な繰り返し学習できる課題である。また，児童生徒の集中力に応じて，課題量を増減することもできる課題である。さらに，動物名，果物名，乗り物名等の名詞や「食べる」や「泳ぐ」等の動詞にも応用できる課題であ

● 図4-5　課題1：言葉の概念①　　　● 図4-6　課題2：言葉の概念②

● 図4-7　課題3：数の概念①

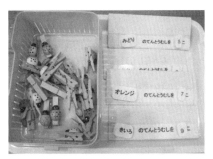

● 図4-8　課題4：数の概念②

る（図4-5）。

　課題2は，絵かるたの文字の部分に黒のシールを貼っておくことで，読み札の文を最後まで読まなければ答えることができない課題にする。読み札と絵かるたを変えて，繰り返し課題に挑むことができる。また，児童生徒の実態に応じて，読み札をカタカナや漢字に発展させたり，書写させたりすることもできる課題である（図4-6）。

　課題3は，給食で出る牛乳パックを洗浄・加工して，側面に数字を書いたものに，児童生徒が数え棒を数の分だけ容器の中に入れるという課題である。この課題のように，身近なものが課題となる。教員は，常に生活の中から課題になるものを探して，課題作成に対する研究意識を養っておくことが重要である（図4-7）。

　課題4は，洗濯ばさみに黄色やオレンジ，緑のテントウムシが付いており，右側の指示書の通り，左側の洗濯ばさみを選んで付けるという課題である（図4-8）。児童生徒が将来，社会人として就労することを目指して，指示書通りのことを確実に実行する力を培う第一歩となる。

　また，課題3と課題4では，最初は必要な数だけ課題設定する。確実に実行できるようになると，意図的に数が足りないように課題を設定して，「〜が足りないので，〜を○本ください」というように，要求を促すようにする。

　以上のように，概念的スキルを育成するためには，「既有の知識を用いて

具体物を操作する活動」や「1つの課題で多様な活動が引き出せる柔軟性のある活動」が有効であると考えられる。

❷ 社会的スキルの困難性を克服・改善する具体事例

対人関係能力を育む課題や学校生活上のルールを教える課題について説明する。

課題5は,「玉落としゲーム」という2人で協力して, カゴの真ん中に空いた穴にボールを落とす課題である。「もう少し下げて」「もっと上に傾けて」と声をかけ合いながら, 息を合わせてボールを落としていく。楽しみながら集中力を高めることもできる。ボールの個数を増やしたり, タイムを測ったりして発展させることもできる。

この課題に取り組むことで, 協力することや息を合わせることが実感, 体得できる。知的障害のある児童生徒にとって, 目に見えない「協力」や「息を合わせる」といった抽象的な言葉を理解するには, 実際に経験・体験す

● 図4-9　課題5：玉落としゲーム

● 図4-10　課題6：学校生活見通しカード

ることが重要である（図4-9）。

　課題6は，学校生活の見通しを持つために作られたスケジュールカードである。学校生活や集団生活を行っていく上で，急な変更や中止はよくあることである。聴覚情報で「今日の〇〇は中止になりました」「今日は，雨なので〇〇ができなくなって，△△に変更になりました」と伝えただけでは，理解が不十分となる。そこで，視覚情報として図4-10のようにスケジュールカードの上に印と変更内容のカード，印と中止という文字のカードを貼る。

　こうすれば，「百聞は一見に如かず」であり，知的障害のある児童生徒のみならず，すべての児童生徒にとっても有効な手立てとなる。

　以上のように，社会的スキルを育成するには，「実際に体験・経験する活動や視覚的な情報収集が可能な活動」が有効であると考えられる。

❸ 実用的スキルの困難性を克服・改善する具体事例

　お箸やピンセット等を使って何かを「つまむ」課題や清掃活動を行う課題を説明する。

　ダウン症を含む知的障害のある児童生徒には，指先の巧緻性を問う活動は大変困難である。課題7は，様々な色の玉をお箸かピンセットを使って，所定箇所に移動させる課題である。児童生徒の実態を考慮に入れて，「ピンセット→割り箸ピンセット→お箸」のように段階的に課題を設定する。児童生徒にとって，苦手意識を生む可能性もあるので，実態に応じて，玉の大きさやつまみやすさ，個数を変動させる工夫も必要である。「割り箸ピンセット」は，割り箸の太い方の先端を斜めに切り，斜めに切った方を重ねて，外側に輪ゴムを巻き，溝をカッター等で開ける。輪ゴムの巻き具合でつまむ力の強弱をつけることができる（図4-11）。

　課題8は，課題7の類似課題である。親指と人差し指，中指の3本の指を使ってゴムを伸ばして所定の場所につなげるという課題である。場所を変えたり，ゴムをねじったりする活動をすることで，手の動きのレベルアップをはかることができる（図4-12）。

　これらの課題を授業の導入で行うことで，集中力や器用さ，目と手の協

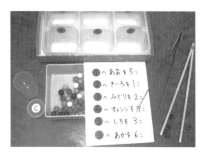

● 図4-11　課題7：つまむ（ピンセット等）

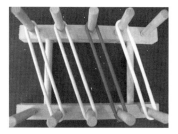

● 図4-12　課題8：つまんで，伸ばす（ゴム）

● 図4-13　課題9：清掃活動のカード

● 図4-14　課題10：買い物疑似体験

応能力を高めることができる。

　課題 9 は，廊下の掃除の仕方を順序立てて，また視覚情報を取り入れて示した清掃活動カードである。清掃場所に合わせて，活動を構造化することで，理解を助けることができる（図 4-13）。

　課題 10 は，実際にスーパーの広告を切り取り，実際のお金を容器に入れる課題である。実際のお金を使うメリットは，新品の 10 円玉と使い古し色あせた 10 円玉が同じ価値を持つことを認知し，理解できるようになることである（図 4-14）。

　以上のように，実用的スキルを育成するためには，「児童生徒が日常生活を送る上で困っていることを確実に見極め，その困難を解決できるように，より細かく丁寧に手立てを考え，課題を設定すること」が必要である。課題 7 と課題 8 で必要な力を培い，書字能力を高めることもできる。

5. 効果的な自立課題

　知的障害のある児童生徒にとって効果的な自立課題とは，「やってよかった。一人でできた」と達成感を養ったり，「自分はこれだけの課題を解決できるのだから価値のある人間だ」と自己肯定感を育んだりできる課題である。そのためには，既存の教材を児童生徒に合わせるのではなく，一人一人の児童生徒の特性に応じて，教材研究・開発を行わなければならない。

　この教材研究・開発は，障害のある児童生徒の尊厳と権利を保障する「合理的配慮」につながるものであり，今後，学校教育においてますます欠かせないものになってくる。

肢体不自由の児童生徒に対する教育

1. 肢体不自由の定義と教育対象について

わが国において，「肢体不自由」という用語が定着したのは昭和初期とさ

れている。当時，東京帝国大学医学部整形外科教授であった高木憲次により案出され，今日では，肢体不自由という用語は身体障害者福祉法や学校教育法等で用いられている。学校教育法施行令第22条の3では，肢体不自由者の障害の程度として「一．肢体不自由の状態が補装具の使用によっても歩行，筆記等日常生活における基本的な動作が不可能又は困難な程度のもの　二．肢体不自由の状態が前号に掲げる程度に達しないもののうち，常時の医学的観察指導を必要とする程度のもの」とされている。

　肢体不自由の原因となる疾患として，脳性疾患（脳性麻痺など），筋原性疾患（進行性筋ジストロフィーなど），脊椎・脊髄疾患（二分脊椎など），骨関節・骨系統疾患（先天性骨形成不全症など），その他（代謝性疾患など）に大別される。このように多様な疾患に由来して，肢体不自由が発生するため，医療との連携のもと，子ども一人一人の状態や発達段階の把握が重要となる。

2. 肢体不自由のある児童生徒の教育の場

　肢体不自由児が学ぶ場としては，特別支援学校，小・中・高等学校の通常学級，特別支援学級，通級による指導がある。文部科学省の「特別支援教育資料（令和元年度）」によれば，単一の障害種を対象とする特別支援学校（肢体不自由）の幼児児童生徒数は，10,055名である。また，小学校や中学校の肢体不自由特別支援学級で学ぶ子どもは，4,697名であり，通級による指導は124名となっている。

　特別支援学校（肢体不自由）では，肢体不自由に加えて他の障害を併せ有する者（重複障害）や複数の障害があり，常時の介護等を要する者（重度重複障害）が多く在籍している。加えて，近年では，痰の吸引や経管栄養などの医療的ケアを必要とする子どもが増えており，医師や看護師等の医療従事者と連携をとりながら教育活動を展開することも珍しくない。次に，肢体不自由特別支援学級については，30年前と比して，学級数と在籍者数が大幅に増加している（参考：1990（平成2年）：学級数448，在籍者数1,136名；2019（令和元）年：学級数3,150，在籍者数4,697名）。この理

由として，川間ら（2020）は，重度の肢体不自由があっても居住地域内の学校で教育を受けたいという本人や保護者の願いがあり，1学級に1〜2名が在籍するケースが増えていることを挙げている。最後に，通級による指導は，全国で9道府県の実施にとどまり（文部科学省，2017），特別支援学校のセンター的機能の活用などを含めて今後の展開が期待されている。

3. 肢体不自由のある児童生徒への指導上の留意点

　子どもは，発達段階に応じた様々な体験活動を通して，学習の礎を形成する。肢体不自由児に関する解説書では「体験の不足」という言葉がキーワードとして使用されるが，これは身体の動きに制約があることに伴い，学習の礎となる体験が十分に蓄積されていない状態を示している。そのため，肢体不自由児の指導に際しては，特別支援学校小学部・中学部学習指導要領に記載されている以下の5つの点を考慮することが重要となる。

---

(1) 体験的な活動を通して言語概念等の形成を的確に図り，児童の障害の状態や発達の段階に応じた思考力，判断力，表現力等の育成に努めること。

(2) 児童の身体の動きの状態や認知の特性，各教科の内容の習得状況等を考慮して，指導内容を適切に設定し，重点を置く事項に時間を多く配当するなど計画的に指導すること。

(3) 児童の学習時の姿勢や認知の特性等に応じて，指導方法を工夫すること。

(4) 児童の身体の動きや意思の表出の状態等に応じて，適切な補助具や補助的手段を工夫するとともに，コンピュータ等の情報機器などを有効に活用し，指導の効果を高めるようにすること。

(5) 各教科の指導に当たっては，特に自立活動の時間における指導との密接な関連を保ち，学習効果を一層高めるようにすること。

　以上より，身体の動きや姿勢に配慮し，補助具等も活用しながら，子どもの調和的な発達を促す指導が求められていることがわかる。

4. 小学校等に在籍する肢体不自由のある児童生徒への教育・支援

　小学校等に在籍する肢体不自由児は，移動や安全確保，活動への参加等に合理的配慮を要することが多い。そのため，バリアフリーや支援者の配置といった基礎的環境整備を進めることとなる。この際，子どもが学校生活を送る上で何が必要であるかを検証する作業が不可欠である。バリアフリーを例にとれば，学校内のすべてをバリアフリー化することは容易ではない。優先順位を付け環境整備を進める過程で，学校側と本人・保護者が協議の場を持ち，合意形成を進めていくことが大切である。

　また，肢体不自由児が教科等の学習において抱えやすい困難さについても理解しておく必要がある。既述の通り，肢体不自由の原因疾患は多様であるため，ここでは，代表的疾患として脳性麻痺を例に挙げて具体的に説明する。脳性麻痺は，脳損傷に由来する運動障害が主たる障害であるが，損傷部位や程度により，知覚や認知の障害が伴うことがある。例えば，手に軽い麻痺があり，文字を正確に書き写すことが難しい肢体不自由児がいた場合，教員は「筆記具を上手に操作することの困難さ」が原因であると推測するかもしれない。この場合，当該児の実態として「文字の形を正確に認知できている」ことが暗黙の前提となる。しかし，実際には，形状の認識や区別に困難さを抱えている脳性麻痺児は少なくない。換言すれば，視力（見える）には問題はないが，視知覚（見てわかる）に問題を抱えた状態ということになる。適切に認識できていないことが誤字の原因となっていると仮説を立て，見本となる文字のフォント調整や白黒反転等のコントラスト操作を施した結果，視認性が向上し困難さが軽減されることもある。さらに，文字を書く際にノートを押さえられずに書字位置がずれてしまうといった例では，滑り止めマットや文鎮でノートを固定するといった支援だけでも困難さが改善することがある。想定される原因は，枚挙に暇がないが，肢体不自由児が示す学習上の困難さは，「現象が同じであっても原因が異なる」ことを念頭において接することが肝要である。

5. 肢体不自由のある児童生徒に対する教材教具の工夫

　肢体不自由児は，車いすや姿勢保持装置，クッションマットなどを利用して学習を行うこともある。そのため，子どもの学習時の姿勢に合わせた教材教具の工夫も大切な支援となる。特別支援学校（肢体不自由）の教室を訪問すると，教室内には，様々なタイプの椅子，座卓や書見台などが準備されており，教材を提示する際に高さや傾斜が調節できるようになっている。通常の学級等では一定規格の机や椅子が教室に配置されているが，肢体不自由児が在籍している場合には，学習環境の整備として，机や椅子，机上環境が子どもに適しているかの検討を要する。

　意思表示が困難な子どもが周囲とのコミュニケーションを図る際には，文字入力をした文章を機械に読み上げさせる支援機器（トークエイド）や「はい」「いいえ」等の意思表示をボタンスイッチで行う支援機器（VOCA: Voice Output Communication Aids）が伝統的に使用されてきた。加えて，ここ数年急速に普及したものがICT機器である。中でも，タブレット端末は多くの学校で導入されている。タブレット端末は，直感的操作と即時的な応答性，そして多様なアプリケーションが用意されており，肢体不自由児のコミュニケーションを支援する有力なツールとなりつつある。加えて，拡大や反転による視認性向上や音声・写真を活用したノートテイキング，遠隔授業などが容易に実現できることから，特別支援学校（肢体不自由）の授業において，タブレット端末を効果的に活用した授業実践も数多く報告されるようになった（菅野ら，2018）。

　子どもの主体的な動きを引き出すために，日々，教材開発に取り組み発信を続けている学校も増えている。Webで検索すると，特別支援学校のホームページで教材教具が紹介されていることもあるので参照してほしい。

6. おわりに

　障害のある子どもたちの実態は極めて多様である。肢体不自由児を一括りにして捉えるのではなく，Aさんの不自由さ，Bさんの不自由さといったように個々の困難さや実態に注目することが，「公正に個別最適化された

学び」の実現に向けた第一歩であることを理解する必要があるだろう。

　本節では，肢体不自由の児童生徒に対する教育の現状と今後の課題について概略を述べた。肢体不自由教育について，より詳細に学びたい方は，以下の書籍にあたることをお勧めする。また，国立特別支援教育総合研究所のホームページ内に設置されている「インクルーシブ教育システム構築支援データベース」では，小学校等に在籍する肢体不自由児への合理的配慮の好事例などが掲載されており，参考になるであろう。

・安藤隆男・藤田継道（編著）　よくわかる肢体不自由教育　ミネルヴァ
　書房　2015 年
・国立特別支援教育総合研究所　https://www.nise.go.jp/nc/

5

病弱の児童生徒に対する教育

1. 病弱の定義と教育対象について

　学校教育法施行令第22条の3では，病弱者の障害の程度は「一．慢性の呼吸器疾患，腎臓疾患及び神経疾患，悪性新生物その他の疾患の状態が継続して医療又は生活規制を必要とする程度のもの　二．身体虚弱の状態が継続して生活規制を必要とする程度のもの」と定義されている。つまり，慢性疾患等により長期間にわたって医療や生活規制を必要とし，健康面への合理的配慮を要する子どもたちを示す用語といえる。なお，学校教育法第72条では「病弱者（身体虚弱者を含む）」といった表記もなされているが，本節では，病弱（または病弱者）と病弱・身体虚弱を併用するものとする。

　わが国における病弱教育の歴史を紐解くと，栄養不良に起因する虚弱体質や結核などの感染症に罹患した子どもへの教育にまでさかのぼることができる（明治期～昭和初期）。第二次世界大戦後，国民の栄養状態の改善と医療の発展により，上述した状態像を示す子どもたちが大幅に減少した。一

方，高度経済成長期以降，日本では，気管支喘息等のアレルギー疾患の子どもたちが増加したことに加え，腎臓疾患や進行性筋ジストロフィーなどに罹患し，入院加療しながら学習を続ける子どもたちへの教育が展開され始めた。こうして，今日まで，病弱教育は様々な疾患の子どもたちの学びを支え続けてきた。現在では，児童福祉法に基づき，厚生労働大臣が定める小児慢性特定疾病（2021（令和3）年11月現在，16疾患群788疾病），心身症，精神疾患など多岐にわたる疾患の子どもたちの教育を担っている。

2. 病弱の児童生徒について

病弱児の学ぶ場として，特別支援学校，小・中・高等学校の通常学級，特別支援学級，通級による指導がある。文部科学省の「特別支援教育資料（令和元年度）」によれば，単一の障害種を対象とする特別支援学校（病弱）の幼児児童生徒数は，2,196名である。また，小学校や中学校の病弱・身体虚弱特別支援学級で学ぶ子どもは，4,048名であり，通級による指導は53名となっている。

1979（昭和54）年の養護学校教育の義務制実施以来，特別支援学校（病弱）で教育を受ける子どもは減少またはほぼ横ばいであるとの指摘（日下，2015）もなされてきた。他方，病弱・身体虚弱特別支援学級で学ぶ児童生徒は，近年，増加傾向にある。留意すべき事項として，慢性疾患のある子どもの多くが，小学校等の通常の学級で学んでいるということである。このことは，以前であれば入院治療が必要であった子どもが，医療技術の進歩に伴い，通院で治療を受け，転校等を要せずに教育を受けられることや入院の短期化・頻回化（夏季や冬季の休業期間を利用して入院治療を行う等）が高まったことが関係している。また，病状の変化により，入院加療が必要な場合は，病院に隣接する特別支援学校（病弱）や病院内に設置されている小・中学校の病弱・身体虚弱特別支援学級で一時的に学び，退院後は地域の学校に戻ることも多い。

3. 病弱の児童生徒に対する教育

　病気の子どもの教育を考える上で，教科学習を通した学力の向上とセルフケアの力を育成することは極めて重要である。ところが，児童生徒の中には，入退院を繰り返している者，病状により早退や欠席が多い者，日常生活上の活動に制限がある者などがおり，教科指導を十分に受けられないことがある。このような事態により「学習の空白」が生じることを防ぐこと，さらには，実習や観察を通して体験的に身につける学習内容の不足を補うことが指導上の要点となる。特別支援学校小学部・中学部学習指導要領では，病弱者である児童生徒に対する特別支援学校における教育について，以下の6つの点が記載されている。

---

(1) 個々の児童の学習状況や病気の状態，授業時数の制約等に応じて，指導内容を適切に精選し，基礎的・基本的な事項に重点を置くとともに，指導内容の連続性に配慮した工夫を行ったり，各教科等相互の関連を図ったりして，効果的な学習活動が展開できるようにすること。

(2) 健康状態の維持や管理，改善に関する内容の指導に当たっては，自己理解を深めながら学びに向かう力を高めるために，自立活動における指導との密接な関連を保ち，学習効果を一層高めるようにすること。

(3) 体験的な活動を伴う内容の指導に当たっては，児童の病気の状態や学習環境に応じて，間接体験や疑似体験，仮想体験等を取り入れるなど，指導方法を工夫し，効果的な学習活動が展開できるようにすること。

(4) 児童の身体活動の制限や認知の特性，学習環境等に応じて，教材・教具や入力支援機器等の補助用具を工夫するとともに，コンピュータ等の情報機器などを有効に活用し，指導の効果を高めるようにすること。

(5) 児童の病気の状態等を考慮し，学習活動が負担過重となる又は必要以上に制限することがないようにすること。

(6) 病気のため，姿勢の保持や長時間の学習活動が困難な児童については，姿勢の変換や適切な休養の確保などに留意すること。

　また，これらの点に加えて，病気及びその治療に伴い，子どもが慢性的に不安やストレスを感じていることや学習に対する意欲低下が生じやすいといった面にも指導上の配慮を要する。例えば，子どもが学習課題を達成することにより達成感や安心感を享受することや，仲間との関係の中で自己肯定感を高めること，教科指導の際にゲームなどの補助教材を導入することで意欲的に学習に取り組めるようにすることが挙げられる。

　病弱の児童生徒に対する教育は，医療との連携なしには成立しない。子どもの病状，体調を十分に考慮した上で，効果的な学習指導を行い，子どもたちの意欲・関心を育むことが求められる。

4．小学校等に在籍する病弱・身体虚弱の児童生徒への教育・支援

　先に述べた通り，病気の子どもたちの多くは，小学校・中学校等で学んでいる。この中には，先天性の疾患を有する子どもたちだけでなく，突然の発症（小児がんなど）や原因不明の体調不良が継続するといった例も含まれる。つまり，小学校等においても，学級担任として「健康面への合理的配慮を必要とする子ども」に出会う可能性は高いといえる。例えば，筋肉の病気があり体育の授業を見学しなければいけない子どもがクラスにいる場合，当該児の病気に関する基礎知識や学習上・生活上の困難さと配慮事項について考えることは必要不可欠である。加えて，学級の子どもに説明したほうがよいのか，本人や保護者の思いはどうなのか，病気について「何を」「どこまで」「どのように」伝えるのがよいのかを検討することも必要となる。これからの教員には多様な背景を有する学習者を包摂した学級経営力が必須となるが，病気の子どもの教育・支援においてもインクルーシブ教育システムの視座が求められる。

　加えて，病気の子どもたちの支援を考える上では，担任，養護教諭，特別支援教育コーディネーター，管理職を含めた校内の教職員の連携が重要となる。例えば，急激な体調変動が生じやすい疾患の子どもの場合，体調急変の兆候（顔色や挙動など）を全教職員で共有することが，急変時の迅速な対応につながる。情報共有も含めた校内体制の構築は，病気の子ども

たちが安心して学べるための環境づくりである。

5. 病弱の児童生徒に対する教育の今後の課題

　文部科学省（2015）の調査により，1年間に30日以上の長期入院をした延べ6,349名の児童生徒のうち，およそ4割の2,520名が学習指導を受けていないことが明らかとなった。その原因として，病状からすれば学習指導等を受けることが可能であった児童生徒に対して，学校が教員の確保を行うことが困難であったことや，子どもが入院している病院が遠方であったため，教員を派遣できなかったこと等が挙げられている。また，学習指導を受けた子ども間でも，指導時間には大きな差があり，病院内に設置された学級に転校した子どものほうが十分な指導時間が確保されていることがわかった。この結果から，通常の学校に在籍し，入院と自宅療養を繰り返す子どもに教育を保障するための手立てを考えることが今後の課題として浮き彫りになったといえる。以前より，転籍・転校に伴う手続き上の課題や病気の子どもや保護者が病院内に設置された学級に通うことへの抵抗感を示すことが指摘されていたが，今後は，病院と学校の連携モデルの構築やコーディネーターの配置による課題解決が期待される。

　また，病弱教育に携わる教員の専門性の向上について，病院内に設置された学級での担当経験が3年未満の者が大半であることや研修の機会が十分に得られないことが課題として挙げられている（鈴木ら，2008）。病弱教育の専門性が，医学・教育学・心理学などの多岐にわたる学問的知識の蓄積や効果的な教科指導と自立活動の指導を組み合わせた実践的指導力により構築されるとすれば，教員養成段階からの専門性の蓄積が重要となるであろう。

　本節では，紙面の都合上，病弱の児童生徒に対する教育について，概略と現状を述べるに留まった。様々な疾患のある子どもへの合理的配慮の在り方や授業づくりについて学びたい方には，以下の書籍に当たることをお勧めする。

・西牧謙吾（監修）松浦俊弥（編著）　チームで育む病気の子ども―新しい病弱教育の理論と実践―　北樹出版　2017 年
・丹羽　登（監修）全国特別支援学校病弱校長会（編著）　病弱教育における各教科等の指導：合理的配慮の観点から各教科等の指導と配慮を考える　ジアース教育新社　2015 年

6

特別支援学校の特別支援教育コーディネーターの役割

1. はじめに

2007（平成 19）年 4 月 1 日に文部科学省より出された「特別支援教育の推進について（通知）」の中で，特別支援教育を推進するために必要な取り組みとして，特別支援教育コーディネーターの指名や特別支援教育のセンター的機能について記載されている。以下はその抜粋である。

3.　特別支援教育を行うための体制の整備及び必要な取組

(3)　特別支援教育コーディネーターの指名

　各学校の校長は，特別支援教育のコーディネーター的な役割を担う教員を「特別支援教育コーディネーター」に指名し，校務分掌に明確に位置づけること。

　特別支援教育コーディネーターは，各学校における特別支援教育の推進のため，主に，校内委員会・校内研修の企画・運営，関係諸機関・学校との連絡・調整，保護者からの相談窓口などの役割を担うこと。

　また，校長は，特別支援教育コーディネーターが，学校において組織的に機能するよう努めること。

4.　特別支援学校における取組

(2)　地域における特別支援教育のセンター的機能

特別支援学校においては，これまで蓄積してきた専門的な知識や技能を生かし，地域における特別支援教育のセンターとしての機能の充実を図ること。

　特に，幼稚園，小学校，中学校，高等学校及び中等教育学校の要請に応じて，発達障害を含む障害のある幼児児童生徒のための個別の指導計画の作成や個別の教育支援計画の策定などへの援助を含め，その支援に努めること。

　また，これらの機関のみならず，保育所をはじめとする保育施設などの他の機関等に対しても，同様に助言又は援助に努めることとされたいこと。

　特別支援学校において指名された特別支援教育コーディネーターは，関係機関や保護者，地域の幼稚園，小学校，中学校，高等学校，中等教育学校及び他の特別支援学校並びに保育所等との連絡調整を行うこと。

　つまり，特別支援学校の特別支援教育コーディネーターに求められる役割は，以下の5つに整理される。

①校内委員会・校内研修の企画・運営
②学校内の関係者や関係諸機関との連絡・調整
③保護者からの相談窓口
④地域内の小・中学校等への支援
⑤地域内の特別支援教育の核として関係機関との連絡調整

　①～③については，第3章の7節2.で述べられている「小・中学校等における特別支援教育コーディネーターの役割」と共通している部分であり，校内委員会を活用し，支援対象となる子どもを担任している教員を支えたり，校内にいる様々な専門性を持った教員を活用するための組織づくりをしたり，校内研修や資料の作成・配付等によって校内の特別支援教育に対する啓発活動を行ったりする。また，子どもや保護者に対する相談窓口として，面談，教材教具の紹介，医療や福祉，労働等の専門機関との連絡調整を行うことも重要な役割である。

　加えて，特別支援学校の特別支援教育コーディネーターは，校内外の連

絡調整の役割に加えて，地域における特別支援教育に関する「センター的機能」の役割を果たしている。この「センター的機能」とは，先にも示されている通り，地域の小・中学校等へ出向き，特別支援教育に関する情報や知識の提供や，学級における指導支援に関するコンサルテーションや校内組織づくりに関する助言をしたり，特別支援教育に関する研修の実施を通して学校全体の特別支援教育についての啓発活動を行ったりすることである（図4-15）。

　また，就学前から卒業後の進路と経済的な自立まで一貫した支援体制を構築するためには，乳幼児期では保健センターや療育機関，学齢期には児童相談所や教育センター等の相談機関，卒業後では労働機関等とのネット

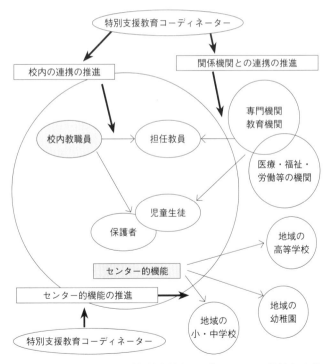

● 図4-15　特別支援学校の特別支援教育コーディネーターの役割（国立特別支援教育総合研究所，2006）

ワークづくりが必要となる。また障害の種類によっては，医療機関との密な連携が求められる。

2. 特別支援学校における「地域のセンター的機能」について

　文部科学省の推進する特別支援教育体制の構築においては，小・中学校と特別支援学校の体制づくりにおいて，それぞれの力点に違いが示されている。小・中学校よりも早期からスタートしている特別支援学校では，特別支援教育コーディネーターが「地域のセンター的機能」の中心的役割を果たすことに大きな期待が示されている。

　近年，小・中学校への支援に関して言えば，LD・ADHD・高機能自閉症といった，発達障害への対応のニーズが高まっており，特別支援学校の教員がこれまでにあまり出会ったことのない障害等についても，指導や対応に関する情報や技能を提供することが必要となっている。

　そこで，特別支援学校の特別支援教育コーディネーターは，こうした発達障害についても，提供できる知見や対応の方法等を個人レベルで蓄えるだけでなく，組織レベルで蓄えていくことが期待されている。そういった意味では，特別支援教育コーディネーターに指名された教員は自己研修の機会を積極的に得ることが期待され，あるいは各種情報の収集に個人レベルで努めていく必要が生じてくる。一方，小・中学校を支援するセンター的機能は，特別支援教育コーディネーターだけが担うものとして位置づけられてはいないので，校内の組織や学校内外の人的資源を積極的に活用することも重要となる。この点においては，様々な専門性を持った機関や人脈を日頃から形成しておくことが重要であろう。また，支援対象となる小・中学校の中にもそうした人的資源や校内体制のあることは十分に考えられるので，そうした資源を小・中学校自体が積極的に活用できるように「自立した特別支援教育体制づくり」の援助をしていくことがセンター的機能の中心的機能となる場合も多くあることが考えられる。

3.「センター的機能」におけるコンサルテーションとは

　コンサルテーションとは，カウンセリングのようなクライエントとカウンセラーの二者間の関係ではなく，クライエント，コンサルティ及びコンサルタントによる三者間の関係であり，クライエントとコンサルタントの間には直接的な関わりがないことを特徴とする（Dougherty, 2005）。

　特別支援学校の特別支援教育コーディネーターは，センター的機能の枠組みの中で小・中学校等を支援していく際に，幼児児童生徒がクライエント，小・中学校等の教員がコンサルティ，そして特別支援教育コーディネーターがコンサルタントという立場で支援していくことが望ましい。学校内外で特別支援教育コーディネーターがコーディネーションやコンサルテーションで果たす役割は，大体以下の３つに集約される。

①連絡・調整に関すること：地域における関係機関とのネットワークの
　構築に関すること
②特別支援教育のニーズがある児童生徒や保護者の理解に関すること：
　障害のある児童生徒，特にLD，ADHD等の発達障害児童生徒，保護
　者，担任との相談
③障害のある児童生徒など教育実践の充実に関すること：障害のある児
　童生徒の教育に関する知識，個別の教育支援計画の策定・実施・評価

　ここでは，特に③の"教育実践の充実に関すること"の中に，「個別の教育支援計画の策定・実施・評価」が，特別支援学校の特別支援教育コーディネーターの行うコンサルテーションの機能として重要である。個別の教育支援計画を作成するにあたっては，アセスメントの視点が重要となる。支援の対象となるクライエントの実態をどのように把握し，その結果をどのように支援へとつなげていくかが大切である。

　アセスメントについては，子どもの状態を多面的に捉える視点が重要であり，幅広い知見や専門性を必要とする場合もある。相談の窓口としての機能を果たす特別支援教育コーディネーターは，あらゆる専門性について

の深い知見を有しておくことは難しいかもしれないが，少なくともクライエントの問題がどのような専門家からのアセスメントを必要としており，支援をするにはどのような人的物的資源が必要となるのかといった，見通しや支援の流れをイメージ化することが求められる。

4. コンサルタントとして求められる資質や技能

特別支援学校の特別支援教育コーディネーターがコンサルタントとして期待されるセンター的機能では，これまでの教員としての専門性，つまり障害のある幼児児童生徒に対する指導支援についての力量だけでは対応は困難である。国立特別支援教育総合研究所（2012）は，特別支援教育コーディネーターがコンサルタントとして求められている資質や技能について，次の6つにまとめている。

①コーディネーションの力：校内外の資源と子供の教育的ニーズを結びつける。
②コンサルテーションの力：保護者や担任教員へのアドバイスや指導法について提案や助言等をする。
③ファシリテーションの力：必要な連絡調整を行い，校内の教員等の力を集めて，指導・支援の取り組みを促進する。
④ネットワーキングの力：地域の各種資源との間にネットワークを構築する。
⑤カウンセリングの力：保護者や担任への相談の窓口的役割を担う。
⑥アセスメントの力：子供と子供を取り巻く環境を含めて問題の実態を把握し支援を組み立てる。

これらの資質や技能について研修や研鑽を深めることは，特別支援教育コーディネーターの役割を実践していく上での基礎となるが，これらの知識や技能，資質は広範囲にわたるため，特別支援教育コーディネーターがすべてを短期間に備えることは難しい。そこで，チームワークやネットワー

クを積極的に活用して，その時の必要性や優先順位に応じて可能なところ
から学んでいくことが必要である。

　特別支援学校の特別支援教育コーディネーターは，これらの知識や技能，
資質を自らのものとするだけでなく，それらを校内組織の中で共有し活用
していくことで，センター的機能を高めていくことができる。

7
特別支援学校の特別支援教育コーディネーターの役割の実際
——センター的機能——

　特別支援学校の特別支援教育コーディネーターの役割の1つに，センター
的機能がある。これは，地域の幼稚園・保育園，小学校，中学校，高等学
校（以下，小・中学校等）から特別支援教育に関する相談の依頼を受け，実
際に小・中学校等を訪問し，指導助言を行うものである。相談の多くは，
小・中学校等に在籍する幼児児童生徒の学習面・生活面に関する事項で，そ
の内容は多岐にわたる。近年，特に通常の学級担任からの相談件数が増加
している。

1. 巡回相談

　巡回相談では，実際に授業を見学しながら幼児児童生徒の実態把握を行
う。そして，放課後や空き時間等に，効果的な授業づくりや支援・配慮事
項について担任とともに検討する。

❶ 通常の学級における相談

　通常の学級では，学習面に関する相談内容として，「音読が苦手」「漢字
が覚えられない」「板書の書写に時間がかかる」「宿題を提出しない」等が
多い。また，生活面に関する相談内容として，「気に入らないことがあると
教室から飛び出す」「友達と頻繁にトラブルになる」等が多い。

　授業見学の際は，幼児児童生徒のつまずきだけでなく，意欲的な姿も見
取るようにする。また，観察からつまずきの要因や背景も明らかにするこ

とで，児童生徒の理解を深めることができる。そして，「意欲的な姿が見られる場面」を担任と共有し，幼児児童生徒の好きなことや得意なこと等の強みを織り交ぜ，手立てをともに考える。

❷ 特別支援学級における相談

特別支援学級では，上記に加え，初めて特別支援学級の担任になった教員から，生活単元学習や自立活動等の授業づくりに関する相談を受けることがある。多くの担任は，「どのように授業を作るべきかがわからない」といった悩みを抱えながらも，校内に相談できる者がいない状況にある。

この場合，まずは担任の話を傾聴し，労うことが大切である。そして授業づくりに関しては，特別支援学校の実践を動画や写真で紹介し，具体的な理解を促すことで，担任の意欲向上に努める。また，実際に特別支援学校で使用する教材教具を手に取ってもらうことも効果的である。

巡回相談では，幼児児童生徒への手立てや授業づくりなどについて，担任に「明日から取り組むこと」を1つ以上決めてもらう。巡回相談の継続的実施（学期に1回程度）を提案し，次の巡回時までに「明日から取り組むこと」について評価・改善するよう促す。

2. 研修協力

❶ 小・中学校等の教職員を対象とした，特別支援教育研修の講師として

近年，「通常の学級に在籍する気になる幼児児童生徒への指導支援」「発達障害の理解と支援」「ユニバーサルデザインの授業作り」等の研修テーマが増えている。全教職員を受講対象とし，チームで特別支援教育の理解を深められるよう工夫するとよい。

気になる／発達障害のある幼児児童生徒の理解を深めるには，彼らの見え方や聞こえ方，感じ方等の疑似体験を導入するとよい。疑似体験後は，ペアで感想を共有しつつ，有効な配慮や支援内容を考えてもらうとよいだろう。疑似体験は，幼児児童生徒への理解を深め，必要な手立てを考える上で有効である。他校の実践を写真等で紹介すると，受講者は具体的にイメージしやすく，研修効果がさらに高まる（図4-16）。

気が散りやすい子への指導の工夫
「今ここ！」矢印（マグネット）

書くことが苦手な子への配慮
ペグボードと輪ゴムで作図

椅子に座るのが苦手な子への配慮
床に座っても良いスペースを確保

◉ 図4-16　紹介した他校の実践例

　また，気になる幼児児童生徒の事例を挙げ，効果的な指導支援方法を協議する「ケース会議」を行うこともある。課題の要因や背景を考えることで，その子どもへの理解を深めることができる。そして，その子どもの強みを生かした手立てを考え，必要に応じて複数で指導を分担することで，その一貫性を保つことができる。さらに，担任だけが悩むのではなく，皆でその子どもや周囲を見守っていこうとする暖かな雰囲気を醸成できる。

　ケース会議は，特に中学校・高等学校において有効である。担当教科以外での生徒の様子を共有でき，「今まで気づかなかった生徒の良い一面を知ることができた」などの感想が多く寄せられる。また，各教科担任が，実際に授業で取り入れたい手立てを考えられるため，「個別の指導計画をスムーズに作成できた」との声を聞くことも多い。

❷ 特別支援学級の校内授研究会・公開授業研究会の指導助言者として

　小・中学校等で実施する校内授業研究会や公開授業研究会の指導助言を行うこともある。場合によっては，学習指導案検討から参画し，効果的な授業づくりや指導支援について助言することもある。

　授業者は，授業研究に多くの時間を費やしているため，助言の際，まずは授業を提案したことを労い，優れていた点をできるだけ多く伝えるとよい。その上で，児童生徒の目標を達成させるための支援は適切であったか，主体的な学びとなっていたかなど，各学校の研究テーマや協議の柱に沿った視点で評価し，助言するとよい。その際，児童生徒の「できた！　わかった！　楽しい！」の気持ちは，10点満点中何点だったかを問いかけ，1点

プラスするために必要な事項を考えてもらうとよいだろう。参加者全員で話し合って考えるよう促すことで，皆にとっての学びとなる。その後，特別支援教育コーディネーターが，改善点等を1〜2つ助言する。このように，授業者を含め，研究協議参加者全員が「明日からまた頑張ろう！」と思えるような工夫が大切である。

8 特別支援学校における学校運営

1. はじめに

　ここでは，カリキュラム・マネジメントを踏まえた特別支援学校における学校運営について述べる。本題に入るまえに「学校運営」か「学校経営」かの整理を行いたい。特別支援教育元年とも言われる 2007（平成 19）年，文部科学省が発出した「特別支援教育の推進について（通知）」では，校長の責務の項において「学校経営」という言葉を用いている。2017（平成 29）年告示特別支援学校小学部・中学部学習指導要領からは，第 1 章第 6 節に「学校運営上の留意事項」という言葉を見いだすことができる。学校教育法では，学校評価について規定する第 42 条において，「学校運営」と表記している。一方，中央教育審議会「令和の日本型学校教育」を担う教師の在り方特別部会の配布資料では，両者が混在している。いずれにおいても学校経営と学校運営の明確な定義づけはされていないが，校長が学校経営方針等を示し，校内組織や人事の構想を決定したり，教育委員会と折衝し予算を確保したりする営みを学校経営，校長のリーダーシップのもと実際の教育活動を展開していく営みを学校運営と使い分けているようだ。本節ではカリキュラム・マネジメントを軸に教育活動の質を高めていく視点で述べていくことから，学校運営とする。

2. 学校運営の多様性

　小・中・高等学校等の通常の学校と特別支援学校における学校運営には，違いがあるのだろうか。

　いずれの組織も校長をリーダーとし，教員を中心とした人員で構成され，教育活動を行うという点において同一であり，学校運営の意義そのものに違いはないといえよう。一方，その実態は一律ではなく，各学校において創意工夫と特色ある学校運営が展開されている。特に，特別支援学校では視覚・聴覚・知的・肢体不自由・病弱の5つの障害種があることに加え，児童生徒の発達段階や障害の程度が幅広く，学校運営の核となる教育課程は多様である。また，多様な学部や多職種人材を擁するなど組織が大きく，全職員数が200名を超える学校さえある。複数の障害種に対する教育を行う学校，寄宿舎設置校，高等部単独校，病院併設校，分校・分教室設置校など設置形態も多様である。さらに，管理職人事交流により他校種から特別支援学校長として赴任する者も多く，新たな視点で学校運営を行っている者も多い。

3. カリキュラム・マネジメントとは

　校長は地域や学校，児童生徒の状況，職員構成等を総合的に勘案し，独自の学校運営方針を定めることから，たとえ同じ障害種，同じ学校規模であっても学校運営の内容や方法は大きく変わってくる。もちろん設置者である教育委員会が示す学校教育の指針等を踏まえる必要があることから，ある程度の統一性は確保されているものの，10人の校長がいれば10通りの学校運営があるといえよう。各学校の学校運営方針は，学校ホームページから閲覧可能なので見比べると参考になる。

　学校運営を考えていく際，考慮すべきものに設置者の指針等の他，国が示すものとして学校教育法等の法令等や学習指導要領が挙げられる。現行の学習指導要領（平成29年告示）の改訂の方針（図4-17）の1つに，カリキュラム・マネジメントが挙げられている。今般，全校種の学習指導要領に新たに規定されたカリキュラム・マネジメントの定義について，特別

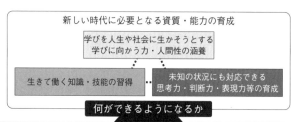

● 図4-17　学習指導要領（平成29年告示）改訂の方向性（文部科学省, 2017）

支援学校小学部・中学部学習指導要領の規定を確認する。

第1章第2節の4

　各学校においては，児童又は生徒や学校，地域の実態を適切に把握し，教育の目的や目標の実現に必要な教育の内容等を教科等横断的な視点で組み立てていくこと，教育課程の実施状況を評価してその改善を図っていくこと，教育課程の実施に必要な人的又は物的な体制を確保するとともにその改善を図っていくことなどを通して，教育課程に基づき組織的かつ計画的に各学校の教育活動の質の向上を図っていくこと（以下「カリキュラム・マネジメント」という。）に努めるものとする。

　端的に言えば，カリキュラム・マネジメントは，学校の教育目標を達成

するために，教育課程を軸に教育活動の質の向上を図っていくという営みである。その際，3つの側面が示されていることに留意が必要である。

①児童または生徒や学校，地域の実態を適切に把握し，教育の目的や目標の実現に必要な教育の内容等を教科等横断的な視点で組み立てていくこと
②教育課程の実施状況を評価してその改善を図っていくこと
③教育課程の実施に必要な人的または物的な体制を確保するとともにその改善を図っていくこと

さらに次の規定を確認する。

第1章第6節の1の（1）

　各学校においては，校長の方針の下に，校務分掌に基づき教職員が適切に役割を分担しつつ，相互に連携しながら，各学校の特色を生かしたカリキュラム・マネジメントを行うよう努めるものとする。また，各学校が行う学校評価については，教育課程の編成，実施，改善が教育活動や学校運営の中核となることを踏まえ，カリキュラム・マネジメントと関連付けながら実施するよう留意するものとする。

　この第6節は「学校運営上の留意事項」であることを確認しておきたい。前出の規定に引き続き，カリキュラム・マネジメントに努めることを示している。特に学校評価との連動について言及していることに留意したい。各学校ではこの規定を踏まえ，有機的な校務分掌により適切な役割分担や相互連携が実現できるようにするとともに，自校の特色をどう捉え，どう生かすのかについて思案する必要がある。また学校評価とカリキュラム・マネジメントとを関連させ，教育課程のPDCAをどう回していくのかも思案する必要がある。こう考えるとカリキュラム・マネジメントは，まったく新しい概念ではないことに気づく。これまでも教育課程を軸に教育の質の

向上を図るべく，教育課程検討委員会，学校評価検討委員会といった校内組織が取り組んできた営みである。しかし，現行学習指導要領で新たに示された意義を再認識し，学校運営方針を振り返るとともに，必要に応じて校務分掌組織の改善を図ったり，教育課程のPDCAや学校評価が有効に機能しているかを検証したりするなどして，各学校の教育の質の向上に取り組んでいく必要があろう。その際，トップダウンではなく，個々の教員が学校運営への参画意識を持てるよう配慮していくことが大切である。

4. カリキュラム・マネジメントを踏まえた学校運営の実際

　カリキュラム・マネジメントを踏まえた学校運営は，学習指導要領の実施を契機に変わってきているのだろうか。

　教育課程を軸に学校の教育の質の向上を図るという本質は変わらないことから，従前の学校運営方針を継続させている校長もいれば，これを機に改善を図っている校長もいるようだ。ここでは赴任1年目（原稿執筆時）の筆者の取り組みの一端について紹介する。

　校長の意向を学校運営に本格的に反映できるのは，着任2年目からであると考えている。校長の人事内示は3月下旬（千葉県の場合）であることから，4月当初の職員会議で示す学校運営方針には間に合わない。したがって，前任校長の方針を踏襲していくこととなる。先生方も新しい校長が突然変更させたのでは戸惑うばかりであろう。筆者は，前任校長の学校運営方針を引継ぎつつ，あえて次に示す学校像を追加した。

・ 子どもたちが，学びがいのある千葉盲学校
・ 保護者が，通わせがいのある千葉盲学校
・ 先生方が，働きがいのある千葉盲学校
・ 地域が，応援しがいのある千葉盲学校
・ 小・中学校等が，頼りがいのある千葉盲学校

　4月1日の職員会議で「私は先生方と一緒にこんな学校を作っていきた

い。これは校長が一人で行うことではない。先生方一人一人がこの5つの
かいのある学校にするために，自分に何ができるのか，何をしたらよいの
かを考えてほしい」と呼び掛けた。この意図について述べる。繰り返しに
なるが，カリキュラム・マネジメントは，学校教育目標の達成に向け教育
の質の向上を図っていく。その際，学校教育目標を全職員，さらには児童
生徒，保護者や地域がしっかりと理解し，常に意識していることが不可欠
であると考えている。しかし，学校教育目標を日々意識していくことは難
しい。そこで，学校教育目標は変えずに，わかりやすさにこだわった「5
つのかいのある千葉盲学校」というキーワードを設定したのだ。本校のカ
リキュラム・マネジメントの出発点といえよう。その後，全教室にキーワー
ドを掲示するとともに，儀式的行事，学校だより，目標申告面談，授業研
究会，開かれた学校づくり委員会などの機会を捉えて，あえて「かい」に
触れ，その理解と浸透に努めている。

　成果としては先生方が記載する指導記録簿で「かい」を意識したコメン
トが見られるようになったり，「それって，かいがある？」という会話が職
員室で聞かれるようになったりしてきた。保護者からも学校の目指す方向
がわかりやすいという評価を得ている。2022年12月末現在，学校評価の
項目を「5つのかい」で構成できるよう検討をするとともに，次年度に向け
た教育課程編成においても「5つのかい」の視点で協議を始めたところで
ある。その過程で学校教育目標そのものへの議論が自然発生的に出てくる
ことを期待している。

5. まとめ

　前項の例のように，カリキュラム・マネジメントの実現に向けてポイン
トとなるのは，①学校（学部）教育目標の設定と教育課程への関連づけ，②
教育課程の評価・改善に関する協議の実施によって，③教育課程と授業の
一体的改善につなげていくことである。特に千葉盲学校では，教員だけで
なく，児童生徒や保護者，地域の人など多様なステークホルダーが理解し
やすい学校教育目標を再設定することにより，学校運営にあたっての意図

を明確にしたわけだが，これはトップダウン方式であり賛否が分かれると
ころであろう。しかし，組織の多様性という特別支援学校の特性を踏まえ
ると，意思決定の速さというトップダウンのメリットを生かした仕掛けも
必要である。千葉盲学校においては，定着しつつある一人一人の先生方の
カリキュラム・マネジメントへの参画意識が，これからの学校をボトムアッ
プ組織へと変えていくだろう。

第5章

特別支援教育を推進させるために

1

特別な教育的ニーズの早期の把握
──脳性麻痺のあるＡ児を対象に──

1．早期からの教育・就学相談

　文部科学省（2012）の「共生社会の形成に向けたインクルーシブ教育システム構築のための特別支援教育の推進（報告）」において，乳幼児期を含む早期からの教育・就学相談の実施の必要性が述べられている。

　幼稚園・保育所・認定こども園においては，保護者を含めた対象児に関係のある人々がその子の教育的ニーズや必要な支援について共通理解を深めることで，保護者の障害受容，さらには，その後のスムーズな支援につなげることが重要である。そこで，本節では脳性麻痺のＡ児を事例として，発達早期からの教育・就学相談の現状や課題について述べる。

事例　脳性麻痺のあるＡ児

　Ａ児は公立幼稚園の年長クラスに在籍しています。生後すぐに乳児健診において脳性麻痺を指摘され，その後診断されました。軽度の知的障害は認められますが，クラスの子どもたちと一緒に遊んだり活動したりすることはできます。手足に麻痺があり，園内の移動は車いすを使用しています。そのため，Ａ児のクラスには担任とは別に，加配教員が１名配置されています。その加配教員は，年少から継続して担当しているため，Ａ児の実態把握ができており，保護者との信頼関係も良好です。

　Ａ児は週１回，病院内の専門機関において理学療法及び作業療法を受けています。それ

ら専門機関とは，入園前からＡ児の状態について情報共有がなされており，幼稚園とも数回の情報交換会を実施していました。また，保護者も積極的に連携しようと試みています。一方で，就学にあたり，保護者は隣の学区にある肢体不自由特別支援学級へ入級させるべきか，少し遠くなるけれども特別支援学校（肢体不自由）へ入学させるべきか悩んでいます。そのため，幼稚園ではＡ児の就学相談の準備をしています。

❶ 早期からの教育相談・支援の充実

　早期からの連携において，子ども自身や保護者と市町村教育委員会や学校といった関係機関が，個に応じた教育的ニーズや生活上必要になることについて連携し，継続して検討していく必要がある。そのため，その子どもに合った環境づくりを保護者や専門家が協力して考え，決定し，それらを適切に活用していくように心がける。Ａ児の場合には，乳幼児期を含む早期段階から的確に実態を把握できていたため，関係機関の体制づくりが進められていたが，障害によってそれが困難な場合もある。

❷ 情報提供の充実

　教育・就学相談を実施するにあたり，初期段階での就学先の決定に関する手続きの流れや就学先決定後も柔軟に転学できること等について，子ども自身や保護者にあらかじめ説明を行う必要がある。このことは，就学後に学校でその子どもの教育的ニーズに対応できなかったために生じる二次障害（不登校や友達関係のトラブル等）を防止する観点からも重要である。そこで，早い段階から巡回相談等の各種相談を実施するとともに，必要に応じた教育，医療，保健，福祉の連携を実施することが重要である。

　Ａ児の場合には，就園前から専門療法機関の支援を受けており，それら関係機関からの情報提供が行われていたことで，園内での支援体制づくりに成果があった。さらに，就学相談にあたっては，これらの情報を就学先へつなげなければいけない。つまり，就学前から情報提供を行えるように準備しておくことで，就学先では計画的に人的配置や物的環境の整備を行うことができる。そのため，就学前から連携やツールを活用し，子どもや保護者の不安を軽減することが可能になる。

❸ 保護者との連携

　早期段階における教育相談には，まず保護者が子どもの障害を受容できるための支援が必要である。この時期には保護者が自分の子どもの実態をなかなか受け入れられないこともあるが，そのような際には，保護者の様子を見ながら，保護者自身がそれらを受け入れられるように話を進めていくことが大切である。

　次に，保護者がわが子の障害の受容をした際には，保護者自身が子どもとの関わり方を学ぶことにより良好な親子関係の形成ができるような支援を実施する。その際に，乳幼児の発達を促すような関わり方や特別支援教育に関する情報提供を行う。こうした支援を実施することで，保護者は安心し，自分の子どもに対する支援の方向性を考えることが可能になってくる。

　脳性麻痺や脳炎後遺症等による脳性疾患が大きな原因となる肢体不自由では，比較的保護者は早期に障害受容をすることが多く，その後の連携が図りやすい。A児の場合にも，保護者は積極的に幼稚園へ情報を提供していたため，加配教員は適切な支援を継続することができていた。このように保護者との信頼関係を築くためには，子どもの実態を把握している保育者と日頃からの情報交換ができることが望ましい。保育所・幼稚園・認定こども園は，保護者がその時点で子どもの障害を受容できているのか，どのような情報を求めているのかを見極めることも必要である。

❹ 市町村教育委員会と関係機関等との連携

　乳幼児の段階から専門的な教育相談・支援が受けられるように各機関が連携し体制づくりを整備するため，市町村教育委員会は，各地域の学校と幼稚園・保育所・認定こども園との連携を図るとともに，教育関係以外の医療や福祉とも連携する必要がある。自治体の取り組みとしては，乳幼児健康診断（健診）の場において子どもの実態を把握する機会がある。そこで得られた情報をもとに，市町村教育委員会は医療・福祉関係者とともにその子どもの情報を共有し，つないでいく。A児の場合も，乳児健診の際に脳性麻痺が指摘されている。乳幼児健診は障害の早期発見においては不可欠であり，自治体と連携し，その後の実態把握を行っていくことで，継

続した支援計画を立てることができる。就学相談の実施や就学先の決定については，早期から多様な関係機関が連携し，子ども一人一人に応じた教育的ニーズを把握していくことが求められる。

　また，これらは就学を見据えるだけでなく，子どもの生涯にわたって必要な支援を把握するための一歩になる。そのため，現在，多くの市町村教育委員会に設置されている教育支援委員会（以前の就学指導委員会のこと。自治体によって名称は異なる）では，個別の教育支援計画の立案などでその後の一貫した支援も提案することになる。

2. 早期把握のための保育カンファレンス

　就学前の保育所・幼稚園・認定こども園において，特別な教育的ニーズを日々の保育の中で把握する際に，保育者は子ども一人一人に合わせた支援を検討する。しかし，担任保育者が一人で考え込んでは，多角的な視野での検討は難しく，行き詰まってしまうこともある。各園には担任保育者以外にも様々な立場の教員・保育士がいるため，こうした人たちの話も聞きながら，子どもの実態や教育的ニーズを把握していく。また，その子どものニーズに応じた支援を園や関係機関の職員とともに検討する。その上で，検討した内容をもとに，今後の保育に生かしていくためにはどのような支援や手立てが必要になるのかを考え，実践する。特に，肢体不自由児の場合には，医療や専門機関との連携が必要であるために，保育カンファレンスを通して，園全体での支援計画の確認と同時に，他機関からの情報を共有する場にもなる。

　A児の就学に向けた保育カンファレンスを例に，具体的な進め方を紹介する（図5-1）。

3. 医療的ケアが必要な場合

　A児のように医療的ケアが必要ない場合もあるが，肢体不自由児においては，医療的ケアを必要とする割合も高い。全国の公立特別支援学校において，日常的に医療的ケアが必要な児童・生徒は8,485人にのぼる（文部

①実態把握		②ニーズに合った 支援の検討		③今後の視点
担任教員と加配教員によって，A児の実態把握を行う。日頃の保育の中で，A児に対してよかった支援や困り感等を中心に，今必要な支援は何かを把握していく。 　その際，写真等で記録することによりその後の情報共有の際に，伝わりやすくなる。	→	A児の担任，加配教員だけでなく，他の教職員や関係者とともに，教育的なニーズを共通理解し，そのニーズに合った支援内容を検討する。 　A児の場合は，他の子どもと一緒に遊んでいる時のほうが生き生き活動していた。そのため，多少無理をしても友達と同じ活動をしたがる。この実態をもとに，A児の教育的支援を検討する。	→	全体で教育的なニーズを検討した後には，A児の支援を具体的にどのようにしていくのかを検討する。 　A児が友達と一緒に活動することを求めている様子から，園長や主任から，就学に関しては，肢体不自由特別支援学級への入級が適しているのではないかと提案された。そのため，関係機関とA児の身辺自立について連携し，情報共有していくことになった。

● 図5-1　A児の保育カンファレンスの流れ

科学省，2022）。しかし，入学と同時に医療的ケアの申請が通るとは限らない。それまでの間は，保護者が入学後もしばらく子どもに付き添い，痰の吸引等を行うこともある。そのような場合には，就学後に保護者の負担が軽減されるような情報提供の方法を検討していく。就学前から保護者や関係機関と連携を図り，必要な情報を就学先に提供し，子どもが適当な医療的ケアを受けることができる支援体制を構築していく必要がある。

4. 支援をつなぐツールの活用

　以下のようなツールは教育・就学相談を実施するにあたり，保護者とともに個に応じた内容で作り上げていくものである。そのためには，日頃から教員・保育士は保護者と連携し，信頼関係を築くことが必要となる。

❶ 相談・支援手帳（ファイル）

　子ども一人一人に継続的な支援を行うためには，医療，保健，福祉，教育，労働等の各機関それぞれが，適切な支援を行うとともに，情報を一元化して共有することが大切である。さらに，「相談・支援手帳（ファイル）」は，子どもの個人情報を含むために，保護者の参画を得て作成し，十分に

保護者が内容を理解してから活用することが求められる。これら情報を学校や関係機関とともに検討しながら，個々の子どもに合わせた支援内容を記載できるように工夫し，一貫した支援を行うことができる体制づくりを構築する。

❷ 就学支援シート

現在，多くの自治体では，幼稚園・保育所・認定こども園における子どもの発達の様子やその子どもが必要とする支援について記入し，小学校へ接続するための「就学支援シート」を作成することを推進している。各学校では，就学後の学校生活や学習内容を検討する際に活用しており，教育・就学相談から小学校就学への接続を円滑に行うために作成される。

❸ 個別の指導計画・個別の教育支援計画

幼・小・中・高等学校等で学ぶ障害のある幼児児童生徒については，必要に応じて個別の指導計画や個別の教育支援計画が作成されることになっている。これらは，連続した教育的なニーズに関する情報を保護者と共有するとともに，これらの計画を教育分野においても情報共有していくことで，早期からの教育相談・支援の充実や一貫した支援が行われることを目的としている。

2

連携（家庭・校内・校外・医療・福祉・就労）の在り方

1.「チームとしての学校」

2015（平成 27）年 12 月中央教育審議会にて「チームとしての学校の在り方と今後の改善方策について」が答申された。これによって，複雑化・多様化している学校教育の課題に対しては「チームとしての学校（以下，チーム学校）」でその解決を目指すことが示された。チーム学校では校長のリーダーシップのもと，カリキュラム，日々の教育活動，学校の資源が一体的にマネジメントされ，教職員や学校内の多様な人材がそれぞれの専門

性を生かして能力を発揮し，子どもたちに必要な資質・能力を確実に身に
つけさせることができる学校を目指している。複雑化・多様化した学校課
題に対応できる体制を構築するためには，専門性に基づくチーム体制の構
築，学校のマネジメント機能の強化，教職員一人一人が力を発揮できる環
境の整備の３つの視点から取り組むことが求められている。このチーム学
校では，教員に加えてスクールカウンセラーやスクールソーシャルワーカー
の配置，部活動指導員やスクールロイヤーの活用など，多様な人材の活用
が取り組まれている。

2.　特別支援教育における連携

　特別支援教育は，共生社会の形成に向けたインクルーシブ教育システム
の構築に必要不可欠であり，その推進は３つの観点に基づき実施すること
が必要である（文部科学省，2012）。この３つの観点の１つが，関係機関と
の連携に基づく特別支援教育を実現することであり，社会全体の様々な機
能を活用して十分な教育が受けられるよう，医療，保健，福祉，労働等と
の連携を強化して障害のある子どもの教育の充実を図ることが示されている。
　障害のある子どもの教育的ニーズに適切な支援を提供するためには，複
数の関係機関が連携する必要がある。その理由について文部科学省（2003）
は「障害のある児童生徒のニーズは教育，福祉，医療等様々な観点から生
じうるものである。これらのニーズに対応した施策はそれぞれ独自に展開
できるものもあるが，類似しているもの，又は密接不可分なものも少なく
ない。したがって，教育という側面から対応を考えるに当たっても，福祉，
医療等の面からの対応の重要性も踏まえて関係機関等の連携協力に十分配
慮することが必要となる。また，福祉，医療等の面からの対応が行われる
に当たっても，教育の立場から必要な支援・協力を行うことが重要である」
と説明している。
　特に「乳児期から幼児期にかけて，子どもが専門的な教育相談・支援が
受けられる体制を医療，保健，福祉等との連携の下に早急に確立すること
が必要であり，それにより，高い教育効果が期待」されることが指摘され

ている（文部科学省，2012）。幼稚園等において，保護者を含め関係者が教育的ニーズと必要な支援について共通理解を深めることにより，保護者の障害受容につなげ，円滑な支援にもつなげていくことがその後の特別支援教育の実施において重要になる。

　適切な支援のためには，複数の関係機関が有効に連携することが必要であり，個人情報に留意しつつ，支援や指導に必要な情報について共有する範囲を定め対応していく体制づくりが求められる。個人情報の取り扱いについては，自治体における個人情報保護条例を踏まえつつ，支援を積極的に展開できるような運用のルールづくりを進める必要がある。親の会等の障害者関係団体，NPO等において，個別の教育支援計画を活用する意義についての理解啓発活動等を行うことが望まれる。

3. 個別の教育支援計画と個別の移行支援計画

　関係機関との連携を効果的に実施するためのツールとして作成されるのが「個別の教育支援計画」と「個別の移行支援計画」である。

　「個別の教育支援計画」は，障害のある子どもに支援を提供している関係機関の担当者やそれぞれの実施している支援の内容などを共有することを目的とするものであり，それぞれの機関がどのようなねらいを定めて支援を実施しているのか，またどのような内容であるのかといった情報を共有するために活用される。

　「個別の移行支援計画」は，障害のある子どものライフステージが移る際に，その子どもの進路を支援するために活用される。この「個別の教育支援計画」「個別の移行支援計画」は，特別支援教育学校，小・中学校，高等学校等の教育関係機関が中心となり，就学中に作成される。就学前や卒業後は，「個別の支援計画」として福祉，医療関係機関，労働関係機関が中心になり作成されることとなる。これらの計画を作成するにあたっては，本人・保護者のニーズを十分に把握し，支援目標やその内容を検討する必要がある。この「個別の教育支援計画」や「個別の移行支援計画」は，作成する学校によってその様式が異なっている現状がある。しかし，主要な関

係機関との連携を充実させるツールとして活用するためにも，連携先の必要としている情報が伝わりやすく記載されるように，その様式の在り方を十分に検討する必要がある。

4. 特別支援教育における連携の特徴

　障害のある子どもを支援するために連携する機関は，幼稚園等，小学校，中学校，高等学校，中等教育学校，大学等，特別支援学校の教育機関，相談センターや療育機関などの福祉施設，職業訓練や作業訓練などのリハビリテーション機関，公共職業安定所や企業などの労働に関連する機関，医療機関や行政機関など多機関にわたる。また，子どもに直接支援を実施する職員の専門職も教員，行政官，福祉支援員，リハビリテーション支援員など多職種にわたる。この連携の形態は，多機関・多職種連携と呼ばれる。

　これまで特別支援学校では，効果的な授業の実践として複数の教員で授業を実施するティーム・ティーチング（TT）が用いられているが，これは特別支援学校という単一組織における教員という1つの専門職種における連携であり，単機関・単職種連携にあたる。多機関・多職種連携を効果的に行うためには，互いの専門職の専門性の理解，共通の目標の形成，ビジョンの共有をすることが求められている（菊地，2004）。同じ領域を専門とする専門職間では，その目標や価値観，ビジョンの共有が比較的容易であるのに対し，異なる領域を専門とする専門職間では，その専門職の基軸となる専門性領域の違いから，目標や価値観，ビジョンの共有などにおいて，時に困難さを示す（菊地，2000）ことが指摘されている。単機関・単職種連携と比較すると，多機関・多職種連携においては格段に高度な知識・スキルが求められる。多機関・多職種連携では，連携する者同士がチームとして共通する目標や価値観，ビジョンを共有することがその連携の質に影響する（菊地，2004）。

　連携するチーム内において，異なる専門職が共通の目標や価値観，ビジョンを共有するためには，チームの構成員となる個人が自身の専門性を高め，他者と自身の専門領域との価値観や考え方の違いを理解し，相互の専門性

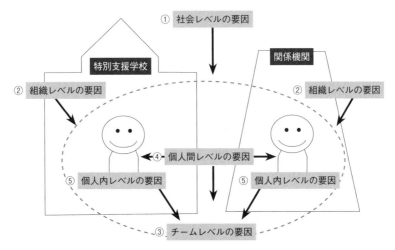

● 図5-2　連携に影響を与える5つの要因（藤井・川合, 2012をもとに作成）

の違いを理解することが，チームを構成する過程で求められる（菊地, 2000）。つまり，質の高い多機関・多職種連携を実現するためには，まず自身の専門性を確立させることが重要な前提条件となる。

　特別支援教育において求められている多機関・多職種連携は以下の5つのレベルの要因が影響していると指摘されている（図5-2；藤井・川合, 2012）。

①連携の公的な位置づけや社会の認識，個人情報の取り扱いに関する法制度などの社会レベルの要因
②関係者が所属している組織の連携に対する意識や態度などの組織レベルの要因
③連携によって構成されたチーム内におけるチームアプローチモデルの共有やチーム作業の完成度や成熟度とされるチームレベルの要因
④チームとして連携する構成員間の相互の信頼関係の形成などの人間関係形成に関わる個人間レベルの要因

⑤連携を担う専門職個人の自身の専門領域に関する知識や連携に対する
　意識や態度などの個人内レベルの要因

　このように，多機関・多職種連携は，複数の要因の影響を受けるため，その複雑性が増し，連携の重要性は十分に理解されながらも，実態としてうまく機能しないという事態が生じる。

　藤井・川合（2012）は連携の課題を，①連携するチームを取り巻く環境因子によって生じる課題，②チームアプローチモデルの共有などチームの成熟度によって影響される課題，③チームを構成する構成員によって生じる課題の３つの因子に分類している。特別支援教育において，連携がうまく機能していない場合には，これらの３つの因子の視点から課題を整理し，的確に把握する必要があると思われる。

5. より効果的な連携を実現するために

　特別支援教育が開始されてから，それまでも重要視されていた連携による支援の実施がさらに重要性を増し，現在では共生社会を実現するためのインクルーシブ教育システム構築の要の１つとなっている。しかしこの連携は，学校と関係機関の間で認識や想定しているチームアプローチモデルのずれ（藤井・川合，2012）や，学校と保護者とのずれ（吉岡，2013），連携にかかる費用や時間，個人情報の取り扱い，行政サービスの縦割り（吉岡，2013）などの問題点がある。

　こうした多機関・多職種連携の課題を解決し，より効果的な連携を実現するためには，以下の４点に留意していくことが必要になるであろう。

①関係機関と連携する目的を明確にし，それらを双方にわかりやすく明
　示する。
②連携するチームの中では，互いの信念や見解の違いから葛藤が生じる
　ことがあることを理解する。
③チーム内で生じる課題や葛藤については，建設的態度をもって解決を

図る。

④多機関・多職種連携では，それぞれの専門領域や立ち位置の違いから，ニーズに対する理解やその価値観及び見解などが異なることが前提となっており，それらの違いを超えて共通の認識や見解を構築していくことから支援がスタートすることを理解する。

　また現在，連携を前提とした支援をする上で始まっている取り組みとして，連携教育がある。これは特別支援教育に従事する教員や関係機関の専門職員など，それぞれの支援を実施する上で連携することが前提となっている対人援助職を担う者に対して，連携を効果的かつ円滑に実施するために教育するものである。人材育成の観点からも，こうした取り組みは今後さらに重要性を増してくると思われる。

3 保護者支援と家庭との連携

　厚生労働省は「保育所保育指針」（2017）において，文部科学省は「幼稚園教育要領」（2017）や「特別支援教育を推進するための制度の在り方について（答申）」（2005）において，保護者への支援を行うことや保護者と連携することの必要性を示している。保護者支援や家庭との連携は，生活の基盤が家庭と園または学校にある子どもにとって，成長を促し生活をよりよくするために重要である。本節では，支援者が保護者の気持ちに寄り添った支援や連携を行うことができるよう，これらを行う際に留意すべき点などについて概説する。

1．保護者のストレスと気持ちの受容や配慮
　障害のある子どもを持つ保護者は，様々な悩みやストレスを抱えている。その要因には，障害特性に配慮した子育てを行うこと自体に加えて，子ど

もが起こす問題行動が周囲の人に与える影響などの障害に由来する要因，子どもを育てる親の健康や体力などの親に由来する要因，他のきょうだいの子育てにかける時間や手間のバランス，配偶者，祖父母，親戚の理解や協力体制などに由来する要因，そして教育，医療，福祉など社会的資源の不備に由来する要因などがあり，これらは，子どもの加齢によって変化する部分と変化しない部分がある。

　保護者は，子どもの障害に向き合い受容していく過程で様々な出来事を経験し，その都度一喜一憂しながら，障害を認めようとする感情と否定する感情の両方を感じ，繰り返し葛藤している。このため教員や保育者は，保護者自身が様々な悩みやストレスを抱えながら障害受容をしようとする過程にあることを踏まえ，その経緯に沿って，保護者が子育てをしやすくなるように適切な情報を提供していく必要がある。保護者と関わる際，まずは，保護者の置かれている状況を把握し，それに対する理解を示すこと，そして保護者の子どもに対する接し方を認め，その上で日常生活に無理のないアドバイスをするなどの配慮が必要となる。

　一方，保護者に対して障害受容を促すことも教員や保育者の役割の1つである。子どもは保護者の養育を受けて生活をしているため，保護者の障害受容は，子どもへの適切な支援を行うために必要なことであり，子どもが自分の障害を受容し，自己肯定感を育て保持するためにも重要であると考えられている（田中，2014）。田中（2014）は，子どもが自分の障害を受容し自身を肯定的に受け入れるためには，自我を確立していくための支援が望まれるが，そのような支援を実施するためには，保護者が子どもの障害を理解して受け入れた上で養育する環境が必要であるとし，保護者の障害受容が子どもの自己受容と自己肯定感を育てることを可能にすると指摘している。

2. 障害に対する"気づき"を促す

　前述の通り，保護者が子どもの障害に気づき受容することは，適切な支援を行う上で重要である。適切な支援を早期に開始するためには，教員や

保育者が，保護者に対して意図的に障害に対する気づきを促す場を設定することが必要な場合もある。

　就学前の子どもを育てる保護者が，子どもの発達の遅れや偏りについて，いつ，どのような形で気づいたのかという調査では，4歳以前に発達障害と診断された群，肢体不自由などの発達障害でない群，知的障害が重い発達障害群の3群については，1歳代をピークに3歳までには子どもの特性に気づいたのに対し，4歳以降に発達障害と診断された群では，気づいた年齢にピークが見られず，早期から就学時期までに分散している上に，気づきから診断までの期間が3年以上と長いことが明らかにされている（東谷ら，2010）。気づきのきっかけは，前者の3群が「指摘される前に自分で気づいた」や「健診での指摘」が多かったのに対し，後者では「指摘される前に自分で気づいた」に次いで「保育園，幼稚園からの指摘」が多かった。この結果から東谷ら（2010）は，発達の遅れや行動の激しさが顕著な前者3群は別として，4歳以降に発達障害と診断された群に含まれる子どもが示す行動特性は，保護者にとって支援が必要であるとの認識を持ちにくいが，標準的な環境を設定した集団行動の中で他児との比較をすることのできる保育園や幼稚園では，集団生活で示される客観的事実に基づいて，子どもの発達特性を保護者に伝えることができると指摘している。

3．家庭との連携をどのように図るか：保育園，幼稚園，学校及び家庭で実施可能な支援を考えるために

　園や学校，家庭において継続的な支援を行うためには，問題となっている行動について，どのような状況で発生しているのか，なぜ続いているのか，改善あるいは悪化するのはどのような時なのかなどのアセスメントをし，これに基づいて指導しやすい標的行動及び指導場面を見極めることが必要となる。指導しやすい標的行動とは，行動を起こすきっかけや，行動を起こした後の結果をコントロールすることによって，問題行動を減らすことができる行動であり，指導に当たっては教員や保育者の得意なことを利用することができ，子どもの行動を強制的に修正させるようなプロンプ

トを何度も必要としないことなど，教員や保育者の指導実施にかかる負担が低い。また，指導しやすい指導場面とは，好ましい行動を引き出しやすく，支援しやすい物理的環境であり，日常生活の中にある日課活動に指導機会がある。家庭での支援を提案する場合には，指導が必要であると保護者が判断することのできる行動を標的行動とし，家庭において実行しやすい支援ツールを提供すること，そして，日常場面で行うことのできる指導手続きを提案することによって，実施の負担を減少させることができる。教員や保育者は，支援自体や支援した結果が，子どもにとって大きな失敗経験になったり，親子関係が損なわれたりしない限りは，保護者が納得して手続きを実施したり，修正・変更したりする様子を見守ることも必要である。

　園や学校と家庭との両方で日常的かつ継続的に実施できる簡便な支援や評価の１つに，子どもの行動記録をつけることが挙げられる。行動記録は，保護者が園や学校での子どもの様子を情報として入手したり，教員や保育者が家庭での様子を知ったりすることができるだけではない。教員や保育者が行動記録をつけることによって，それが自分自身の指導を振り返る機会となり，子どもとの関わりを修正する必要性に気づいたり，新しい指導方法を考えたりするきっかけとなる。また，保護者の記録に対して，教員や保育者が指導を認めたり，称賛したり，相談に乗ったりするなどのフィードバックを与えることによって，その後の保護者の子どもに対する関わりを強化することができる。さらに，子どもの行動を継続的に記録することは，個別の指導計画を立て，修正したり協議したりする上で，教員や保育者間に共通の認識を持たせるためにも役立つ。

　行動記録をつける者は，読む側の立場に立って，読み手の励みになるような具体的で丁寧な表記を心がけ，子どもにどのような指導を行ったことでどのような行動の変化が見られたのかといった，指導内容と結果の結びつきを具体的に記入することが大切である。否定的内容や悩みなどのネガティブな事項については，どのような環境でどのような行動が起こるのか，その要因をよく分析し，手立ての案や見通しを読み手に示すことが必要である。子どもの行動が起こる前後の環境，指導に対する反応，時間的経過

に沿った行動の変化は，日々の行動の記録の蓄積があってこそ正確に見ることができ，そうした記録に基づいた説明は，読み手の納得を得る上で大切な手段でもある。行動記録を指導に生かすためには，指導の成果が反映されていると感じられるように，子どもの変化をわかりやすく記述することが大切である。

保幼小連携
—連携ツールとしての就学支援シート—

1．保幼小連携の必要性

❶ なぜ保幼小連携が必要なのか

　小学校への入学に伴い，子どもたちの生活環境は大きく変わる。1日の流れ一つとっても，それまでは子どもたちの生活リズムに合わせた流れであったものが，小学校入学後は時間割に沿った流れとなる。また，教科書などの教材を主とした授業が始まり，自分の意のまま好きな時間に自由に遊ぶことも難しくなる。トイレはなるべく休み時間に済ませておく，体育の時間は運動服に着替えるなど，子どもにとってそれら1つ1つが大変なチャレンジである。さらに，できること，まだできないこと，どのような場合ならできるのかなど，子どもによっても様々である。

　このような，子どもにとっての生活の変化・直面するチャレンジを，よりなだらかで，一人一人の発達に即したものにし，小学校以降の学校生活を豊かなものにする点に保幼小連携の意義がある。

　2008（平成20）年の幼稚園教育要領や保育所保育指針では，小学校との連携に関し，幼児と児童の交流，職員同士の交流を行い，「意見交換や合同の研究」「情報共有や相互理解などの連携」を図るよう「配慮すること」が記された。「情報共有」に関しては，保・幼から小学校へ資料（保育要録など）が「送付されるようにすること」が示された。

　2017（平成29）年の幼稚園教育要領「第1章総則　第3　教育課程の役

割と編成等」の「5　小学校教育との接続に当たっての留意事項　(2)」では，「小学校教育が円滑に行われるよう，小学校の教師との意見交換や合同の研究の機会などを設け，『幼児期の終わりまでに育ってほしい姿』を共有する」ことを通し，小学校教育との円滑な接続を図ることが努力義務として示された。また，2017（平成29）年の保育所保育指針「第1章総則　4　幼児教育を行う施設として共有すべき事項　(2)」では，同じく「幼児期の終わりまでに育ってほしい姿」が「子どもの小学校就学時の具体的な姿」として示された。

ここで示されている「幼児期の終わりまでに育ってほしい姿」，すなわち「子どもの小学校就学時の具体的な姿」を，保・幼の保育者及び小学校の教員が，ともに目の前の子どもの姿を通して理解し共有することが，保幼小連携のために新たに期待されている。

「幼児期の終わりまでに育ってほしい姿」とは以下の「10の姿」を指す。

①健康な心と体，②自立心，③協同性，④道徳性・規範意識の芽生え，⑤社会生活との関わり，⑥思考力の芽生え，⑦自然との関わり・生命尊重，⑧数量や図形，標識や文字などへの関心・感覚，⑨言葉による伝え合い，⑩豊かな感性と表現

これらの「10の姿」は，就学前の幼児期においては，それぞれを個別的に指導するのではなく，遊びを通し，一体的に育むことが目指されている。

❷ **特別支援教育における保幼小連携**

2017（平成29）年の幼稚園教育要領「第1章総則　第5　特別な配慮を必要とする幼児への指導」では，「障害のある幼児などへの指導に当たっては，(中略)家庭，地域及び医療や福祉，保健等の業務を行う関係機関との連携を図」り，個別の教育支援計画・個別の指導計画の作成と活用に努めるよう示された。

また，「2　海外から帰国した幼児や生活に必要な日本語の習得に困難のある幼児の幼稚園生活への適応」が新たに示された。背景には，海外から

帰国した幼児や，海外から日本へ移住する幼児の近年の増加がある。このような子どもたちは，日本の文化や日本語になじむことができていなくても，それまでの生活で育まれてきた生活習慣や言語が十分備わっていると考えられる。子どもや家庭の状況を把握し，個々の実態に応じた対応が肝要である。

　このように，特別な配慮を必要とする幼児に関し，家庭や関係機関との連携を図りながら，組織的かつ計画的な指導内容・指導方法の工夫が求められている。保幼小連携は，その中核に位置づけられる。

2.「就学支援シート」を用いた連携

　ここからは，就学支援シートとその活用事例を中心に紹介する。

❶　「就学支援シート」の作成

　「就学支援シート」は，特別な教育的ニーズのある子どもについて，子どもがそれまでに培った力を十分に発揮できるよう，家庭や園等での子どもの様子，必要な支援や配慮を小学校へ引き継ぐための１つのツールとして活用されている。自治体ごとに様式は多少異なるが，シートに記録する項目は図5-3，図5-4に示すものが中心となる。シート作成には保護者，保育者，療育等関係機関の専門家らと連携して取り組む場合が多い。その際，保護者が何に不安を感じ，何を願っているのかを日頃から保護者と共有していることが重要となる。

❷　「就学支援シート」とその活用場面—A市の場合—

　「就学支援シート」の活用事例としてA市での取り組みを紹介する。A市では，「就学支援シート」と同じ機能を持つものとして，２種類の「支援シート」を作成・活用している。１つは保健師が記録・作成するものである（支援シートⅠ，図5-3）。もう１つは，入園（入所）以降の子どもの実態を保育者（保育士，保育教諭，幼稚園教諭）が記録・作成するものである（支援シートⅡ，図5-4）。シートⅠ・Ⅱは学期ごとにまとめられ，年間で各３枚，計６枚となる。その他，診断書や発達検査の結果等，必要に応じてシートⅡに添付することもある。

園児名		○○　　○○	（　歳　か月）	園・所名	×××保育所
		子どもの姿	ねらい	手立て・配慮	経過・変容
基本的な生活習慣	生活リズム・食事・トイレ・着替え	・食事が終わるまでに時間がかかる。	・決められた時間の中で食べる。	・タイマーなどを用いて食事の終わりの時間や経過を伝えたり，食事に集中できる座席配置にしたりする。	・1週間ほどは，タイマーの音を聞きたくて時間いっぱいまで食事をしていたが，学習時計を用いて視覚的に時間を示すことで，時間の経過をつかみ，時間内に食べることができてきた。
遊びや行動	運動感覚・興味・関心・苦手・こだわり	・体のバランスがとりにくく，よく転ぶ。そのため，運動遊びを避ける傾向が見られ始めた。	・友達や先生と一緒に体を動かして遊ぶことを楽しむ。	・トランポリンなど体のバランスをとりながら楽しめる遊びを取り入れ，保育者と一緒に楽しむ。	・トランポリンははじめ怖がっていたが，保育者が手をとり一緒に飛ぶと楽しんで遊ぶようになった。
友達等との関わり	言語・コミュニケーション・対人関係・集団への参加	・人の話が最後まで聞けず，一方的に話すことが多いため，トラブルになりやすい。	・伝え方がわからない場合は担任や支援員にたずねる。	・気持ちを代弁し，自分の気持ちと相手の気持ちの違いにも気づいた上で，折り合いのつけ方を知らせる。	・仲の良いC児と遊ぶ場面がよく見られるが，他の友達には一方的に怒る場面も多い。

● 図5-3　支援シートⅠ（例）

　支援シートⅠ・Ⅱともに統一された様式である。様式が統一であることにより，他機関・他職種間においても子どもの育ちを一貫した視点で見通しやすくなり，記録・閲覧・協議の際の煩雑さ軽減につながっている。

　A市では，主に次のような場面で支援シートⅠ・Ⅱが活用されている。

①園内支援会議，福祉サービス利用開始前・福祉サービス利用中のモニタリング等。

　発達支援の必要な子どもに関わっている保育者，保護者，保健師，福

保護者との連携	【家庭の状況】	
	【伝達の状況】	
就学に向けて	大切にしてきたこと・支援のポイント	就学後の支援に向けて
保護者から	・片づけができないので，シールを貼って片づけるための位置を決めている。 ・アイマスクや耳栓など，いつでも使用できるように携帯していた。	・視覚的な支援があると，自分でやろうという気持ちが出てくるので，シールなどの目印も併用してもらいたい。 ・光が苦手なので，座席等の配慮をお願いしたい。
園・所等から	・生き物が大好きで，メダカの水そうの水替えを積極的にしてくれた。丁寧に最後まで取り組むことができるので，時間をかけて自分のペースで作業できるようにしていた。	・丁寧すぎて時間がかかることが多いが，あらかじめ時計やタイマーで終わりを示しておくと，時間内に終えようと取り組める。視覚的な時計やタイマーがよりよい。
療育機関等から	・舌の動かし方や発音についてのトレーニングを行っている。（○○教室，20XX年Y月～）	
引き継ぎ事項	・家庭からは，就学後の本時の様子を見ながら，他の専門機関や医療機関などの受診を検討したいとのことである。	
作成者／作成日		

● 図5-4　支援シートⅡ（例）

　社サービス事業所等の関係者が集まり，それぞれの立場での支援や子どもの状況などを話し合う場面での活用。

②巡回相談

　保育所・幼稚園等にて，特別支援学校教諭による巡回指導（年に3～4回）を行う際に活用。

③特別支援教育支援委員会

　保育所・幼稚園等がA市の特別支援教育支援委員会へ提出するための資料として活用。

④乳幼児健康診査

　発達が気になる子どもに関して，保育所・幼稚園等での日頃の様子を担当医師・保健師等へ伝えるために活用。

⑤保幼小の連絡会

　小学校の管理職，担任，養護教諭等，保育所・幼稚園等の管理職，旧

担任等が集まり，就学後の子どもの様子について，就学前・就学後の連絡会で検討する際に活用。年に3〜4回実施。

⑥個別のケース会議

支援シートⅠ・Ⅱの情報を活用して個別の教育支援計画・個別の指導計画を作成し，支援や子どもの状況等を話し合う際に活用。ケース会議には，保護者，発達支援の必要な子どもに関わっている小学校の管理職，担任教諭，保健師，福祉サービス事業所等の職員らが参加する。

⑦その他

専門機関で発達検査を受ける際や，専門家への相談の場面で保育所・幼稚園等での日頃の様子を伝えるために活用。

3. 子ども理解をさらに深めるために

就学支援シートは，保幼小連携のツールとして活用されている。しかし，シートだけでは伝えきれない子どもの姿もある。ここでは，子ども理解をさらに深めるための保幼小連携について，再びA市の例を取り上げる。

❶ 小学校から保・幼へ

発達支援を必要とする子どもに関し，保育所・幼稚園等での様子や，保育者らの具体的な支援などを実際に把握するために，6〜8月頃に小学校教諭による参観が実施される。参観の後に保幼小連絡会を設定することで，支援シートの記述と参観時の子どもの姿について，それぞれの立場からの見取りを共有することが可能になる。実際に，「Bちゃんが落ち着かない様子のときは，トイレに行きたい場合もある」の記述について，「落ち着かない様子」がどのような状態を指すのか，B児の表情や言動，他児への関わり方などを見ることでB児の理解につながった。この理解をもとに，就学後に必要になると思われる配慮について早い段階で見通しを持つことが可能となった。

❷ 保・幼から小学校へ

就学前最後となる年度末の保幼小連絡会では，これまでに保育所・幼稚園等で作成した支援シートをもとに，保幼から小学校へ情報の最終的な引

き継ぎが主になされる。引き継がれた情報が，小学校でどのように反映され，子どもの小学校生活がどのような様子であるか，翌年度の4～6月頃に，保育者による小学校の参観が実施される場合がある。参観後は保幼小連絡会を設定し，就学前の情報伝達を，就学後の指導・支援にどのようにつなげているかなどの意見交換などがなされる。

　子どもの指導・支援でつまずいていることに対し，保育者らから，過去の援助や関わり方について具体例が挙げられ，小学校での支援についていくつか提案がなされることもあった。さらにこのような提案を，小学校の担任だけでなく，学校の教職員全体，関係機関の担当者等と共有し，支援の改善につなげることが可能となった。

　また，小学校の参観での気づきをもとに，保育所・幼稚園等で環境構成の工夫や支援の改善につなげる事例も見られた。

❸ 継続した連携を

　以上のように，保幼小連携に関わる年間の連絡会（引き継ぎ会）と相互の参観（年度前半及び年度後半）を一体化することで，支援シートの記述と子どもの姿がつながり，子ども理解が深まる。後には，支援シートを作成・閲覧する際の記述・読み取りの手掛かりにもなる。

　支援シートの記述は1つの見方，その時期の子どもの姿である。この点に留意し，実態に応じて平時からの切れ目ない連携が求められる。支援・指導の検討や改善だけでなく，子どもの姿を多様な目で評価することも，保幼小連携においては重要である。

5

合理的配慮・基礎的環境整備

　2006（平成18）年に国際連合で障害者の権利に関する条約が採択されたことにより，この条文に含まれていた合理的配慮は，国内法である障害者差別解消法において取り入れられることとなった。これにより，合理的配

慮は周知され，障害のあるなしにかかわらず，その人を認めながらともに
生きる共生社会の実現に向けて日々取り組みがなされている。

　本節では，合理的配慮及び基礎的環境整備と，学校における合理的配慮
の提供について概説する。

1．合理的配慮とは

　合理的配慮とは，障害者の権利に関する条約において，「障害者が他の者
との平等を基礎として全ての人権及び基本的自由を享有し，又は行使する
ことを確保するための必要かつ適当な変更及び調整であって，特定の場合
において必要とされるものであり，かつ，均衡を失した又は過度の負担を
課さないものをいう」と定義されている。換言すると，障害のある人々が，
社会や学校での生活において感じる困りごとや障壁を取り除くための調整
や変更を指す。

　障害者差別解消法においての合理的配慮の規定は，障害者から現に社会
的障壁の除去を必要としている旨の意思の表明があった場合において，そ
の実施に伴う負担が過重でないときにその社会的障壁を除去することとなっ
ている。同法は，2016（平成 28）年に施行され，国公立学校での合理的配
慮は法的義務，学校法人での合理的配慮は努力義務とされてきた。しかし，
2021（令和 3）年に改正され，現在では学校法人においても合理的配慮は
法的義務とされている。

　義務とされている背景には，障害の社会モデルの考え方がある。障害に
よる困りごとや障壁は，個人の心身の障害によってのみ生じることではな
い。例えば，車いす利用者が段差のある店を利用しようと思ったとき，階
段しかない状況があるとする。スロープやエレベーターがあれば入店する
ことができるが，このような障壁をつくり出しているのは店側であり，社
会的障壁によって，入店することができないという機会の不公平が生じる。
このように，障害は社会的環境と個人の心身の障害が相互に作用し合って
つくり出されており，その障壁を取り除き，機会の不公平を正すことが社
会の責務と考えられている。

2. 基礎的環境整備とは

　基礎的環境整備とは，合理的配慮の基礎となる環境整備のことを言う（図5-5）。また，基礎的環境整備は，例えば，「校内支援体制が充実している」「ICT機器等が充実している」「通常の学級内においてティーム・ティーチングの活用ができる」など，多くの児童生徒に共通する配慮でもある。なお，基礎的環境整備についても，合理的配慮と同様に，体制面，財政面を勘案し，均衡を失した又は過度の負担を課さないよう留意する必要がある。

　障害のある子どもの支援が，法令に基づき又は財政措置により，国は全国規模で，都道府県は各都道府県内で，市町村は各市町村内で，教育環境の整備を行う。このため，基礎的環境整備の状況は，都道府県や市町村によって異なる。例えば，A市では，デジタル化された教材を活用している，ICT機器に詳しい教員がいるなど，ICTに関する基礎的環境整備が進んでいるが，通級による指導等が未整備であるとする。B市では，通級指導教室を数多く設置している，通常学級に特別支援教育にかかる指導員を配置しているが，ICTに関する基礎的環境整備が進んでいないとする。読みに関する困難を抱える子どもは，A市の小学校ではデジタル教科書を活用して学習するという合理的配慮を受けることができるが，B市の小学校では難しいかもしれない。一方，B市の小学校では読むことの困難さを改善・克服するために，通級指導教室において自立活動の学習をするという合理

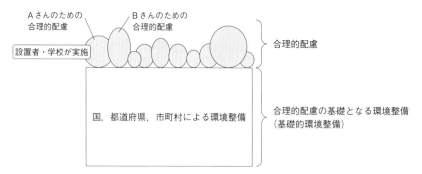

● 図5-5　合理的配慮と基礎的環境整備の関係（文部科学省，2012）

的配慮を受けることができるが，A市の小学校では難しいかもしれない。このように，合理的配慮は，基礎的環境整備をもとに個別に決定されるものであり，それぞれの基礎的環境整備の状況により，提供される合理的配慮も異なってくる。

3. 学校における合理的配慮提供までのプロセス

　合理的配慮の決定と提供までのプロセスは，大まかに①本人や保護者からの意思表明，②調整，③決定，④提供，⑤評価・改善がある（鹿児島県教育委員会，2019；千葉県教育委員会，2020；山口県教育委員会，2020）。①では，本人や保護者が，困っていることや合理的配慮の提供が必要であることを，学校やその設置者に伝える。本人や保護者が誰に相談すればよいのかわかるように，日頃から窓口の周知をしておく必要がある。②では，障害の実態把握，教育的ニーズの把握，配慮の内容や方法の検討などについて調整を行う。実態把握及び教育的ニーズの把握では，いつ，どのような場面で，どのような困難を示しているのかなど，困難を改善・克服するために必要な配慮について検討する。配慮の内容や方法の検討では，合理的配慮の内容や方法が，必要かつ適当な変更・調整であるかどうか，体制面，財政面から見て均衡を失したまたは過度の負担になっていないかどうかについても検討する。過度の負担となっている場合は，代替案を検討する。教育内容と照らし合わせて，教育の目的・内容・機能の本質的な変更となっていないかなどについても検討を行う。これらは，本人や保護者からの意見を聞き取ったり，ケース会議等を通じて教職員間で合意形成をしたりしながら進め，必要に応じて教育委員会や外部専門家などと連携することもある。また，可能な範囲で，合理的配慮の提供プロセスに本人も参画することが望ましい。③④では，合理的配慮を提供し，その内容を個別の教育支援計画等に記載したり，全教職員の共通理解を図ったりする。個別の教育支援計画へ明記することによって，校内連携及び学校間連携のシートとして活用し，本人にとって有効な支援が途切れることなく継続されることが重要となる。⑤では，本人や保護者も含めて，十分な教育が提供で

きているか，提供している合理的配慮により，授業内容がわかっているか
どうか，学習活動に参加している実感等を持つことができているかどうか
などについて，定期的に評価を行い，合理的配慮の内容や方法の見直しを
行う。

4．学校における合理的配慮の具体例

　合理的配慮は，①教育内容・方法，②支援体制，③施設・設備について
の3観点11項目，基礎的環境整備は，①ネットワークの形成・連続性のあ
る多様な学びの場の活用，②専門性のある指導体制の確保，③個別の教育
支援計画や個別の指導計画の作成等による指導などの8項目で類型化され
ている。合理的配慮は，個別の状況に応じて提供されるものであり，具体
的・網羅的に示すことが難しいこと，また，本人，保護者，学校の三者で
これまでやってきたことを整理したり，これから合理的配慮を考えたりす
るための参考としてこれらが設けられている。合理的配慮を考える際に参
考にされたい。

　次に①教育内容・方法に関する合理的配慮の具体例を挙げる。Aさんは，
文字を書くことが苦手である。漢字の細かい部分で書き間違いがあったり，
思い出せなかったりすることもある。繰り返し文字を書く宿題では漢字が
覚えられない。これに対する合理的配慮として，漢字をパーツごとに色分
けして捉える，絵を用いて漢字の意味づけをする，書く量を減らして負担
を軽減したり，書く時間を十分に確保したりする，ICT機器を用意してい
つでもわからない漢字が調べられる環境を整え，安心して学習に取り組む
ことができるようにする，書きやすいマス目や罫線のノートを使用するな
どが実施されることとなった。

　特別な支援を必要とする児童生徒が，他の児童生徒と同じように機会を
得て学ぶことができるように，合理的配慮について検討する必要がある。

6

特別支援教育における主体的・対話的で深い学び

　本節では，知的障害教育における「主体的・対話的で深い学び」について述べる。まず，小・中学校，高等学校，特別支援学校といった校種の枠にとらわれず，現在の学習指導要領において「主体的・対話的で深い学び」という授業改善の視点が導入された背景や経緯について述べる。次に，「主体的・対話的で深い学び」の授業イメージについて述べる。さらに，知的障害教育において，この視点を導入するために押さえるべき児童生徒の学習上の特性等について触れる。そして最後に，主体的・対話的で深い学びによる授業改善例を紹介する。

1．主体的・対話的で深い学びとは

　「主体的・対話的で深い学び」について，特別支援学校教育要領・学習指導要領解説総則編（文部科学省，2018）では次のように記述されている。

> 　子供たちが，学習内容を人生や社会の在り方と結び付けて深く理解し，これからの時代に求められる資質・能力を身に付け，生涯にわたって能動的に学び続けることができるようにするためには，これまでの学校教育の蓄積を生かし，学習の質をいっそう高める授業改善の取組を活性化していくことが必要であり，我が国の優れた教育実践に見られる普遍的な視点である「主体的・対話的で深い学び」の実現に向けた授業改善（アクティブ・ラーニングの視点に立った授業改善）を推進することが求められる。

　「主体的・対話的で深い学び」は，これからの時代に求められる資質・能力を身につけるための授業改善の視点として，学習指導要領の中で重要なキーワードとして位置づけられており，この視点は，特別支援学校のみならず，小学校，中学校，高等学校においても示されていることから，校種を超えた授業改善の基盤となる重要な視点といえる。

2. 主体的・対話的で深い学びが導入された経緯

　「主体的・対話的で深い学び」という視点が導入された背景を確認した上で，改めてこの視点からの授業改善が必要な理由について述べる。

　中央教育審議会答申（2016（平成28）年12月）では，近年の情勢として，「知識・情報・技術をめぐる変化の早さが加速度的となり，情報化やグローバル化といった社会的変化が，人間の予測を超えて進展」していることを挙げ，今後，予想される社会的変化として，「人工知能が様々な判断を行ったり，身近な物の働きがインターネット経由で最適化されたりする時代の到来」を挙げている。

　このように，これからの社会は，加速度的に変化し，将来を予測することが困難になることが予想される。そのような社会に生きる子どもたちに求められる資質・能力は，これまでの教育で力点が置かれていた切り口とは違ったものとなる。同答申は，予測困難な時代を生き抜くために必要な力を例示している（表5-1）。

　学習指導要領では，これらの「生きる力」を，育成を目指す「資質・能力」と呼び，3つの柱すなわち，①何を理解しているか，何ができるか（生きて働く「知識・技能」の習得），②理解していること・できることをどう使うか（未知の状況にも対応できる「思考力・判断力・表現力等」の育成），③どのように社会・世界と関わり，よりよい人生を送るか（学びを人生や社会に生かそうとする「学びに向かう力・人間性等」の涵養）として示している。

● 表 5-1　予測困難な時代を生き抜くために必要な力（中央教育審議会，2016）

今後の学校教育で育てるべき力	これまでの学校教育で育ててきた力
・変化を受け止める柔軟性 ・豊かな感性 ・主体的に学び続ける姿勢 ・試行錯誤する粘り強さ ・多様な他者との協働 ・変化に主体的に向き合う姿勢 ・自らの可能性の発揮	・解き方があらかじめ定まった問題を効率的に解く ・定められた手続を効率的にこなす

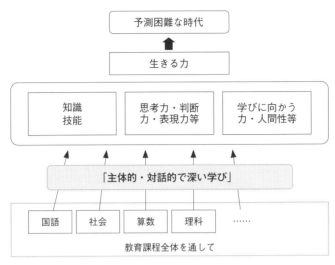

● 図5-6　3つの資質・能力を身につけるプロセス

　これらの3つの資質・能力は，小・中学校，高等学校，特別支援学校における各教科等で育成される。学習指導要領では，すべての教科等の目標及び内容をこの3つの柱で整理しており，児童生徒は各教科等を習得することで，3つの資質・能力を身につけていくことになる。図5-6は，各教科等の習得を通して予想困難な時代を生き抜く力（3つの資質・能力）を身につけるプロセスをイメージ化したものである。学校における各教科等の授業が従前のままであれば，これからの時代に求められる資質・能力が育成できるとは言い難い。つまり，表5-1に示した「解き方があらかじめ定まった問題を効率的に解く」「定められた手続を効率的にこなす」だけの従来型授業からの脱却を図っていく必要がある。そこで，授業改善の視点として「主体的・対話的で深い学び」が導入された。これは，現在の学習指導要領において児童生徒の学びを質的に変化させていくための要といえる。

3. 知的障害教育における主体的・対話的深い学びとは

　本項では，これまで述べてきた「主体的・対話的で深い学び」の知的障

害教育における位置づけについて述べる。最初に知的障害のある児童生徒の学習上の特性について述べ，次に，知的障害教育における「主体的・対話的で深い学び」の授業イメージについて言及する。

❶ 知的障害のある子どもたちの学習上の特性

　知的障害のある児童生徒には，適応行動の面において，概念的スキルや社会的スキル，実用的スキルに困難があり，それによって各教科等に出現する学習上の特性や指導の観点として，次の点が挙げられる。

　・ 学習によって得た知識や技能が断片的になりやすく，実際の生活の場面の中で生かすことが難しい。
　・ 成功経験が少ないことなどにより，主体的に活動に取り組む意欲が十分に育っていないことが多い。
　・ 抽象的な内容の指導よりも，実際的な生活場面の中で，具体的に思考や判断，表現できるようにする指導が効果的である。

　一方で，知的障害のある児童生徒の強みとして，一度身につけた知識や技能等は，着実に実行されることが多いことや，適切な教育環境で学ぶことによって，物事にひたむきに取り組む態度や誠実さといった学びに向かう力や人間性が十分発揮されやすいことがある。

　これらの知的障害の特性や適応行動の困難さ等を踏まえ，特別支援学校（知的障害）小学部や中学部の各教科等では，法令により専用の各教科等が特設されており，それらの目標及び内容も，現在の学習指導要領では小・中学校，高等学校と同様に，「知識及び技能」「思考力，判断力，表現力等」「学びに向かう力，人間性等」という3つの資質・能力を身につけるために構成されている。

❷ 学習上の特性を踏まえた主体的・対話的で深い学びのイメージ

　知的障害教育においては，従来から，生活に即した活動が取り入れられた独自の教科や，各教科等を合わせた指導等，児童生徒の学習や生活の流れに即して学んでいく指導形態となっている。これらの素地の上に，「主体

的・対話的で深い学び」実現に向けた授業改善を行っていくことになる。

　岡山県総合教育センター（2019）は，「知的障害教育における『主体的・対話的で深い学び』に関する研究（平成30年度）」の中で，知的障害教育における「主体的・対話的で深い学び」を表5-2のように整理している。

　さらに，「主体的・対話的で深い学び」を実現させるにあたっての学校現場の課題として次の点を挙げている。

　まず，主体的な学びについては，興味・関心を喚起することはこれまでも行われているが，それが目標や学びにつながるものではなく，単なる表面的な興味・関心の喚起にとどまっている。また，見通しは示しているが，目標や課題についての児童生徒の思考の流れにまでは踏み込めず，活動の流れの提示にとどまっている。

　次に，対話的な学びについては，単なる話し合いにとどまっていたり，そもそも話し合い自体が困難な児童生徒の実態があったりするため，児童生徒の思考を促すような場面の設定に難しさがある。

　最後に深い学びについては，目標達成に向けた学びであるにもかかわらず，実態に応じた適切な目標設定に難しさがある。また，目標設定については，実態に応じるのみならず，教科そのものの目標や内容を的確に押さえる必要があるが，その意識が希薄である。

　これらの現状を改善していくことが，知的障害教育における「主体的・

● 表5-2　知的障害教育における「主体的・対話的で深い学び」（岡山県総合教育センター，2019）

主体的な学び	対話的な学び	深い学び
○見通しをもち，粘り強く振り返り，次につなげること ○主体的であるために… 　・学びへの興味・関心があること 　・目標意識があること 　・次の課題が分かること 等が大切 ○主体性とは，目標達成に向けて働く必要がある	○自己の考えを広げ深めること ○対話には… 　・書物・環境・状況との対話 　・自己内対話 等も含まれる ○対話は目標達成のために行われる必要がある	○知識を関連付けて深く理解する，考えを形成すること ○深い学びとは… 　・汎化に繋がる学びであること 　・目標達成に向けた学びであること

○適切な実態把握
○各教科を学ぶ本質的な意義 目標設定

〈主体的な学び〉
○目標を意識付ける教師の問いかけ
○実物を活用する単元設定
○記憶に配慮した振り返り
○生活，実際に近づけた場の設定
○体験から学ぶ学習設定
○活動への期待と結び付けた学習展開
等

〈対話的な学び〉
○思考を促す言葉かけ・環境設定
○個に応じた表現を引き出す関わり
　（動作・○×で表現等）
○児童生徒を結ぶ教師の言葉かけ（他者評
　価等）
等

〈深い学び〉
○汎化・応用に向けた場の設定
○実態に応じた目標設定
等

※主体的な学び，対話的な学び，深い学びに挙げた視点は，協力校の実践から得た授業改善の視点の例です。

◉ 図5-7　「主体的・対話的で深い学び」に向けた改善につながる視点

学びを深めるための７つのポイント（単元構想）

1 教科等の「見方・考え方」を確認する
2 適切な目標を設定する
3 心が動く工夫をする
4 考える工夫をする
5 振り返る工夫をする
6 知的障害に対する支援・配慮をする
7 個に対する支援・配慮をする

◉ 図5-8　学びを深めるための７つのポイント（単元構想）

対話的で深い学び」の実現につながる。そこで，同センターは，それぞれの学びの改善につながる視点として，図5-7のような視点を提案している。

　これらの３つの学びは，独立して存在しているものではなく，互いに関連づいて影響し合っているものである。そこで，同センターは，それぞれの学びを単元という単位の中で融合させ，深い学びとして充実させていくための視点として，図5-8の「学びを深めるための７つのポイント（単元構想）」を示している。

4.　主体的・対話的で深い学びによる授業改善例

　岡山県総合教育センター（2019）では，図5-8の7つのポイントを取り入れて，授業改善を行った事例が示してある。その事例の1つを紹介する（図5-9）。

■実践事例　中学部・保健体育科「ワンベースキックボールをしよう」
○生徒の実態
　・小学部3段階から中学部2段階
　・今までにティーボールの経験がある。体育の中で話し合った経験はほとんどない。
○単元目標
　・リンベースキックボールの楽しさや喜びを味わい，簡単なルールを理解してゲームを行うことができる。（知識及び技能）
　・ワンベースキックボールについて，自分やチームの課題を見つけ，その解決のために友達と考えたり，工夫したりすることができる。（思考力・判断力・表現力等）

<単元計画> 全10時間

次	時	主な学習活動	知	思	主
一	1	ワンベースキックボールってどんなスポーツ？ ボールを狙ったところに蹴ろう	○		○
	2	ボールを遠くに蹴ろう	○		
	3	ボールをとって，狙ったところに投げよう	○		
	4	蹴ったら走ろう 試合の仕方を知ろう	○		
二	1	チームで話し合って練習しよう		○	
	2 3	ゲームをしよう		○	
三	1	チームで話し合って練習しよう		○	○
	2	ゲームをしよう		○	○
	3	ゲームをして，ワンベースキックボールを振り返ろう		○	○

● 図5-9　単元計画

・ワンベースキックボールに
自ら取り組み，ルールを守
り，友達と関わりながら体
を動かすことができる。（学
びに向かう力，人間性等）

本事例においては，生徒たちの
応援の声が「頑張れ」「いいぞ」と
いった情緒レベルの言葉から
「もっと遠くに蹴って」「空いてい
るところをねらって」などの体育
の見方・考え方を働かせた言葉へ
と質的な高まりが見られている
（図5-10）。これこそが深い学びに
到達した瞬間だといえる。このレ

● 図5-10　単元における授業改善

ベルに到達するプロセスに，主体的な学びと対話的な学びが有機的に絡ん
でいると考えられる。ぜひ，参考にしていただきたい。

7

特別支援教育におけるカリキュラム・マネジメント

1．カリキュラム・マネジメントとは

カリキュラム・マネジメントに関して，中央教育審議会初等中等教育分
科会教育課程部会の特別支援教育部会による「特別支援教育部会における
審議の取りまとめ（2016（平成28）年8月26日）」に，次のような記述が
ある。

「今回の学習指導要領等の改訂が目指す，①教育が普遍的に目指す根幹を
堅持しつつ，社会の変化に視点を向け，柔軟に受け止めていく『社会に開

かれた教育課程』の考え方，②育成を目指す資質・能力についての基本的な考え方，③課題の発見や解決に向けた主体的・協働的な学びである『アクティブ・ラーニング』の視点を踏まえた指導方法の充実，④カリキュラム・マネジメントなど，初等中等教育全体の改善・充実の方向性は，特別支援学校においても重視することが必要である。」

つまり，「カリキュラム・マネジメント」については，小・中学校等と同様に，特別支援学校においても取り組んでいく必要があるということである。

ちなみに，小学校学習指導要領解説総則編（文部科学省，2017）には，

カリキュラム・マネジメントは，学校教育に関わる様々な取組を，教育課程を中心に据えながら組織的かつ計画的に実施し，教育活動の質の向上につなげていくことであり，本項においては，中央教育審議会答申の整理を踏まえ次の3つの側面から整理して示している。具体的には，

・児童や学校，地域の実態を適切に把握し，教育の目的や目標の実現に必要な教育の内容等を教科等横断的な視点で組み立てていくこと
・教育課程の実施状況を評価してその改善を図っていくこと
・教育課程の実施に必要な人的又は物的な体制を確保するとともにその改善を図っていくこと

などを通して，教育課程に基づき組織的かつ計画的に各学校の教育活動の質の向上を図っていくことと定義している。

とあるが，特別支援学校においては，4つめの側面として，他の学校種にはない次の側面が付加されている（文部科学省，2018a）。

・個別の指導計画の実施状況の評価と改善を，教育課程の評価と改善につなげていくよう工夫すること

この側面を加えた4つの側面でカリキュラム・マネジメントについて検討していくことになる。

2. 知的障害教育におけるカリキュラム・マネジメント

知的障害のある児童生徒に対する教育を行う特別支援学校においては，児童生徒の知的障害の状態等に即した指導を進めるため，各教科等それぞれに時間を設けて指導を行う場合と，各教科等を合わせて指導を行う場合がある。

特別支援学校学習指導要領解説各教科等編（文部科学省，2018b）には，「いずれの場合においても，カリキュラム・マネジメントの視点から，児童生徒一人一人の教育的ニーズに応じた指導目標及び指導内容等を設定し，指導を行うことが重要である」とあり，知的障害教育においても，カリキュラム・マネジメントの重要性を指摘し，4つの側面からの視点に加えて，児童生徒一人一人の教育的ニーズという視点から，指導目標及び指導内容等を設定する重要性が示されている。

ところで，カリキュラム・マネジメントの4つの側面のうちの1つである「教育の目的や目標の実現に必要な教育の内容等を教科等横断的な視点で組み立てていく」ことに関しては，特別支援学校（知的障害）においては，児童生徒の学校での生活を基盤としながら学習や生活の流れに即して学んでいくことが効果的であることから，従前から，「各教科等を合わせた指導」として，日常生活の指導，遊びの指導，生活単元学習，作業学習などとして実践されてきている。これらを，改めて4つの側面から精査し，ブラッシュアップしていくことによって，小・中学校等の実践モデルとなる可能性が大いにあると筆者は考えている。

3. カリキュラム・マネジメントの推進にあたって

岡山県特別支援学校長会・岡山県教育庁特別支援教育課は「岡山県特別支援学校における知的障害のある児童生徒の指導内容表」（令和2年3月）を作成し，巻頭で次のように述べている。

> 　新学習指導要領においては，育成を目指してきた「生きる力」を改めて捉え直し，子供たちが未来社会を切り拓いていくために必要な資質・能力を一層確実に育成するため，全ての教科等の目標及び内容が「知識及び技能」，「思考力，判断力，表現力等」，「学びに向かう力，人間性等」の三つの柱で再整理されました。これにより，自立と社会参加という特別支援教育の理念でもある「生きる力」を具現化し，教育課程によりその育成を図ることになります。そのためには，教育課程に基づき，組織的・計画的に学校の教育活動の質の向上を図るカリキュラム・マネジメントの推進が必要です。

　カリキュラム・マネジメントの推進という方向性のもと，年間指導計画，個別の指導計画，単元計画，評価等の手順や留意点を示している。また，カリキュラム・マネジメントチェック例として，図5-11のようなリストを作成している。参考にされたい。

4. まとめ

　筆者は，2018（平成30）年秋，ある特別支援学校（知的障害）で作業学習の授業を見せていただく機会を得た。ちょうど，生徒が教員のところに完成品を持参し，「できました」と報告を行う場面であった。従前の作業学習であれば，教員が完成品の良し悪しを判断し，修正箇所があれば，それを指摘する場面であったと思う。

　しかし，その担当教員は自分の判断は伝えずに「あなたはどう思う？」と尋ね返したのである。生徒が「私はこれで大丈夫だと思います」と答えると，「じゃあ，こちらから見るとどうかな？」と見る方向を変えて確認するよう促した。すると，少し間があった後，その生徒は，はっとした表情で「あ，まだ，できてない」とつぶやき，先ほどは見えていなかった不具合を直すために，自ら作業場所に戻っていった。筆者は次の授業見学場所に移動する必要がありその場を離れてしまったため，残念ながらその後の展開については把握していない。

【カリキュラム・マネジメントチェック例】

教育目標の達成に向け，教育活動の質を向上させるために…
□校長が示したビジョンや方針，各部目標を十分理解している。
□教育目標を意識して授業や行事に取り組んでいる。また，その評価を行い改善へとつなげている。
□各学校が設定した研究テーマを意識した授業を行っている。
□教職員一人一人が教育課程（授業の位置付けなど）の説明ができる。
□地域・社会の人材や素材を積極的に活用している。
□学校の授業が，家庭生活や家庭学習とつながっている。
□各教科等のPDCA（R（実態把握）V（将来像）-PDCA）サイクルが確立されている。
□学習指導要領をもとに作成した目標と授業内容がつながっている。
□各教科等の教育目標や内容の相互関連を意識して指導している。
□教科で学習した内容が総合的な学習／探求の時間につながり，教科の授業で培った力が発揮されている。
□個別の指導計画や年間指導計画の確認（加除訂正）を定期的に行っている。
□教育課程の反省や学校評価を通して，教育課程の評価・改善を行っている。

※カリキュラム・マネジメントは，学校の方針のもとに，管理職，教務といった一部だけが関わるのではなく，教職員一人一人が協働しながら学校全体で取り組むことが必須 一人一人が意識して行う授業改善が，学校全体の教育活動の質の向上につながっていく。
※カリキュラム・マネジメントは手段であるため，それ自体を目的化するのではなく，「何のためのカリキュラム・マネジメントなのかを常に考えるとともに，明確な目標を持ち，評価・改善につなげていく。

● 図 5-11　カリキュラム・マネジメントチェック例（岡山県特別支援学校長会・岡山県教育庁特別支援教育課, 2020）

　次の見学場所に移動しながらも，あの場面の残像が筆者の頭をよぎり，歩きながらそのときの担当教員の意図を想像してみた。おそらく完成品の出来映えや作業効率を重視するのであれば，教員が即座に修正箇所を指摘すればよかったはずである。しかし，担当教員は，それらをあえて行わず，生徒が自ら気づくのを待っていた。教員は，あの場面で，自分で思考し，判断し，対処する力を育てたかったのではないかと思う。

　こういった取り組みの積み重ねの先に，冒頭で述べた予測困難な時代を生き抜く「生きる力」つまり「資質・能力」の育成があるのだと考える。そのために，「主体的・対話的で深い学び」の実現に向けた授業改善やカリキュラム・マネジメントが必要となるわけである。これまで，知的障害教育が大切にしてきた教育内容や教育形態を大切にしつつ，来るべき変化の激しい世の中を生き抜くための力を育成する改善を行う努力を今後も続け

ていきたいものである。

8

特別支援教育に携わる教員の専門性向上の推進

1.　はじめに

　インクルーシブ教育システム構築・推進のため，すべての教員は，特別支援教育に関する一定の知識・技能を有していることが求められる。特に発達障害に関する一定の知識・技能は，発達障害の可能性のある児童生徒の多くが通常の学級に在籍していることから必須である。これらについては，教員養成段階で身につけることが適当であり，現在教職コアカリキュラムの中に「特別の支援を必要とする幼児，児童及び生徒に対する理解」に関する科目が設定されているが，現職教員については，研修の受講等により基礎的な知識・技能の向上を図る必要がある。本節では，中央教育審議会（2012）「共生社会の形成に向けたインクルーシブ教育システム構築のための特別支援教育の推進（報告）」，東京都教育委員会（2003）「これからの東京都の心身障害教育の在り方について（中間まとめ）第5章　学校の専門性の向上・教員の専門性の向上～児童・生徒等の教育ニーズに応じた専門的指導を充実するための，学校の専門性と教員の資質・専門性の向上（指針Ⅲ）～」，文部科学省（2021）「新しい時代の特別支援教育の在り方に関する有識者会議（報告）」をもとに，教員の特別支援教育に関する専門性向上を推進するために必要なことについて解説する。

2.　すべての教員に求められる特別支援教育に関する専門性

　すべての教員には，障害の特性等に関する理解と指導方法を工夫できる力や，個別の教育支援計画・個別の指導計画などの特別支援教育に関する基礎的な知識，合理的配慮に対する理解等が必要である。加えて，障害のある人や子どもとの触れ合いを通して，障害者が日常生活又は社会生活に

おいて受ける制限は障害によって起因するものだけでなく，社会における様々な障壁と相対することによって生ずるものという考え方，いわゆる「社会モデル」の考え方を踏まえ，障害による学習上又は生活上の困難について本人の立場に立って捉え，それに対する必要な支援の内容を一緒に考えていくような経験や態度の育成が求められる。また，こうした経験や態度を，多様な教育的ニーズのある子どもがいることを前提とした学級経営・授業づくりに生かしていくことが必要である。

3. 学校や教職員に求められる特別支援教育に関わる専門性

　障害のある幼児児童生徒に対する質の高い教育的対応を進めていくためには，幼児児童生徒一人一人の障害の程度，状態等に応じた教育や指導の専門性を確保することが重要である。教員としての資質・専門性とは，教育愛や熱意・使命感に基づく基本的・人間的資質，幼児児童生徒の指導に直接関わる実践的資質及び学級経営・学年経営などにおける経営能力などが挙げられる。さらに，特別支援教育に対する基本的な理解，障害を改善・克服するための指導方法，障害種別ごとの基礎的，実践的，専門的な知識・技術や重度・重複障害教育に必要な基礎的，実践的，専門的知識・技術などが求められる。

　特別支援教育に直接関わらない者も含め，すべての教職員が特別支援教育に対する重要性を認識するようになるためには，最低限身につけていなければならない特別支援教育の基本的な知識・技能を，経験年次別研修等を通して身につけられるようにする必要がある。

　教員と連携しながら障害のある幼児児童生徒への直接的支援にあたる特別支援教育支援員の研修も欠かせない。特別支援教育支援員の資質向上を図るため，研修を計画的に実施するとともに，これまでの研修成果等を踏まえつつ，特別支援教育支援員の研修カリキュラムを検討し，採用時研修やフォローアップ研修を実施することが必要である。

　学校全体としての専門性を確保していく上で，通常の学級担任も含め，全員が特別支援教育を「我がこと」として考えるようになるためには，校長

等の管理職のリーダーシップは欠かせない。また，各学校を支援する，教育委員会の指導主事等の役割も大きい。このことから，教員の資質を向上させるために重視すべきは，こうした立場にある者の資質向上を図るための研修を実施していくことである。管理職や指導主事等の研修を徹底している自治体や特別支援教育の担当指導主事と連携しながら，発達段階に応じた子どもの問題行動の理解に取り組んでいる自治体を参考にするなどして，指導主事等に対する効果的な研修を実施すると効果的である。こうした研修により，管理職や指導主事等の特別支援教育に関する認識，マネジメント力，コーチング力，リーダーシップの発揮が期待される。

4. 特別支援教育コーディネーターに求められる資質・専門性

　特別支援教育コーディネーターには，障害の重度・重複化への対応や社会参加と自立に向けた指導，早期からの適切な教育相談への対応等の「特別支援教育」の今日的課題を適切に解決する能力や，校内・地域における連絡・調整能力，保護者，専門家，関係機関との連絡・調整などを適切に行う資質や専門性が求められる。

　特別支援学校の特別支援教育コーディネーターについては，センター的機能の中心として，幼・小・中・高等学校等への支援を念頭においた発達障害についての知識・技能や実態把握の方法，関係機関との調整役としての障害者福祉・障害者雇用の制度に関する基本的な知識を身につけることが必要である。また，経験のあるコーディネーターと新任のコーディネーターが少人数で研修を行うことにより，経験や情報・知見を共有し，新任者の専門性を高め，具体的に校内の分担を決めたり，学校組織を動かせるようになったり，多様な関係者をコーディネートすることができるようになることが望ましい。

　特別支援教育コーディネーターは，障害のある幼児児童生徒への支援として，教育分野のみならず，医療，福祉等多様な連携先があることを把握した上で，その対象児の状況に応じてコーディネートができることが重要である。このため，事例研究的に障害のある者の立場や多様な関係者の声

を聞き，ケースカンファレンスを行う研修が有用であり，このような取り組みが学校の中で，または外部機関との連携の中で進められる必要がある。

5. 特別支援学校教員に求められる専門性

　多様な実態の子どもの指導を行うため，特別支援学校の教員には，障害の状態や特性及び心身の発達の段階等を十分把握して，これを各教科等や自立活動の指導等に反映できる幅広い知識・技能の習得や，学校内外の専門家等とも連携しながら専門的な知見を活用して指導にあたる能力が必要である。また，障害のある子どもの一定数が複数の障害を重複していることを踏まえた対応が必要である。

　さらに，広域での研修の仕組みや人事交流を可能とする仕組みの構築などの他，養成段階では現在の総単位数の中で，特別支援学校学習指導要領等を根拠に，特別支援学校の教員として押さえておくべき内容を精選するとともに，発達障害などすべての学校種で課題となっている内容についても学べるよう，内容を再検討することが必要である。あわせて，特別支援学校教諭の教職課程の質を担保・向上させるため，小学校等の教職課程同様，共通的に修得すべき資質・能力を示したコアカリキュラムを継続して策定していくことが必要である。

　また，特別支援学校における教育の質の向上の観点から，特別支援学校教諭免許状の保有率を高めることは重要な課題である。このため，特別支援学校教諭免許状の取得に向けた個々の教員の単位修得状況を教育委員会において把握する仕組みや特別支援学校教諭免許状保有者を優先して採用する仕組みの構築とともに，教員に関しては，免許法認定講習の受講促進等の取り組みを進め，その後も研修を通じた専門性の向上を図ることが必要である。さらに，専門性向上のため，地域の関係機関との連携による研修，大学等との研修を実施していくことが重要である。

6. 特別支援学級担任や通級による指導の担当教員に求められる専門性

　特別支援学級の担任や通級による指導の担当教員は，特別支援教育の重要な担い手であり，その専門性が校内の他の教員に与える影響も極めて大きい。このため，専門的な研修の受講等により，担当教員としての専門性を早急に担保するとともに，その後も研修を通じた専門性の向上を図ることが必要である。特に，児童生徒の実態に応じて教育課程が異なる場合のある特別支援学級では，各教科等での目標が異なる児童生徒を同時に指導する実践力が求められる。

　しかし，各学校の特別支援学級や通級による指導を担当する教員の人数は少なく，研修に参加しにくい環境にあることから，On-the-Job Training（OJT）やオンラインなど多様な研修方法の工夫により，参加しやすい研修を充実させる必要がある。また，発達障害のある児童生徒に携わる教員に求められる専門性や研修の在り方に関する具体的な検討が求められる。高等学校における特別支援教育については，2018（平成30）年度に通級による指導が制度化され，よりいっそう教員の専門性の向上が求められるようになったことから，こうした研修の充実・活用を積極的に行うことが重要である。

　特別支援学級や通級による指導を担当する教員の専門性の向上にあたっては，小学校等の教職課程における特別支援教育の基礎的内容に関する学修成果を高める工夫等についての取り組み事例を共有するとともに，小学校等の教職課程において，特別支援学校の教職課程の一部の単位の修得を推奨し，都道府県教育委員会等に対して，当該単位の修得を教員採用試験の加点要素として考慮するよう促すことも考えられる。

　また，特別支援学校教諭免許状取得に向けた免許法認定講習等を活用し，例えば自立活動や発達障害に関する事項など，特別支援学級担当等の資質向上に資する知識技能等の修得を促すことが必要である。さらに，都道府県教育委員会においては，研修の一環として通常の学級を担任する者に対し，免許法認定講習を活用した単位の修得を推奨することも考えられる。新

たに担任や担当教員となった者については，都道府県教育委員会等が年度当初に新任研修を実施することも考えられるだろう。また，年度当初の研修終了後も，例えば，授業研究の指導ができる退職教員を講師として研修を実施して専門性を向上させるといった取り組みが必要である。

7. 専門性向上のために教員養成段階において取り組むべきこと

教員養成段階において，特別支援教育に関する科目の単位修得が必修化されたが，必修単位数は1であり，十分とはいえない可能性がある。現行制度下でも，特別支援教育についての科目の履修を推奨するとともに，将来的には，必要な単位数を決めて，必修とすることも考えられる。また，学生の段階で継続的に学校における特別支援教育を経験することは，実践的指導力を身につけるという観点から効果がある。また，親の会等の障害者関係団体等が開催するキャンプ等に参加することは，障害のある子どもの状況を理解できるようになるという効果がある。さらに，もし聴覚障害の学生がいれば，その学生から手話を学び，視覚障害の学生がいればその学生から点字を学び，肢体不自由の学生がいれば介助の方法を学ぶなどといった機会を持つことによって，障害のある人のことを理解していくことも重要である。

8. まとめ

障害のある幼児児童生徒の能力や可能性を最大限に伸ばしていくためには，教育愛や熱意・使命感に基づく基本的・人間的資質，幼児児童生徒の指導に直接関わる実践的資質及び学級経営・学年経営などにおける経営能力など，教員として求められる基盤的な資質能力が十分身についている必要がある。その上に，特別支援教育に対する基本的な理解，障害種別ごとの基礎的，実践的，専門的な知識・技術や，個々の障害の状態や程度，障害の特性に基づく適切な指導が求められる。ただし，これらを一人で背負うのではなく，校内や保護者との連携に加え，特別支援教育コーディネーターを通じた医療，心理，福祉などの外部専門家との連携によって推進し

ていくことが必要である。

　このように，特別支援教育に携わる教員の専門性向上には終わりがない。ある意味教育の本質を突いているともいえる。学び続ける教員であることが，幼児児童生徒に対するより適切な支援につながることになる。

　近年，特別なニーズのある幼児児童生徒が増えている関係で，学生をスクールボランティアやティーチング・アシスタントとして活用している教育委員会や学校は多い。もし皆さんが本書を読んで特別支援教育に関する専門性をさらに身につけたいと思われたなら，指導教員を通じて，学校での指導支援に直接関わる機会の有無を尋ね，そのような機会があれば参加してみることも，特別支援教育における専門性向上には重要な第一歩となる。

通常の学校で特別支援教育を推進するための学校経営の在り方

1．はじめに

　現代は情報化社会であり変化の激しい時代である。また，少子高齢化の中で日本を担う一人一人の責任が大きな時代でもある。このような現代社会において大きな課題の一つが「多様性」であり，教育がどのようにこれを捉えるかは重要な命題である。

　現在，筆者は広島市の専門家チームの一員として学校の巡回相談に応じている。学校訪問を通して，様々な教育的課題の対応とともに合理的配慮や授業のユニバーサルデザイン化など，特別支援教育の理解の深まりと実践の浸透を実感している。しかし，一方で，個に応じた指導・支援については模索が続いており，今後さらに学習指導要領の改訂や令和の日本型教育としての「個別最適な学びと協働的な学びの往還」などの研究・実践への取り組み，充実が期待される時代である。

　こうした背景を踏まえ，インクルーシブ教育システムを構築し共生社会の形成者となる生徒の育成を目指して行った前任校の実践を紹介する。

2. 坂道を上がっても行きたいと思える学校づくりを目指して

前任校は広島市の中心部に位置し，緑豊かな山の中腹にある中学校である。校長として，毎日，重い荷物を背負い坂道を上がってくる生徒の姿を見ながら，生徒が坂道を上がっても行きたいと思える学校とはどのような学校であるか，次の3つと考えた。それは，「勉強がわかること，生徒が夢と希望を持てること，仲間の存在が実感できること」である。その実現のために，日々の仲間との学校生活をよこ糸とし，様々な人々とのダイナミックな関わりや活動をたて糸として織りなし，一人一人の可能性を引き出し仲間とともに成長する学校づくりの取り組みを進めた。その要は，授業改革である。授業改革は学校改革である。すべての生徒の学びを深めることを目標に掲げて授業改革を進めるにあたり実践したことは，教室には多様な認知特性のある生徒が学んでいることから学習者目線で授業展開を見直し，特別支援教育の視点を活用することであった。中でも，方法論よりも生徒の学びの事実から実践を積むことを大切にした。生徒の学びの事実とは「生徒はどの場面で学べていたか，どの場面で学び損なっていたか」である。生徒の生きにくさや学びにくさを見取る教員の鋭い視点と感性を養うことが，すべての生徒の学びを深める基本であり実現の鍵である。そのために理論研修と研究授業がある。生徒の事実の見取りの深化が，すべての生徒の学びにつながる。

3. ある生徒の言葉が意味するもの

実践3年目の6月。体育祭が大きな感動の中で終了した。毎年，猛暑の中，3年生が下級生をリードする体育祭は，学校の宝としての伝統行事である。閉会式で応援団長は下級生や保護者などの方々に感謝の言葉を伝えた後，職員室で教職員にも感謝の言葉を伝えるのが恒例である。長丁場の取り組みを励まし続けた教職員も感動ひとしおである。しかし，この年の応援団長の言葉は一味違っていた。「僕は，1年生の時は引っ込み思案で真面目に先生の話は聞くけれど意欲的とはいえなかった。でも，先生方の色々な授業の工夫や仲間との学び合いが僕を変えていった。うまく，友達と関

われなかった自分を先生や友達は待ってくれ頼りにしてくれた。自分は応援団長という器ではないが何かできるかもしれない，みんなに恩返しがしたいと思って立候補した。この学校の学び合いが僕を変えた…」。この一人の生徒の言葉は，本校の目指してきた取り組みの成果が表れた瞬間であり，ともに生きる人として成長し続けると感じられた姿は，その後の教職員の指標となったことは言うまでもない。

4．よこ糸とたて糸をつなぐための方策

❶ インクルーシブ教育システム構築について

　すべての生徒の学びを深めるためには，特別な教育的支援を必要とする生徒を包容する総合的なシステム（図5-12）をつくり，つなぎ，機能させることが重要である。そのために，多様な生徒の認知特性を理解した一人一人への指導と評価，切れ目のない支援を行っていく方策として校内支援体制を整備した。具体的には，①個別の指導計画等に基づく個への支援，②教育的支援を必要とする生徒を包容するための様々な認知特性に応じた授業づくり，③互いの良さを認め合い安心して過ごせる学級環境づくり，④教職員の理解と指導・支援力を高めるための研修会や担任が一人で悩まず

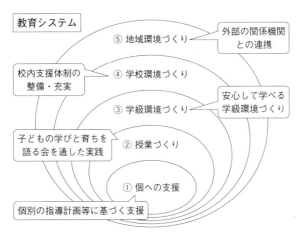

● 図5-12　インクルーシブ教育推進のための構想図

組織として対応するためのケース会議などの学校環境づくり，⑤関係機関など多くの専門家等の支援をつなぐ地域環境づくりを行うシステムの構築である。また，つなぎの要となる特別支援教育コーディネーターの資質の向上を図り，特別な教育的ニーズのある生徒への適切な指導及び必要な支援を行うために徹底したR（実態把握）→ P（計画）→ D（実行）→ C（評価）→ A（改善）サイクルを機能させ，校内の教職員をつなぐこととした。

❷ よこ糸をつなぐ実践

1）牛田デザインプロジェクト（UDP）による授業づくりの推進

教職員の共通認識と実践力を高めるための計画的な全体研修会や実践を積み上げる必要がある。その推進組織として管理職，教務主任，学年ミドルリーダー，専任化した特別支援教育コーディネーターを加えたメンバーで，牛田デザインプロジェクト（以下，UDP）を立ち上げた。

UDPとは，前任校独自のものを作り上げていくプロジェクトという意味で，特別な教育的支援を必要とする生徒が学びやすい授業や教室環境は，すべての生徒の学びやすさにつながるということを前提に，授業づくりや学級の基礎的な環境整備について教職員が共通認識を持って行うための推進組織である。UDPは年間を通して，学校全体の授業づくりのための授業デザイン（指導案・略案作成に関すること）の検討や「子どもの学びと育ちを語る会」という授業場面での生徒の学びや見取りを語り合う全体授業研修会等の企画・運営を行う。授業づくりで最も重要視したことは，探究的な授業の課題設定がされているか，である。なぜだろう，もっと学んでみたいと生徒が興味・関心を抱き，探究したいと思える課題のもと，小グループを用いることで学び合う場面が生きるようにする。さらに，授業における視覚的・聴覚的支援等は生徒にとって有効に働いているかを協議し，それぞれの授業での汎化を目指すのである。また，UDPは，いわゆる特別支援教育の「三段構えの指導」として，学級全体への授業の工夫だけでなく，合理的配慮，席の配置，手元の資料，さりげない支援などの『個別の配慮』，放課後の個別学習や事前学習についても提案し，成果と課題を検証しつつ教職員の共通認識を図っていく役割も担った。

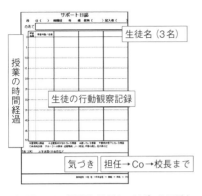

◉　図5-13　「頑張り発見！　サポート日誌」

◉　図5-14　「元気が出るケース会議」

2)「頑張り発見！　サポート日誌」「元気が出るケース会議」

　教員が授業を行う中で細やかな生徒の学びの実態を把握し続けることは難しい。そこで，特別支援教育コーディネーターが，日々の授業の中でつまずきのある生徒がどのような場面で学べていたか，学び損なっていたのかを「頑張り発見！　サポート日誌」（図 5-13）に記録し，授業後，授業担任や学級担任と共有するための役割を担った。

　こうすることで生徒の学びを客観的に捉え直し，授業改善に活用させることができる。この方法は，管理職を含め授業と生徒と学びの関係性を把握する上で有効であった。

　また，校長室での「元気が出るケース会議」（図 5-14）は，教職員の情報を共有することで，目標や手立ての設定，支援に有効な役割を果たした。会議は毎回 30 分。特別支援教育コーディネーターは事前に情報収集してホワイトボードに記入し，1 つの支援策に絞って学年全員でひと月は行う。終了後は写真に撮り共有する。そして，翌月の学年会で振り返りを行う。この内容は個別の指導計画にも活用されるが，何より，担任が一人で悩みを抱え込まずチームで取り組むことにつながった。

5.　よこ糸とたて糸で織りなす取り組み

　たて糸とは，地域や卒業生との交流活動を通して多くの人々とつながり

を実感できる場面づくりである。体育祭では，地域の方々をお招きし，一緒に盆踊りを踊り，伝統を引き継いでいる。また，応援団の審査員は卒業生である。卒業生から送られる優勝カップを受け取る在校生の姿は眩しい。また，学級や学年を超えて生徒会主催で行う朝の挨拶運動や水やりなどは，主体的に関わる機会となっており，特別支援学級の生徒も積極的に参加できていた。また，地域活動へのボランティア参加にもつながっており，「牛田グッドチャレンジャー」として親しまれている。こうした授業外での様々な方々との出会いと経験を通して，自分の存在を実感することは将来にわたる自分を描くことにつながる。

生徒は仲間との学び合う授業，学級活動，学校活動をよこ糸とし，学校外の方々との温かい関わりをたて糸として心に織りなしていく。そのことが将来の共生社会を実現する一人一人の生き方につながっていくと考える。

6. おわりに

自他の可能性を信じて生きようとする生徒の姿に多くを学んだ。インクルーシブ教育システムを構築した実践には，多くの保護者，地域の方々，卒業生，何より使命感に燃えた教職員の姿があり，不登校の減少，学力の向上，自己肯定感の高まりなどの成果が表れた。

学校に関わる人材はすべての生徒の育ちの支援者であり，保護因子である。「多様性を認め合う」ことに対して教育の在り方が大きく影響する。多様であるとは，考え方，性別，文化，国籍，障害等，様々な違いがあるということである。社会は多様性が溢れている。しかし，実はこの違いこそが豊かさを生むインクルーシブ教育の可能性ではないだろうか。違いを認め，互いを尊重し合いながらともに生きていくことがあたりまえの社会をつくりたい。学校におけるすべての生徒の学びと育ちを目指すことなくしてはその実現はない。

ともに生る社会の形成者となることを信じて教育実践に挑戦していくことが望まれる。

第**6**章

特別支援教育に携わる教員が身につけるべき基礎的な力

コミュニケーション

1. コミュニケーションとは

コミュニケーションとは一体何なのか。『大辞泉』（小学館，2006）では，以下のように定義されている。

①社会生活を営む人間が互いに意思や感情，思考を伝達し合うこと。言語・文字・身振りなどを媒介として行われる。「〜をもつ」「〜の欠如」
②動物どうしの間で行われる，身振りや音声などによる情報伝達。

つまりコミュニケーションとは，人間だけでなく，様々な生き物による，意思や感情，情報の交信行為と考えることができる。特に人間の主だったコミュニケーション媒体としては，文字言語や音声言語を用いた意思や感情，思考の発信や受信が挙げられる。もう１つ，人間やその他比較的高い知能を持つ動物のコミュニケーション行動の機能には，情報の交信だけでなく，情動的な共感や相互理解，議論，さらには相手の行動の制御なども含まれている。

さて，コミュニケーションを成立させるためには，伝達情報を表現する送信者（送り手）と，情報を解読して理解する受信者（受け手）が必要に

なる。さらに，送り手が意思や感情，情報の適切な発信行動をとったかどうかだけでなく，受け手が送り手の発信行動に適切に注意を向けて，その情報を受信した上で的確に理解しているかどうか，さらに，送り手が受け手の反応に対してうなずいたり，ほほ笑んだり，受け手の反応をもとに話の内容を膨らませたり，あるいは受け手の反応が適切でない場合に送り手が適切な理解を促す手段を講じたりすることも，コミュニケーションを図る上で大切なプロセスである（川合，2011）。

2. コミュニケーションの問題はなぜ起きるのか

　では，なぜコミュニケーションの問題は起こるのだろうか？　その答えは「誤解」もしくは「不足」にある。送り手の言葉に対して受け手が異なる認識を持っている場合は「誤解」である。また，送り手の言葉が足りずに受け手の理解が同レベルに達しない場合は「不足」である。

　誤解や不足は，コミュニケーションの明確さを上げることである程度解消できる。特に外部との連携において最も重要なことは，いかに効果的かつ効率的に必要な「具体」を伝えられるかである。なぜなら，外部の連携機関では，それぞれに本来の業務があり，相互に時間が取りづらいことから，短時間で密度が濃いやりとりが要求されるためである。ただし，効率化を求めるあまり，抽象的な言葉や表現で短く用件を済まそうとすると，かえって誤解や不足が起き，それがミスにつながる場合がある。抽象的な言葉は範囲が広いため，送り手にとっては便利ではあるが，受け手にとってはその抽象的な言葉を受けてどのように行動すればよいのかが見えてこない場合があることを認識しておく必要がある。

3. ビジネスにおけるコミュニケーション

　さて，ビジネスと書くと，多くの読者は，自分は教育職だから関係ないと思うだろう。しかし，いくら指導力や教材開発力が優れていたとしても，例えば特別支援学校の特別支援教育コーディネーターとしてセンター的機能を果たすには，近隣の小・中学校等へ行き，指導支援のアドバイスをし

たり，外部機関との連携促進を図ったりなど，様々な場面において効果的なコミュニケーション能力が求められる。これは，ビジネスにおけるコミュニケーションと共通している。

　ビジネスにおけるコミュニケーションにおいて，具体的に伝えることの目的は「共通認識」をつくることにある。共通認識とは，メッセージの送り手の言葉を聞いて，受け手の頭の中に生まれる認識が，送り手と共通している状態である。もし，共通認識ができていなければ，連携の輪に入っている人たちの目的意識や目指す方向性が異なるために，期待した成果が出なくなる可能性が高い。そのため，ビジネスの世界では「共通認識」をつくることがとても重要であり，認識の違いを無くすために「具体をより多くすること」と「言葉の定義をすること」が行われている。目標や目的を話し合う時には，ある程度「具体」についても議論するようにするとよい。「具体」が多ければ多いほど，情報量が増え，しっかりとした「共通認識」をつくれる可能性が高まる。ただし，時間は無限にあるわけではない。そこで，ある程度頻繁に用いる言葉を定義づけしておくことが重要になる。例えば，連携をする相手と「目標」と言ったらどのような内容を示すのかをあらかじめ定義しておけば，この用語についての具体を話す必要がなくなる。

　組織の中で，使う言葉の定義を明確にしておくことで「共通認識」をつくり出す時間を短縮することが可能となる。なぜなら，言葉の定義ができると，その言葉に関する「共通認識」がある状態で話を進めることができるからである。

　具体的に伝えることの重要性が理解できたら，次はどのような具体を伝えればよいかを把握することが重要である。三浦（2015）は，ビジネスにおいて伝えるべき7つの具体について，表6-1のようにまとめている。

　具体的に伝えればより「明確さ」を確保できるため，コミュニケーションの目的である共通認識を得られる可能性は高まる。コミュニケーションをより確実なものにするためには，以下の2つの要素がその基盤になくてはならない。

①**根拠**：それがなぜ大事な書類なのか，なぜ今日中に提出なのかが根拠を示して伝えられると，受け手は仕事に対してモチベーションを上げて取り組むようになります。

②**例**：「トラブルがないようにね」と言われても，どう書けばトラブルを未然に防ぐことができる書類になるのかがわかりません。「過去にこんな記入からトラブルになったから気をつけてね」という指示は具体的でわかりやすいです。

③**目的**：例えば「見積書の目的は項目と金額を提示して決済を早くもらうことだから，項目と金額は何度も確認してミスがないように」と伝えると具体的です。

④**全体像**：「今やってもらっている作業は全体のこの部分だよ」と示すことで，相手は何が大事で何が必要なのかを感じようとします。

⑤**期日**：「やっておいて」とだけ言っておいて「そう言えば，あれはどうなった？　何!?　まだできていないのか？」と怒るのは乱暴です。いつまでにと期日を具体的に伝えなければなりません。

⑥**レベル**：2年先のイベントの計画書と1か月後のイベントの計画書では内容が違うはずです。2年先のイベントではざっくりとした内容になります。1か月後のイベントの計画書は詳細まで記入されていなければなりません。

⑦**結果**：結果や成果として何を求めているかです。今依頼をいただくことなのか，後々の関係性を深めていくことなのか，どんなことを結果として求めているかを伝えてください。

❶ 送り手，受け手双方がコミュニケーションの責任を持つ

　コミュニケーションをより確実なものにするためには，伝える側と受け取る側の双方がより高いレベルで「責任」を持つことが重要となる。伝える側には，「あなたの言葉を相手がどのように受け取るか」に対して責任を持つ必要がある。一方で，受け取る側は「相手の言葉が何を意図しているのか」を確認する責任がある。双方の責任意識が高まれば，より誤解は少なくなる。大切なことは，メッセージの送り手，受け手の双方がコミュニケーションの結果に対して責任を持つことである。誤解が生じた場合は，双方が自分の問題として捉えられる関係でいることが重要である。

❷ 相手との信頼関係を構築する

　コミュニケーションの前提は信頼関係である。そもそも信頼関係がなければ，受け手のメッセージの受け取り方が変わる。好意的に受け取るのか，懐疑心を抱きながら受け取るのかで結果が変わることは容易に想像できるだろう。いくらメッセージの送り手が具体的に内容を伝えても，受け手にそれを受け取る気持ちがなければ，そのコミュニケーション自体が成立し

なくなってしまう。コミュニケーションがうまく成立しなければ，それによって双方の関係や指導支援・連携の結果が悪化する。しっかりと相手に愛情を持って接することがコミュニケーションの基礎であり，それによって信頼関係が構築できる。さらに言えば，コミュニケーションの本質は関係性を築くことにあり，その土壌には信頼関係の構築が必要であることを理解しておくことが重要である。

4. まとめ

　質の高い教育支援を実施するには，他の専門家と連携し，その専門家との相乗効果を発揮する必要がある。近年，インターネットやSNSなどといったコミュニケーションツールや技術の発展により，様々な言語・非言語メディアによって容易にコミュニケーションを図ることができるようになったが，一方的なコミュニケーションの発信に終始し，相乗効果を発揮できるような効果的なコミュニケーションを図る機会はむしろ失われているのではないだろうか。また，「自分が言いたいことはとりあえず相手に伝えた。それをきちんと聞いて，意味を受け取れていなかった相手が悪い」といった自分本位のコミュニケーションが横行していないだろうか。「自分が伝えたかったことがきちんと相手に伝わっているだろうか。うまく伝わっていない場合は，ひょっとしたら自分の伝え方がまずかったかもしれない」と考え，相手の反応を見ながら適宜こちら側のコミュニケーション行動や態度を変えていく。そうした相手を思いやる，本来的なコミュニケーション能力を身につけておくことが必要である。

2

コーチング

1. コーチングは教員にとって必要なスキルか

コーチングは，「部下が自ら考え，行動するように育成していくための人

材開発の手法であり，上司となる者には必須の技術と言われている」（菅原，2003）。ファシリテーションは組織の力を発揮するためのスキルであるが，コーチングは個人の力を発揮するよう育成するためのコミュニケーションのスキルであり，結果的に組織の力を高めると考えられる。

　では，コーチングは，学校に勤務する教員，とりわけ特別支援教育に携わる教員にとってなぜ必要なのだろうか。理由は以下の3つである。

　1つめは，学校は組織として機能することが求められるからである。2つめは，特別支援教育に携わる教員には，他の教員や保護者等へ助言することが求められるからである。3つめは，特別支援教育の充実のためには，他の学校や関係機関，関係者との連携・協力が不可欠であるからである。

　まず，組織として機能することから考えてみたい。学校には，校長をトップとする形としての組織が存在するが，「組織として機能していない」等の問題点を指摘する意見を聞くことがある。多くの場合，成果が上がっていないことや不適切な動きの理由として，組織のメンバーの考え方や行動がバラバラで，意思疎通が図られていないことを指しているのではないだろうか。つまり，学校の教育目標の実現という共通の目的を実現するためには，教職員間の意思疎通を図り一人一人の意欲を高め，円滑な意思疎通を図り，組織として機能するようにしていくことが不可欠であり，このため，教員にはコーチングのスキルが必要と考えられる。

　また，他の教員や保護者等へ助言する場合，相手の持っている力が発揮されるように対話することが求められると考えられる。助言するとは，正しい考え方や指導法を伝えること・理解を促すことと考えがちだが，相手が元気になり，意欲が高まり，自ら行動するように助言することこそが重要であり，教員には相手の可能性を引き出すためのコーチングのスキルが必要と考えられる。

　さらに，学校内が組織として機能するよう意思疎通を図るだけでなく，特別な支援を必要とする児童生徒に対して，関係機関，関係者との連携・協力による組織的な支援・質の高い支援を実現していくためにもコーチングのスキルが必要と考えられる。

2．コーチングのスキルとは

コーチングについて，菅原（2003）は，「相手が自覚していない潜在的な知識やスキルを引き出し，それを智慧に高め，結果に結びつけていく作業であり，相手を無知と決め込んで教え込もうとすることではなく，相手の能力を認め，その能力が発揮できる環境を創ることである」と述べている。

また，コーチングは，人間の可能性を信じ，一人一人の個性を尊重しながら，自律型の部下へと育てていくためのヒントを提供するコミュニケーションスキル（本間・松瀬，2015）と言われている。

コーチングのスキルとして，本間・松瀬（2015）は，「傾聴」「質問」「承認」の3つのスキルが重要と述べている。以下，『コーチング入門〈第2版〉』（本間・松瀬，2015）に従って紹介していく。

❶ **傾聴のスキル**

「聞く」は単に音声を聞いている状態を指し，「聴く」は相手に意識を向けて，気持ちや思い，言葉を受けとる状態を指す。「聞く」は相手から「聴いてもらっていない」と思われる場合がある。

共感による信頼関係をつくっていくためには，傾聴は不可欠と言われている。傾聴のポイントとして，次の5つが紹介されている。

「か」：環境を整える
「き」：キャッチャーミットを準備する
「く」：繰り返し，あいづち，うなずきを入れる
「け」：結論を急がない
「こ」：心をこめる

「環境を整える」とは，例えば座って話をする場合，相手との位置関係と姿勢（身体の向き）を考えることである。向かい合うよりも90度の位置関係で座ったり，並んでハの字に座ったりするほうが話しやすい。

「キャッチャーミットを準備する」とは，相手の話を最後まで聴くことであり，キャッチャーミットにあたる「なるほど」などの相手の話を受けと

める言葉を発することである。

「繰り返し，あいづち，うなずきを入れる」とは，相手の発話を促すために相手が強調している言葉を繰り返す・重要なことを復唱すること，相手に聴いていることを伝えるように抑揚をつけて「ほぉ」など短くあいづちを打つこと，肯定していることを伝えるように相手の話のペースに合わせてうなずくことである。

「結論を急がない」とは，結論がわかっている場合でも，相手が考え，答えを出すよう，結論を急がずに話を最後まで聴くことである。

「心をこめる」とは，相手との共通点を見つけながら聴くことであり，「鏡のようになって聴く」ことである。

❷ 質問のスキル

適切な質問により，情報・アイデア，解決策を引き出し，意欲を高めることが可能になる。質問の効果として，次の5点が紹介されている。

①質問により自発性が引き出されると行動に結びつく確率が高くなる。
②質問により実務に関する状況等の重要情報が引き出され，的確な経営判断の礎になる。
③質問すること自体が相手への承認のメッセージとして機能する。
④仕事に対する気持ちや悩みは質問されたほうが話しやすくなる。
⑤知識や指示内容などを理解しているか確認することができる。

また，質問のレパートリーを広げるために7種類の質問を紹介している。

①YES/NOで尋ねる質問
②YESを引き出す「念押し，確認」の質問
③NOを引き出す質問
④自由回答で意見を尋ねる質問
⑤自由回答で事実を尋ねる質問
⑥選択肢を選ぶ質問

⑦数字で答える質問

また，質問のスキル活用の原則を次のように紹介している。

①「答えやすい質問」から始める
②質問は短めに
③詰問ではなく，Let's の気持ちで
④時には，子どもの好奇心をお手本に

❸ 承認のスキル

「認める」とは「相手の良いところを見て，心にとめる」ことと言われている。承認のスキルは，やる気を引き出すとともに，良好な関係を築くための有効な方法である。

承認のスキルには，相手を観察して，強み，長所，進歩，成長などを心にとめる「観察能力」と，言葉や態度で伝える「メッセージの伝達能力」がある。「細かい事実」や「わずかな成長」に気づいて，ほめることがポイントとなる。

「観察能力」を高めるためには，「美点凝視」（相手の強みや長所に目を凝らして，良いところを探すように接する態度）の実行が必要である。また，「メッセージの伝達能力」として，多彩なほめ言葉を持ち，状況に応じて使う必要がある。ほめる際のポイントとして5点が紹介されている。

①事実に基づいて本当のことを伝える
②細かい事実を見逃さないように心がける
③タイミングを逃さずほめる
④相手の目を見ながら心をこめてほめる
⑤相手の立場，状況，心理状態に合わせてほめる

また，「ほめる」だけでなく「叱る」ことも時には必要だが，「ニュート

ラル・フィードバック」（自分の価値判断を極力抜いて，客観的に伝える）も効果的とされている。

ファシリテーション

1. はじめに

「特別支援教育の推進について（通知）」（文部科学省，2007）では，特別支援教育の基本的な考え方が示されるとともに，特別支援教育を行うための体制の整備及び必要な取り組みとして，校内委員会の設置，特別支援教育コーディネーターの指名等，校内の支援体制の確立，関係機関との連絡・調整が不可欠であることが示されている。

また，「教職生活の全体を通じた教員の資質能力の総合的な向上方策について」（答申）（中央教育審議会，2012）では，関係機関と連携するなどして的確に対応できる指導力を養うこと，教職員全体でチームとして取り組めるような力を十分に培う必要があることなどが提言されている。さらに，「これからの学校教育を担う教員の資質能力の向上について（答申）」（中央教育審議会，2015）では，様々な専門性を持つ地域の人材と効果的に連携し，教員と一緒に組織的に諸課題に対応するとともに，保護者や地域の力を学校運営に生かす学校である「チーム学校」の一員として「組織的，協働的に諸課題の解決のために取り組む専門的な力」の醸成が求められているとしている。

つまり，特別支援教育に携わる教員の基礎的な力の1つとして，「組織的，協働的に諸課題の解決のために取り組む専門的な力」が求められていると考えられる。

2. ファシリテーションとは

「組織的，協働的に諸課題の解決のために取り組む専門的な力」の1つと

して，ファシリテーション能力があると考えられる。

　ファシリテーションとは，「促進する」「助長する」「（事を）容易にする」「楽にする」という意味の英単語 "facilitate" の名詞形である（中野，2003）。また，「集団による知的相互作用を促進する働き」であり，集団による問題解決，アイデア創造，合意形成，教育・学習，変革，自己表現・成長など，あらゆる知識創造活動を支援し促進していく働きである（堀，2004）とされている。

　また，ファシリテーションの効果として，チームの学習するスピードを高め，成果に至る時間が短縮できること，メンバーの相乗効果を発揮させ，斬新なアイデアや深い学習が生み出されること，メンバーの納得度を高め，自律性を育むことがあるとされている（堀，2004）。

　さて，会議やグループワークの進行役を「ファシリテーター」と称することがある。「ファシリテーター」が行うファシリテーションについて，堀（2004）は，2つのポイントがあり，1つは，活動の内容（コンテンツ）そのものはチームに任せて，そこに至る過程（プロセス）のみを舵とりすることで，成果に対する主体性をチームに与えること，もう1つは，中立的な立場で活動を支援することで，客観的で納得度の高い成果を引き出していくこととしている。

　つまり，ファシリテーション能力の高い教員（ファシリテーター）・教員集団は，組織的，協働的に諸課題を解決し，特別支援教育を推進していくことが期待される。

3. ファシリテーションのスキル

　ファシリテーション能力を構成するスキルとして，「場のデザインのスキル」「対人関係のスキル」「構造化のスキル」「合意形成のスキル」がある（堀，2004）。以下，堀（2004）に従い概要を紹介する。

❶ 場のデザインのスキル

　場のデザインのスキルとは，物理的な空間のデザイン（会場選び，会場内の配置）と，チームの構成メンバーと活動のプロセスのデザインをする

スキルである。

　物理的な空間のデザインでは，人数や目的によって会場の大きさや雰囲気などを選ぶ必要があることは言うまでもない。会場内の机や椅子の配置も活動のしやすさに影響を与える。また，グループでの活動を設定する際は，グループの人数も考慮する必要がある。

　また，チームの構成メンバーと活動のプロセスのデザインでは，次の5つの事柄を明確にする必要がある。

　①目的（何のために活動するのか）
　②目標（活動のゴールは何か）
　③規範（人の意見をよく聞く等のルールや全員が確認するグランドルール）
　④プロセス（目標に到達するための道筋，いつどんな活動をするのか）
　⑤メンバー（目的にふさわしい，最小多様性などを考慮したメンバー）

❷ 対人関係のスキル

　チームの中のコミュニケーションの状態が成果に大きく影響する。コミュニケーションの目的は，知識や情報等を共有することであるが，意味の分かち合いができてこそ有機的なコミュニケーションであると考えられる。安心してコミュニケーションできるようにするだけでなく，議論が深まるように，そして，多様な考えを引き出せるようにしていくことが重要と考えられる。

　コミュニケーションのスキルとしては，傾聴，質問，非言語メッセージを観る，要約・言い替え，比喩，非攻撃的自己主張等が挙げられる。

❸ 構造化のスキル

　議論の過程で，誤解が生じないようにし，意見をかみ合うようにしていくことが重要になる。論理の通らない意見・議論はメンバーの納得を得ることはできない。ファシリテーターは論理の番人だともいえる。メンバーの意見に対して質問することなどで，論理を整えるようにすることが求められる。

　また，意見をかみ合わせるとともに，意見をまとめることも必要になる。全体と部分，目的と手段，原因と結果，長期と短期などに分けて，意見を整理することによって，全体像を把握するとともに，重要な論点を見つけていく。「同じものを束ねる」と「順番に並べる」を組み合わせて整理することを「構造化」と呼ぶ。

　さらに，「議論を描く技術」であるファシリテーション・グラフィックにより，図解していくことが「構造化」では有効と考えられる。

　議論をする場にホワイトボードを置き，囲むようにして着席し，ホワイトボードに意見を記録することにより，チームの記録となる。また，図解をすることにより，意見を客観的に眺め，議論に広がりを与え，論理的に議論を進めることに効果があると考えられる。

　図解には，「ツリー型」「サークル型」「フロー型」「マトリックス型」の4つの基本パターンがある。

❹ 合意形成のスキル

　議論の整理・構造化ができたら，ファシリテーターは，チームが自律的に意思決定（合意形成）できるようプロセスに働きかけをしていくことになる。単なる結論を得るよう働きかけるのではない。メンバーの是非とも実行したいという意思決定が重要であり，そのためにファシリテーションが必要となる。

　意見や意識のギャップから生まれる対立，葛藤，衝突，紛争などをコンフリクトと呼び，コンフリクトを解消しようと，多面的な角度から検討し，創造的なアイデアが生み出される。コンフリクトを前向きに捉えることが重要である。コンフリクトを解消して意思決定するためのスキルが合意形成のスキルである。

　合理的で民主的な議論をするようにすること，少数派の意見を大切にすること，全員が納得するアイデアを粘り強く考えることが求められる。

4．ファシリテーションのスキルを学び，ファシリテーション能力を向上させるために

　意見の言いやすい雰囲気をつくる，議論のズレを解きほぐして議論すべき点を明確にする，メンバーの意見を引き出し，まとめる等が得意な教員は，多くの学校に存在すると考えられる。その教員がしていることを観察すると，ファシリテーションのスキルで説明できることに気づくだろう。

　教員のファシリテーション能力を向上させるための手立てを考えてみたい。ファシリテーションを学ぶための図書を入手し，校内研修等で演習を実施し，振り返りから学びを深めることが考えられる。また，ファシリテーションのスキルを学ぶ研修会に参加し，学んだことを日々の業務の中で実行し，振り返ることで学びが深まるとも考えられる。つまり，教員のファシリテーション能力は，実践・振り返り・実践のサイクルの過程で培われ，向上していくと考えられる。積極的にファシリテーターとなって，メンバーからフィードバックを得ることが不可欠と考えられる。

4

課題解決力

1．課題解決力とは

　「小学校学習指導要領解説　総則編」（文部科学省，2017）によると，新しい学習指導要領の視点は，子どもたちが「何を知っているか」だけではなく，「知っていることを使ってどのように社会・世界と関わり，よりよい人生を送るか」ということであり，知識・技能，思考力・判断力・表現力，学びに向かう力や人間性等の資質・能力を，いかにバランスよく高めていくかが重要であると述べられている。また，そのためには，学びの量とともに，質や深まりが重要であり，子どもたちが「どのように学ぶか」についても光を当て，「課題の発見・解決に向けた主体的・対話的で深い学び」の重要性を訴えている。

　また，PISA 2015 Draft Frameworksにおいても，協同問題解決能力を「2人以上の行為者が，問題を解決するために必要な理解や努力を共有し，その解決に至る知識・技術・努力をプールすることによって，問題を解決するプロセスに効果的に関わろうとする個人の能力」と定義した。そして，その中に含まれる3つのコンピテンシーとして，①理解の共有を確立し維持する，②問題を解決するために適切な行動を起こす，③チームの組織を設置し維持する，を挙げている。

2.　特別支援教育の視点

　先述の「総則編」によると，すべての学校や学級に，発達障害を含めた障害のある子どもたちが在籍する可能性があることを前提として，一人一人の子どもの状況や発達の段階に応じた十分な学びを確保し，障害のある子どもたちの自立や社会参加に向けた主体的な取り組みを支援するという視点が重要であると記されている。

　したがって，特別支援教育に携わる教員は，すべての子どもたちに「主体的・対話的で深い学び」の視点を含んだ合理的配慮を行う必要がある。このことについて，国立教育政策研究所（2013）の「教育課程の編成に関する基礎的研究　報告書5　社会の変化に対応する資質や能力を育成する教育課程編成の基本原理〔改訂版〕」（以下，「報告書」）の中の「各学校段階で育成することが期待される実践力と共有価値」の表を参考にして，次項にまとめる。

3.　「主体的・対話的で深い学び」の視点を生かした指導支援

　前述した「報告書」には，各学校段階で育成すべき，自律的活動力や人間関係形成力，社会参画力（持続可能な未来への責任）などの能力が記載されている。それらの力を育成するための指導支援の方法について具体的に述べる。

❶ 自律的活動力

　自律的活動力については，「生活習慣」「健康・体力」「計画実行力」など

に関して，小学校高学年までに，「生活習慣の大切さを知り，自分の生活を見直し，節度を守り節制に心がける」「より高い目標を立て，実現に向けて努力する」ことが期待される。このことを主体的・対話的で深い学びの視点を生かして具現化するには，次のような取り組みが有効である。

まず，自分の生活習慣を振り返り，自らの生活習慣の課題に向かい合うことが必要である。生活習慣の具体例を挙げると，早寝早起き，歯磨き，1日3食（バランスのとれた食事）等がある。虫歯がある児童は歯磨きの習慣を身につけることが課題であるし，朝食を食べていない児童は，1日3食の習慣を身につけることが課題である。

次に，それらの課題に対して，解決に向けた主体的・協働的な学びを行わなければならない。「総則編」には，「主体的に学んで必要な情報を判断し，よりよい人生や社会の在り方を考え，多様な人々と協働しながら問題を発見し解決していくために必要な力を，児童一人一人に育んでいく」（p.48）ことが重要であると述べられている。歯磨きの習慣を身につけるためには，同じ課題がある児童との対話や議論を通じて，チェックリストを使用する，決まった時間に行う，好きな音楽を聞きながら行うというように，解決に向けた多様な対処方法があることを知る。そして，それらの方法を比較し，どの方法が自分にとって適切かを選択し，主体的に自己決定して，実行する。

中学校では，「計画実行力」に「必要に応じて計画を見直す」ことが追記されている。学習上や生活上でのあらゆる目標達成に向けて，着実に達成するための自分に最適な方法を導き出す必要がある。さらに，高等学校では，「評価する」という表記が見られる。自己探求や自己実現に向けて，PDCAサイクルを活用し，自己の行動を調整するとともに，自己の生き方と向かい合い，キャリアを設計することが求められている。

❷ 人間関係形成力

人間関係形成力では，対象を他者（「他者理解」「表現力」など）と集団（「共同・協働」「役割と責任」「合意形成」など）に分けて，多様な人々と積極的に関わっていく関係づくりを目指している。

　集団では，小学校低学年で「友達や家族と仲良く助け合って，割り当てられた仕事を協力してできる」とあり，これは，学校生活での当番活動（ないと困る活動）に該当する。中学年では，「友達と協力して学習や活動に取り組み楽しい学級づくりをする」とあり，これは係活動（あると楽しい活動）や集会活動等を示す。また，高学年では「互いに学び合って，集団の一員としてよりよい学級・学校づくりに参画し，様々な問題について話し合い，協力して解決しようとする」とあり，これは，教育再生実行会議（2015）の「これからの時代に求められる資質・能力と，それを培う教育，教師の在り方について（第七次提言）」で示されている，子どもたち自身が学校行事等を企画・実践したり，積極的に学び合ったりする活動を重要視していることと一致している。

　以上より，各学校では，特別活動を中核に据えた学校・学級経営を行い，「よりよい人間関係の形成，よりよい集団生活の構築や社会への参画及び自己実現に資するよう，児童が集団や社会の形成者としての見方・考え方を働かせ，様々な集団活動に自主的，実践的に取り組む中で，互いのよさや個性，多様な考えを認め合い，等しく合意形成に関わり役割を担うようにすること」（総則編，p.80）を意図とねらいをもって仕組む必要がある。

　また，「人間関係の形成」は，特別支援学校学習指導要領に示されている指導領域である自立活動にも新たに追加された内容区分である。通常の学校でも，特別支援学級や通級指導教室では自立活動を設定できる。障害のある子どもの中には，対人関係でトラブルを起こした経験を持つ子どもがいる。その結果，対人関係に不安やストレスを抱え，自分の殻に閉じこもってしまったり，気持ちをうまく表現できないために，言葉よりも手や足が先に出たりしてしまうことがある。このように目に見えない人間関係上のトラブルを「見える化」し，信頼関係を構築するためには，「トラブル解決3つの法則」を用いた支援が有効である。これは，①どんなことが起こったのかを当事者間で共有する（事実の共有），②その時に感じた気持ちや思いを共有する（感情の共有），③今後，同じようなことが起こった場合，どのような対処行動をするのかを共有する（行動の共有），である。こうした

解決の過程を，最初は教員主導で実践し，段階的に子どもたちに任せていくことで，主体的・協働的な学びとなる（図6-1，図6-2）。

【支援例1】

○小学校1年生　授業中

○隣同士に座っているA児とB児のトラブル

　B児はA児の落とした消しゴムを拾って届けてあげようと思ったのに，A児は消しゴムをB児に取られたと思い込んで怒ってしまい，B児を叩いてしまった。

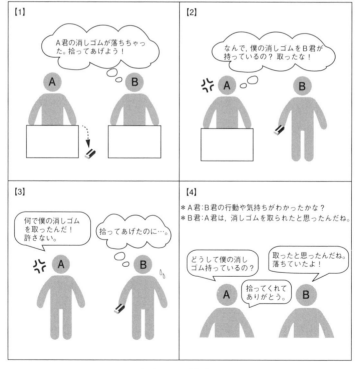

● 図6-1　支援例1

【支援例2】

○小学校3年生　休憩時間

○数名の友達と長縄跳びで遊んでいた。チャイムが鳴ったので，A児以
　外は教室に戻ってしまった。A児は長縄を結んで下駄箱横の片づけボッ
　クスにしまおうとしたが，時間がなく，運動場に放りっぱなしで教室
　に戻ってきてしまった。

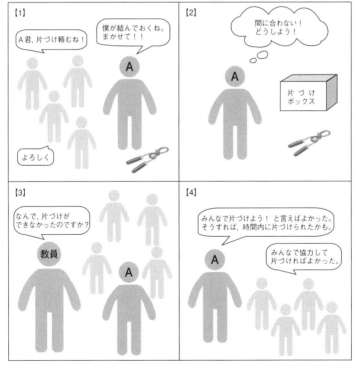

● 図6-2　支援例2

❸ 社会参画力

　『大辞林 第三版』によれば，参加とは「会や団体など目的をもつ集まりの一員になること。行動をともにすること」，参画とは「（政策や事業などの）計画に加わること」を指す。社会の一員として行動をともにするだけではなく，計画・運営に積極的に携わることを示す社会参画力は，社会（「規範意識」「社会連帯」「権利・義務」「正義・公正」など）と命（「生命の尊厳」「防災・安全」など），自然（「感動」「保護・保全」）から構成されている。

　「社会連帯」や「正義・公正」では，小学校低学年において「順番を守ってみんなと仲良く生活する」，中学年において「公平な判断の大切さを理解して実践する」という経験を重ね，学級という小集団の社会の中で参画する態度を養う。高学年になると児童会活動や学校行事等に参画し，高等学校段階になると「公共の精神を養い，人権を尊重し，協力してよりよい社会を実現しようとする」と，地域社会というより大きな社会への参画が求められるようになる。「勤労・創造」においても同様で，学級という小社会で「働くことのよさを感じて，みんなのために働く」という貢献感を持つことを出発点として，高等学校での「社会における様々な人々の協働の意義を理解し，創造力を発揮して新しい社会づくりに貢献する」段階に到達することができる。

　すべての学校の教員は，これまで積み重ねてきたことと，今後目指す姿を意識して，子どもたちの発達段階に応じた主体的・協働的な教育活動を進めていく必要がある。

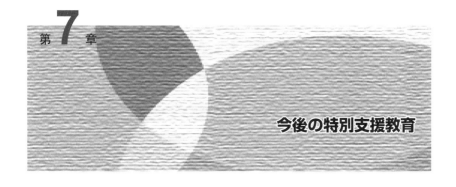

第**7**章

今後の特別支援教育

1

インクルーシブ時代における特別支援教育

1. はじめに

　日本がインクルーシブ教育システムの構築を推進する背景には，単に国際連合「障害者の権利に関する条約」を批准し，発効しているからだけではなく，高齢化が 28.8％とさらに進んでいること（内閣府，2021）や，年少人口や生産年齢人口の減少に歯止めがかからないこと（総務省，2021），コロナ禍による不況も影響する中，ニートと呼ばれる若年無業者の増加（総務省，2021），貧困や社会保障給付費の急激な増加といった日本の現代社会が抱える問題が絡んでいると考えられる。

　こうした状況の中，今後，日本という国を維持させるには，納税者・年少人口・生産年齢人口を増やす，税率を引き上げる，などによって国の収益を上げなければならないし，今や対GDP比 23.2%（2021 年度）を占める社会保障給付金をできる限り減らしていかねばならない。キャリア教育の推進，高年齢者雇用安定法の改正，障害のある人たちの法定雇用率の引き上げ，高度専門外国人受け入れの拡充，自殺対策基本法の施行，子ども・子育て支援新制度の推進，発達障害者支援法の改正などは，こうした時代背景へ対応するための国の施策ではあるが，こうした施策により実効性を持たせるには，多様性を認め合うインクルージョンの考え方を国民の間に

根付かせる努力も同時進行させていく必要があろう。

2. 国際生活機能分類の生活機能構造モデル（ICF）による障害の捉え方

　図7-1は，WHO（2001）の国際生活機能分類の生活機能構造モデル（ICF）と呼ばれるものである。この生活機能とは，障害の有無にかかわらず，人が人として生きること全般を指し，健康状態とは，この生活機能全体が高水準にあることを示している。ICFでは，生活機能を心身機能・構造⇔活動⇔参加の双方向性で示している。活動とは，家庭や職場等の中での活動を示し，参加は役割を持って社会に参加することを意味する。環境因子はバリアフリー，人的環境，社会の意識（偏見・差別），法制度など，人の生活機能を左右する因子，個人因子は価値観や個性などを示している。実は，障害や困難を捉えるには，この双方向性が大切である。心身機能の低下は，活動を制限することもあるが，活動が活発になれば，心身機能の低下を防ぐことができる場合もあるし，社会参加が進めば，活動や心身機能の低下が抑制されることもある。

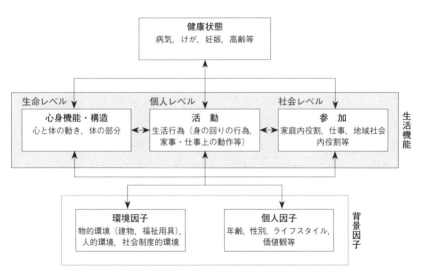

● 図7-1　ICF：国際生活機能分類の生活機能構造モデル（WHO, 2001）

　つまり，障害の状態を改善するためにはどのような支援が必要か，という視点と，障害がありながらも，その人の思いや願いを達成するにはどのような支援が必要か，という視点の双方が大切である。これらの視点に基づいて，例えば生活機能を高めるには，個人レベルである活動の向上には何が必要かを考えることが大切であるし，活動が上がれば結果的に生命レベルである心身機能・構造が向上し，社会レベルである参加が促されることもあるだろう。さらに，背景因子としての環境因子や個人因子をできるだけポジティブな方向へと変化させることにより，その人の健康状態や生活機能はいっそう向上する可能性がある。

　2021（令和3）年9月24日に，「特別支援学校設置基準の公布等について（通知）」が公布された。この設置基準は，「在籍者数の増加により慢性的な教室不足が続いている特別支援学校の教育環境を改善する観点から，学校教育法第3条（昭和22年法律第26号）に基づき制定された。制定に当たっては，特別支援学校を設置するために必要な最低限の基準とするとともに，地域の実態に応じた適切な対応が可能となるよう，弾力的かつ大綱的な規定」となっている。

　別の新たな動きとしては，2021（令和3年）1月にまとめられた「新しい時代の特別支援教育の在り方に関する有識者会議（報告）」において，すべての教師に特別支援教育に関する基礎的な知識，合理的配慮に対する理解等を求めるとともに，特別支援学級・通級による指導を担当する教師には小学校等における特別支援教育の中心的な役割を担う役割や自立活動や発達障害等に関する専門性や実践力，特別支援学校の教師には障害の状態や特性及び心身の発達の段階等を十分把握して各教科等や自立活動の指導等に反映できる幅広い知識・技能等が求められたこと，また，インクルーシブ教育システムの理念の構築による共生社会の実現のために，特別支援教育を担う教師の確保や専門性のさらなる向上が求められていることから，「特別支援教育を担う教師の養成の在り方等に関する検討会議」が設置され，その報告を踏まえた通知（2022）では，特別支援教育に関わる教師の専門性向上に向けた方策として，養成段階における特別支援学校等での経験の

推奨や，採用後10年以内に特別支援教育を複数年経験することの推奨，校内研修の充実やOJTの推進，特別支援教育に関する目標を設定し，校内体制を整備する等，養成→採用→キャリアパスと研修による専門性向上を循環させるシステムの構築が提言された。

こうした整備や新たな検討の開始も，インクルーシブ教育システムを推進させる上で重要な環境因子の改善に向けた取り組みといえよう。

3. アコモデーション，ストラテジー，モディフィケーション

米国では，国際連合「障害者の権利に関する条約」を批准していないものの，国内法を整備し，多様性が認められる共生社会を目指している。米国では，子どもたちの教育的ニーズに応じた教育を実施していく上で，アコモデーション，ストラテジー，モディフィケーションの3つの要素の導入を検討する。川合（2016）は，それぞれを以下のようにまとめている。

まず，アコモデーションとは，通常の学級におけるカリキュラムや学習活動への参加を可能にするようなあらゆる支援のことで，教育課程や教育目標は変更しない程度の配慮である。具体的には，授業・教示・指示方法や教材の工夫や配慮，宿題や評価方法の工夫や配慮，学習環境の整備，スケジュール管理，個に応じたコミュニケーション手段の確立などが挙げられる。日本の合理的配慮とほぼ同じと考えてよい。

次に，ストラテジーとは，アコモデーションの一部として取り扱うこともあるが，多様な学習を支援するために使用される指導テクニックを指すこともある。ストラテジーは，子どもの学習スタイルや発達レベルに合わせて個別化される。具体的には，色分け，視覚的な手掛かり，行への番号の付与，分かち書き，筆記用具を使用しない指先書字のための砂箱書字やタブレット端末の画面に指で新出漢字を書くなどが挙げられる。

最後に，モディフィケーションとは，通常の学級におけるカリキュラムの内容や評価の基準を変更するような支援のことを指し，子どもが学年レベルの学習内容を習得することが難しい場合に必要となる変更処置である。ある子どもに対してあらゆるアコモデーションやストラテジーを導入した

ものの，いずれもうまくいかないことが確認できた時点で，その子どもに対してモディフィケーションを導入する。具体的には，外国語学習の免除，特別の教育課程の導入（自立活動など），その子どもの学習レベルに応じた教育目標や内容の適用（個別の教育支援計画や個別の指導計画も含む）などが挙げられる。

4. 子どもの困難や学びに対するメタ認知を促す支援を

　教員とは，子どもたちの背景因子と生活機能の双方に影響を及ぼす大切な存在である。特に障害のある子どもたちに対して，個別の指導計画を作成し，指導支援を行うことで子どもたちの生活機能を向上させ，学級における学習・生活環境の整備などを通して生活や学びの質を高めることは，教員の重要な役割である。ただし，子どもたちが指導内容の重要性や必要性を理解しないまま，教員側が押しつけのような形で指導支援を行っても効果は上がらない。何のためにそれを学び，それが何の役に立つのかについて，きちんと子どもたちが理解（メタ認知）できていなければならない。特に内容が高度化すると，学習内容が日常生活に直結するとは限らない。それでもなぜ学ぶ必要があるのだろうか。学習につまずく子どもたちは必ずこの疑問を持つ。それに対して教員は子どもたちが納得できるように真摯な回答をしなければならない。

　義務教育段階にある，少なくとも通常の学級に在籍するすべての子どもがわかる喜びを実感できるようになるには，ある程度のカリキュラムの変更を行い，目標や内容を児童生徒の実態に合わせたほうがよいが，現在，日本では通常の学級において特別の教育課程を設けることができない（通級による指導を除く）。教員が，子ども自身でできる部分とできない部分の境界線を見つけて，子ども自身でできない部分に適切な指導支援を行うことで，子どもは自身でできる部分を増やすことが可能になる。児童生徒が多様化している通常の学級における教育課程の編成の在り方についても，今後議論を進めていく必要があろう。

5. まとめ

特別支援教育が始まって15年余り経過したが，特に通常の学級で学ぶ学習困難や行動上の困難を伴う子どもへの支援については，我々特別支援教育の専門家からではなく，教科教育や心理学の専門家からの支援を受けたい，という雰囲気になっており，特別支援教育・教科教育・心理学の連携により，多様な児童生徒を支えていくことがさらに求められるだろう。

本来的なインクルーシブ教育システムとは，特別支援教育の変形版ではない。多様性を認められる人・社会を目指すことがその根底になければならない。つまり，障害のある子どもだけが対象ではなく，あらゆるマイノリティにある人たちが「当事者」であるべきであり，マイノリティ，マジョリティにかかわらず，相互の違いを認め合える世の中をどうつくっていくかが問われる教育である。

「当事者」が包含されるには，周囲への教育や啓発だけでなく，マイノリティ側がマジョリティ側を理解する教育も必要となる。また，教科教育，教育学，心理学，シチズンシップ教育，品格教育，ギフテッド教育などとの連携が必要である。さらに，インクルーシブ教育を，ソーシャル・インクルージョンの一部と考えるなら，社会学，経済学，法学等との連携が必要である。今後，こうした連携をもとに，日本型インクルージョン・インクルーシブ教育システムについての明確な指針を示す必要がある。

2

特別支援教育におけるキャリア教育

1. キャリア教育とは

中央教育審議会（2011）の「今後の学校におけるキャリア教育・職業教育の在り方について」（答申）の中で，キャリア教育とは，「一人一人の社会的・職業的自立に向け，必要な基盤となる能力や態度を育てることを通して，キャリア発達を促す教育」であるとされている。また，答申では，

キャリア教育は，幼児期の教育から高等教育まで，発達の段階に応じ体系的に実施することが求められており，様々な教育活動を通じ，「基礎的・汎用的能力」を中心に育成することが示されている。「基礎的・汎用的能力」とは，「人間関係形成・社会形成能力」「自己理解・自己管理能力」「課題対応能力」「キャリアプランニング能力」であることが示されている。

　さらに，キャリア教育は，「能力や態度」を育てるだけではなく，育てることを通したキャリア発達の促進を目指していることに注目したい。答申では，「キャリア」とは，「人が，生涯の中で様々な役割を果たす過程で，自らの役割の価値や自分と役割との関係を見いだしていく連なりや積み重ね」であるとされており，「キャリア発達」とは，社会の中で役割を果たすことを通して自分らしく生きる過程であると考えられる。また，「社会的・職業的自立」という文言が使われていることは，職業的自立より広い意味での自立を目指していると考えられる。また，キャリア教育は，教育課程全体を通して取り組まれるものであり，児童生徒一人一人のキャリア発達を支援するという視点から，学校や地域における教育の価値を再発見し，教育の充実・改善を図るものであるとも言われている（菊地，2013）。

　特別支援教育は一人一人の自立と社会参加を目指してきた。キャリア教育に取り組むことにより，児童生徒一人一人の主体的な学習を実現し，就職して働くこと（働きたいという夢）の実現や，より豊かな人生の実現を支援することになっていくと考えられる。

2. 学習指導要領におけるキャリア教育に関する規定

　小学校学習指導要領（文部科学省，2017），中学校学習指導要領（文部科学省，2017），高等学校学習指導要領（文部科学省，2018），特別支援学校小学部・中学部学習指導要領（文部科学省，2017），特別支援学校高等部学習指導要領（文部科学省，2019）には，表 7-1 のようにキャリア教育に関することが規定されている。なお，下線は筆者が加えており，特別支援学校と他の学校との違いがある部分である。

　学習指導要領に「キャリア教育の推進」が明記され，キャリア教育を研

● 表 7-1　学習指導要領におけるキャリア教育に関する規定

小学校学習指導要領	【総則】児童の発達の支援1（3） 児童が，学ぶことと自己の将来とのつながりを見通しながら，社会的・職業的自立に向けて必要な基盤となる資質・能力を身に付けていくことができるよう，特別活動を要としつつ各教科等の特質に応じて，キャリア教育の充実を図ること。
中学校学習指導要領	【総則】生徒の発達の支援1（3） 生徒が，学ぶことと自己の将来とのつながりを見通しながら，社会的・職業的自立に向けて必要な基盤となる資質・能力を身に付けていくことができるよう，特別活動を要としつつ各教科等の特質に応じて，キャリア教育の充実を図ること。その中で，生徒が自らの生き方を考え主体的に進路を選択することができるよう，学校の教育活動全体を通じ，組織的かつ計画的な進路指導を行うこと。
高等学校学習指導要領	【総則】教育課程の編成3（7）ア 学校においては，第5款の1に示すキャリア教育及び職業教育を推進するために，生徒の特性や進路，学校や地域の実態等を考慮し，地域や産業界等との連携を図り，産業現場等における長期間の実習を取り入れるなどの就業体験活動の機会を積極的に設けるとともに，地域や産業界等の人々の協力を積極的に得るよう配慮するものとする。 【総則】生徒の発達の支援1（3） 生徒が，学ぶことと自己の将来とのつながりを見通しながら，社会的・職業的自立に向けて必要な基盤となる資質・能力を身に付けていくことができるよう，特別活動を要としつつ各教科・科目等の特質に応じて，キャリア教育の充実を図ること。その中で，生徒が自己の在り方生き方を考え主体的に進路を選択することができるよう，学校の教育活動全体を通じ，組織的かつ計画的な進路指導を行うこと。
特別支援学校小学部・中学部学習指導要領	【総則】児童又は生徒の調和的な発達の支援1（3） 児童又は生徒が，学ぶことと自己の将来とのつながりを見通しながら，社会的・職業的自立に向けて必要な基盤となる資質・能力を身に付けていくことができるよう，特別活動を要としつつ各教科等の特質に応じて，キャリア教育の充実を図ること。その中で，中学部においては，生徒が自らの生き方を考え主体的に進路を選択することができるよう，学校の教育活動全体を通じ，組織的かつ計画的な進路指導を行うこと。
特別支援学校高等部学習指導要領	【総則】教育課程の編成3（6）ア 学校においては，第5款の1の(3)に示すキャリア教育及び職業教育を推進するために，生徒の障害の状態や特性及び心身の発達の段階等，学校や地域の実態等を考慮し，地域及び産業界や労働等の業務を行う関係機関との連携を図り，産業現場等における長期間の実習を取り入れるなどの就業体験活動の機会を積極的に設けるとともに，地域や産業界や労働等の業務を行う関係機関の人々の協力を積極的に得るよう配慮するものとする。 【総則】生徒の調和的な発達の支援1（3） 生徒が，学ぶことと自己の将来とのつながりを見通しながら，社会的・職業的自立に向けて必要な基盤となる資質・能力を身に付けていくことができるよう，特別活動を要としつつ各教科・科目等又は各教科等の特質に応じて，キャリア教育の充実を図ること。その中で，生徒が自己の在り方生き方を考え主体的に進路を選択することができるよう，学校の教育活動全体を通じ，組織的かつ計画的な進路指導を行うこと。その際，家庭及び地域や福祉，労働等の業務を行う関係機関との連携を十分に図ること。

（下線は筆者による）

究主題とする特別支援学校が多くみられるようになっている（菊地，2013）。

3．特別支援学校（知的障害）における地域等と連携・協力して進めるキャリア教育

特別支援学校（知的障害）では，地域等と連携・協力してキャリア教育が実践されている。

❶ **産業現場等における実習の充実**

企業等での就業体験（インターンシップ）は，特別支援学校（知的障害）中学部段階でも実施されるようになってきている。また，高等部段階では，産業現場等における実習を1年間のある時期に1週間から3週間程度の期間を設定して実施する学校や，個別の生徒と受け入れ企業等との状況に応じて時期・期間を設定して実施する学校に加え，継続して週1日程度，企業等での実習を実施するという，いわゆるデュアルシステムによる実習を実施する学校がある。実習前・後の学習で，実習の意義・目的の理解，個人の目標の設定と振り返り等を丁寧に行うことがポイントになる。

❷ **外部専門家との活動**

特別支援学校（知的障害）高等部卒業生の進路先として流通・サービス関係の企業が増えてきている。そのため，例えば，喫茶接客の専門家やビルメンテナンス会社の社員，スーパーマーケットの人材育成担当者等を外部講師として学校に招聘し，教員と共に生徒への指導をする学校が増えている。

また，高等部の食品加工関係の作業学習にパティシエが指導者として定期的に参加する学校や，食品加工関連の企業や専門高校と一緒に製品開発をする学校もある。

❸ **定期的な販売活動等校外での活動**

従来，農業，木工，縫製，食品加工（クッキーやパン類）等の作業学習の製品を学校祭や地域の店舗等で定期的に販売することは多くの特別支援学校（知的障害）で実施されてきた。

近年，学校内外に喫茶店と同様の設備を設けて地域の人へ飲み物や軽食

の提供サービスを行う学校，市役所や駅舎等の清掃，路線バスの車内清掃等，定期的に校外での清掃作業を実施する学校もある。さらに，高等部生徒が中学部生徒，地元の小・中学校の児童生徒に清掃作業を教える等の学校もある。

❹ **挑戦する活動：アビリンピックへの参加，技能検定の実施**

高等部生徒がアビリンピックに出場を目指す学校がある。また，特別支援学校（知的障害）生徒を対象として，企業等と一緒に開発した独自の検定種目（喫茶・接客，清掃，流通・物流，食品加工等）により技能検定を実施する自治体が増えてきている。

4. キャリア教育の評価と改善

キャリア教育の評価は，児童生徒一人一人の「キャリア発達」を評価することになる。つまり，児童生徒が自身の成長を実感する（菊地，2013）ことが重要と考えられる。また，キャリア教育は学校の教育活動の全体を通じて行われ，地域等の連携・協力によって実施されることから，組織的・協働的に実施できたかなどの評価による改善が求められると考えられる。

3
特別支援教育におけるICTの活用

1. はじめに

教育の情報化を推進していく上で，ICT（Information and Communication Technology）活用は重要な柱である。ICTとはコンピュータやインターネット等の情報通信技術のことを指す。文部科学省（2019）が策定した「教育の情報化に関する手引」では，「これからの学びにとっては，ICTはマストアイテムであり，ICT環境は鉛筆やノート等の文房具と同様に教育現場において不可欠なものとなっていることを強く認識し，その整備を推進していくとともに，学校における教育の情報化を推進していくことは極めて

重要である」と指摘している。

　特別支援教育においてICTを活用していく視点としては，1つは，支援機器として，合理的配慮としての活用である。つまり，学びに参加するための支援技術（AT: assistive technology）としての活用である。もう1つは，広く教育で指摘されている，深い学びのためのLT（learning technology）としての活用である。1つめの視点となる支援機器としての導入は，あくまでも深い学びのための環境整備であるという認識を忘れてはいけない。しかしながら，支援機器の選択や指導がうまく行われないと，学びに参加することすら叶わない場合があることからとても重要である。これらを実現するためには，特別支援教育においてICTを活用しようとする場合，①教科や自立活動などの領域及び領域・教科を合わせた，教科等の内容に関する視点，②障害の特性や支援法を踏まえた教授法に関する視点，③デザインした授業を具現化するためのローテクノロジーからハイテクノロジーまでのテクノロジーの活用に関する視点という3つの視点を持つ専門性が教員には求められる。

　次に，障害者がICTを支援技術（AT）として利用する背景について考えてみる。ATは，Tech Act（Technology Related Assistance for Individuals with Disabilities Act, 1988 施行）において「ATにより，公平な競争の場において完全参加することが目的」と定義されている。つまり，ATは，日々の授業においても，そこに完全参加して障害からもたらされる困難を可能な限り排除し，公平に切磋琢磨できることを目指している。石川（2008）は，駅の階段は大勢の人にとってのATであることを指摘している。それは階段を世の中から撤去してしまうと，ほとんどの人が移動障害者になってしまう例示からも理解できるだろう。つまり，障害の定義は，単に足が不自由だとか，文字を音に変換することが困難だといった個人に帰するのみならず，世の中のATに対する正しい理解といった社会の側にもあるといった「障害の社会モデル」の考え方を理解することが重要となる。

　2014（平成26）年1月に日本が批准した「障害者の権利に関する条約」や2016（平成28）年4月に施行された「障害を理由とする差別の解消の推

進に関する法律」では「合理的配慮」という言葉が明記されている。「合理的配慮」とは障害のある人が他の人々と同じ権利を行使するために行われる変更や調整のことを指す。この合理的配慮の主要な柱の1つに位置づけられるのがATであると考えられる。「共生社会の形成に向けたインクルーシブ教育システム構築のための特別支援教育の推進（報告）」（文部科学省，2012）は，ICTの活用についていくつか例示をしている。ICTの活用事例を網羅することはできないが，これらの例示をもとにいくつか紹介する。また，最近注目されているタブレット端末の効果についても触れる。

2. ICTの活用事例

❶ 画面拡大や色の調整・読み上げソフトウェア：視覚障害

　画面拡大や色の調整によるコントラストの増強は，WindowsやMacなどの現在の基本システム（OS）には標準で搭載されている。また，音声による文字情報や画面状況の読み上げについてもOSレベルでの対応が進んでいる。色をカメラで撮影して色名で読み上げたり，カメラ画像のコントラストを調整したり，撮影した画像から文字を抽出して読み上げたりできるソフトウェアなどは，従来のパソコンだけではなく，タブレット端末を中心に活用されている。

❷ 教科書の音読箇所の位置の明示・視覚情報による要点の提示：聴覚障害

　実物提示装置を利用して開くべきページを供覧できるようにしたり，資料集などのページの中から注目すべき部分を拡大して提示したりすることで，授業中の状況を視覚的に伝えることが可能である。最近では，字幕の挿入されたビデオ教材が増え，画像・音声・文字で情報を伝えられる場面が増えた。これらの支援はタブレット端末で手軽に行うことが可能である。

❸ 文字の拡大や読み仮名の付加・絵カードや文字カードの活用：知的障害

　文字の読みは，あらかじめ読み仮名を振った資料を提示したり，絵カードを活用して文章の理解を促したり，表出を助けたりすることが考えられる。テキストデータに教育漢字の配当学年を指定することで，読み仮名を付加したり，ひらがなに置き換えたりする機能や，音声付きの絵カードを

並べて文章を作成する機能のタブレット端末用ソフトウェアが開発されている。

❹ 書字の能力に応じたプリント・言葉の表出が困難な子どもへのコミュニケーション支援機器：肢体不自由

　鉛筆などによる書字が困難なケースでは，キーボード，あるいはガイド付きのキーボード，オートスキャンまたはステップスキャンによるスイッチによる入力方法が実践されている。音声言語による発話が困難な場合は，VOCA（Voice Output Communication Aids）などの拡大・代替コミュニケーション（AAC: Augmentative and Alternative Communication）による支援法がある。タブレット端末の場合，設置箇所の制約が少なく，機種によっては外部スイッチによる操作に対応したOSも存在し，これまでにない活動の広がりを実現することができる。

❺ テレビ会議システム等を活用したリアルタイムのコミュニケーション・インターネット等を活用した疑似体験：病弱

　テレビ会議システムを活用することで，自校や交流先の学校や学級との交流及び共同学習を実現することが可能となっている。また，インターネットを活用することで地図上を散策したり，定点カメラの画像を閲覧したりするなど，ICTなしでは実現不可能だった体験を病室内で実現できる。タブレット端末だと，設置場所の自由度が高い上に，様々な機材をこの一台に収められることから，衛生管理の上でも有効である。VR（Virtual Reality：仮想現実）やAR（Augmented Reality：拡張現実）を生かした体験には，GPSや3軸センサーなどの環境センサーを搭載したタブレット端末は特に効果的である。ARを利用した理科の教材として，ページをタブレット端末のカメラで捉えると，3次元の臓器が画面上に現れ，様々な角度から臓器を観察できる資料集がある。制約の多い学習環境では持ち込めなかった教材を画面の中でではあるが，持ち込めるようになる。

❻ 代替手段によるコミュニケーション：言語障害

　AACの具体的方法は多数存在する。中でもハイテクノロジーな機器としてVOCAやOAK，Dynavoxなど，様々な障害の状況に対応できる選択肢

があり実績をあげている。これらの専用機器は安定性があり，誤動作もほとんどなく，堅牢で，操作性に優れている。それらの専用機の機能を部分的に担ったり，あるいは専用機では不可能な機能拡張を実現したりできる点で，タブレット端末が適している場合もある。タブレット端末を含む汎用のICT機器と専用機との境界線は薄れる傾向にある。

❼ 視覚を活用した情報の提供：自閉症

授業の流れなど，視覚化して提示することで構造的に理解しやすくなり，課題の遂行が促されるため，絵カードを用いた情報提供は重要である。可搬性やカスタマイズ性が高いタブレット端末を利用することで，どこへでも持ち運べ，すでにある画像データ等の資産を取り込んで利用できる点でタブレット端末の活用も注目されている。特に画像や動画の編集のしやすさや活用の拡張性の点では，従来の写真や絵カード，パソコンと比較して優れていると言えるだろう。

❽ 読み書きに時間がかかる児童生徒の能力に合わせた情報の提供：学習障害

読み書きが困難な場合，パソコンやボイスレコーダーなどの利用が行われてきた。タブレット端末を利用することで，持ち運ぶ機器の数を減らしデータを一元管理することが可能となる。また，マルチメディアDAISYによる読書やOCR（Optical Character Recognition：光学的文字認識）による印刷物の文字のデータ化と音声読み上げなどは，パソコンと比べ，とても身近になり，文字へのアクセスをより効率化できる。

❾ 書類の紛失等が多い児童生徒への伝達情報の整理・メモ等の視覚情報の活用：ADHD

連絡帳にメモを取ったり，ランドセルを開けるとそのメモが見やすいように透明のケースに入れたりするなどの支援が行われている。タブレット端末を利用することで，リマインダー機能を活用することができる。毎晩，7時30分にリマインドするようにしておくと，翌日の準備をする習慣化に貢献する。機種によってはGPSを利用したリマインドもできる。帰宅したら宿題のリマインドが表示されるようにしたり，学校に到着したら提出物

を出すようなリマインドが表示されたりできるため，紙のスケジュール帳
では困難であった支援が可能になる。

3.　適正なICT活用に向けて

　このように合理的配慮としてのICT利用が進むと，機能を補っているの
か増強しているのかといった点で，コンフリクト（conflict：衝突・対立）
が生じることがある。それが受験ともなると，深刻な課題となる。教育現
場では，日々のテストを含めた教育活動全体の中で，どこまでの支援が補
強であるのかについて実践を繰り返し検証しておくことが重要である。例
えば「文部科学省所管事業分野における障害を理由とする差別の解消の推
進に関する対応指針の策定について（通知）」（文部科学省，2015）に記載
されている「対話による合意形成」が重要な過程となる。ATの導入につ
いて，学校内では十分な検討ができない場合は，専門家も交えた検討も考
えられる。また，この合理的配慮としてのICT活用は，現行の学習指導要
領の中で目指している，「深い学び」の入り口にすぎないことも認識してお
く必要がある。合理的配慮としてのICT活用が実現し，学びの上で困難を
抱えた子どもたちが学びのスタートラインに立てたなら，次に目指すこと
は，ICTを活用した深い学びの実現である。目的と手段の取り違えになら
ないように，しっかりと目的を意識しておこう。

　ICTの効果的な活用はインクルーシブ教育システムの推進，将来までを
見通した障害者の社会参加に大きく影響すると考えられる。正確な知識と
適切な判断に基づいた「深い学び」のために効果的な使用が進むよう組織
的・計画的に取り組みたいものである。

4

日本語を母語としない児童生徒に対する特別支援教育

1. はじめに

　日本で働く外国人の増加に伴い，全国の公立学校で日本語の指導を必要とする児童生徒数も増加している。そこで，2014（平成26）年度より小・中学校等において日本語指導を特別の教育課程に位置づけて行うことが可能となった。従来，LDや言語障害等，支援の必要な児童生徒に対して通級による指導が行われているが，それと同様に，日本語指導も学校教育の一環として児童生徒一人一人の実態に応じて特別の教育課程を編成・実施することが可能となったのである。さらに2023（令和5）年度より，高等学校段階においても日本語指導に関する特別の教育課程を編成・実施することが可能となり，21単位を超えない範囲で日本語の学びを卒業の履修単位に含められるようになる。

　一方で，日本語指導は通常の教員免許を持つ教員であれば誰でも担当できるが，国が配置する担当教員数は十分でなく，2018（平成30）年度時点では指導者不足により，2万人以上の児童生徒が日本語の授業を受けられなかった（日本経済新聞，2021a）。そのため，人手を確保できていない地域では，教員免許状を所持しない外部人材に日本語指導を委ねている場合もあり，日本語指導の量・質の双方の担保が課題になっている。

　日本語指導と特別な支援の双方が必要な児童生徒の場合，言語発達の程度のばらつきや複数言語間の習熟レベルの差，母語による各種評価の困難さ等から，適切な実態把握や支援に結びついていない可能性が指摘されている（松田・中川，2018）。

2. 日本語指導が必要な児童生徒の実態

　文部科学省（2022）によると，2021（令和3）年5月1日時点で，全国の公立学校に在籍する日本語指導が必要な児童生徒は58,307人と，前回の調査時より7,181人（14.0%）増加した。そのうち，日本語指導が必要な外

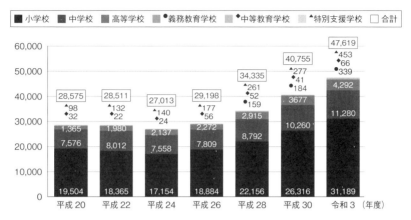

● 図7-2　公立学校における日本語指導が必要な外国籍の児童生徒数の推移（文部科学省, 2022
より一部改変）

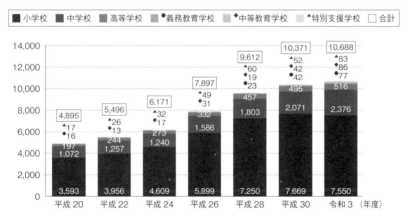

● 図7-3　公立学校における日本語指導が必要な日本国籍の児童生徒数の推移（文部科学省, 2022
より一部改変）

国籍の児童生徒数は47,619人で前回の調査時よりも6,864人（16.8%）増加
（図7-2），日本語指導が必要な日本国籍の児童生徒数は10,688人で前回の
調査時より317人（3.1%）増加した（図7-3）。

　また，日本語指導が必要な外国籍の児童生徒のうち，学校において特別

の配慮に基づく指導*を受けている者の割合は43,332人（91.0％）で前回の調査時より10,914人（33.7％）増加，日本語指導が必要な日本国籍の児童生徒のうち，学校において特別の配慮に基づく指導を受けている者の割合は9,419人（88.1％）で前回の調査時より1,700人（22.0％）増加した（文部科学省，2022）。

　これは，日本に定住する外国人の増加に伴い，公立学校で学ぶ外国人や日本語が母語ではない児童生徒も増え続けていることや，2019（令和元）年6月に施行された「日本語教育の推進に関する法律」により，公立の小中学校への日本語教室の設置や日本語教師の配置など，各地で日本語指導の充実に向けた取り組みが進められていることが背景にあると考えられる。

3．日本語指導と特別な支援の双方が必要な児童生徒の実態把握

　文部科学省（2022）によると，全国の公立特別支援学校において日本語指導が必要な児童生徒のうち，外国籍の児童生徒は453人で前回の調査時より176人（63.5％）増加，日本語指導が必要な日本国籍の児童生徒は83人で前回の調査時より31人（59.6％）増加，全国の公立小・中学校特別支援学級において日本語指導が必要な児童生徒のうち，外国籍の児童生徒は2,199人，日本語指導が必要な日本国籍の児童生徒は505人であった。今回，初めて日本語指導が必要な特別支援学級在籍児童生徒数が報告されたが，日本語の指導が必要な者の特別支援学級在籍率は5.1％（約20人に1人）なのに対し，日本語の指導を必要としない者の特別支援学級在籍率は3.6％（約30人に1人）で，1.4倍余りの差がある（日本放送協会，2022）。

　特別支援学級に在籍する日本語指導が必要な児童生徒の評価については，家族構成や生育歴等の他，文化や習慣の違いを尊重しながら教育的ニーズを把握する必要がある。しかし，現在のところ明確な規定や方針がないため，検査時に通訳を付ける，翻訳された検査ツールを使用する，などといっ

＊特別の配慮に基づく指導とは，当該児童生徒に対して「特別の教育課程」による日本語指導，並びに教科の補習等在籍学級や放課後を含む，学校で何らかの日本語指導等を行うことを指す。

た具体的な対応は自治体によって異なっている。さらに，ほとんどの場合，評価の際に用いられる検査ツールは，日本人の児童生徒を対象に開発された検査であり，日本語能力が十分ではなく，日本の文化もあまり理解していない児童生徒に用いた場合，その児童生徒の実際の能力よりも低い評価結果になる可能性がある（日本経済新聞，2021b）。これは，第二言語で検査を受けた結果，障害がないにもかかわらず障害があると判定されてしまう，いわゆる過大判定と呼ばれる状態であり，このことが，日本語の指導が必要な児童生徒の特別支援学級在籍率を高くしている可能性がある。

4. 日本語指導と特別な支援の双方が必要な児童生徒の支援

　日本語指導と特別な支援の双方が必要な児童生徒に対して適切な指導支援を行うには，日本語教育と特別支援教育双方の知識・支援技術が求められる。前者については，児童生徒の母語・第二言語の習得レベルの把握，第二言語習得理論の理解，後者については，障害や発達についての知識・支援技術が求められる。しかし，現状では日本語指導と特別な支援の双方が必要な児童生徒に対する評価が確立されていないことが多く，支援についても手探り状態であることが珍しくない。渋谷（2019）は，外国人児童生徒の支援に携わる教員からは特別支援教育に関する専門的な知識の向上の必要性を，特別支援教育に携わる教員からは外国人児童生徒の文化や言語，多文化・多言語環境が発達に与える影響に関する理解の必要性を訴える声が多かったことを報告している。当然ながらこれらすべての知識・技術を教員に求めることは困難であり，日本語教育学，コミュニケーション障害学，心理言語学，発達心理学，特別支援教育学等の専門家による連携が必要となる。

5. まとめ

　渋谷（2019）は，外国人児童生徒の学習や行動面での問題は，発達障害に基づくものか，言語能力によるものか，文化の相違・文化間移動によるストレスか，家庭環境や社会環境によるものかの見極めが難しいと述べて

いる。

　日本語指導と特別な支援の双方が必要な児童生徒を学校内で支援できる機会が少ないため，個々の児童生徒が抱える事情を受け止め，彼らが安心できる居場所を提供することが求められる（長櫓，2018）。自治体は，不就学の児童生徒へ学びを提供する団体等と連携するなど，様々な形による教育環境の整備と情報提供が求められる。児童生徒を対象として，多文化共生の視点に立ったインクルーシブ教育や国際理解教育を推進することが，日本語指導と特別な支援の双方を必要とする児童生徒の理解にもつながる。

インクルーシブ教育システム構築への道

1．わが国のインクルーシブ教育システムの課題

　姉崎（2011）は，「わが国のインクルーシブ教育の課題」として，以下の項目を挙げている。

①インクルーシブ教育への転換の必要性を国民にわかりやすく説明すること。
②通常の学校改革のための小・中学校教員及び教育関係者の意識改革が必要になること。
③すべての小・中学生を通常の学級の在籍（本籍）にし，副籍・二重籍を認めること。
④通級制による支援体制を準備（特別支援教室の配置・整備）すること。
⑤通常の学級 1 学級当たりの在籍児童生徒数の少人数化と複数担任制度による支援体制の整備（複数担任制，巡回教員，関連サービス専門員，支援員，ボランティアなど）をすること。
⑥自閉症児，重度・重複障害児に施設・設備の整った「分離」された特別支援学校を維持すること。

⑦小・中学校の空き教室等に特別支援学校の分教室等を設置・増設すること。

⑧就学前からの教育支援及び保護者が就学先を決める際に専門家による助言を得る機会を設けること。

⑨教員や巡回指導等の教員，関連サービス専門員，支援員等を配置するための予算を確保すること。

⑩学習指導要領にインクルーシブ教育の理念や各障害への配慮事項を入れること。

⑪障害のある子ども一人一人の「合理的配慮」の具体的内容を検討する必要があること。

　インクルーシブ教育システムについては，圧倒的多数の国民や小・中学校等の教員は自分の問題として捉えていないかもしれないが，インクルーシブ教育システムは障害のある子どもたちだけでなく，困難のあるすべての子どもたちと社会の在り方の問題を見据えた流れであるという論法をもって理解を進める必要がある（OECD, 1999）。

　文部科学省の中央教育審議会初等中等教育分科会（2012）から出された「共生社会の形成に向けたインクルーシブ教育システム構築のための特別支援教育の推進（報告）」の表題が表すように，インクルーシブ教育システムの構築は特別支援教育の努力で行われるような捉え方をされる傾向が強く，通常の学級にも多くの課題があることを知らせるべきである。文部科学省（2012）の「通常の学級に在籍する発達障害の可能性のある特別な教育的支援を必要とする児童生徒に関する調査」では，知的発達に遅れがない発達障害と類似した困難のある児童生徒が6.5％在籍していると推定しているが，追加調査を国立特別支援教育総合研究所（2014）が行ったところ，この6.5％という数が現状と一致すると思わないと回答した回答者のうち，一定程度の回答者（小学校82.7％，中学校76.6％）が「6.5％より多い」と回答した。文部科学省（2012）の発達障害教育関連調査は，知的障害はないものの学習面又は行動面において著しい困難を示す児童生徒に関する調査で

あったが，国立特別支援教育総合研究所（2014）によるインタビュー・調査結果からは，通常の学級に在籍する知的障害のある児童生徒が含まれている可能性と文部科学省調査における困難状況の基準には該当しないものの，何らかの困難を示している児童生徒も含めて，教育的支援が必要であると教員が捉えていることが明らかにされている。このことは，障害のある子どもたちと同じ学級で学習する他の子どもたちの困難に教員が気づいていることを示しているのだろう。このことを裏付けるように，「通常の学級に在籍する特別な教育的支援を必要とする児童生徒に関する調査結果（令和4年）」（文部科学省，2022b）では，特別な教育的支援を必要とする児童生徒は8.8%と増加した。これは，教員の実態把握力の向上だけでなく，コロナ禍によって，様々な脆弱性を抱えていた子どもたちの課題が一気に顕在化したのではないだろうか。

2. multi track型からインクルーシブ教育システムへのチャレンジに必要なこと

市場主義が高度化すると産業界ではより高度の知識が必要となり，スピード化についていけない家族も多くある。ゆっくりとしたスピードでは離脱しなかった家族にトラブルが生じて，彼らの支援を行う体制を準備しなければならない状況になる。教育は公教育と家庭教育に支えられている。財政削減によって公教育費が削減され，社会・経済的格差によって家庭教育の力が弱くなると，グローバリゼーションによって要求される競争力を支える十分な教育力がなくなり，そこからこぼれ落ちる子どもの数がより多くなる。コロナ禍を契機に学校教育におけるパソコンの導入が進んだが，ICT教育を通じてこれらの課題を解決する方法も実施しなければならない。

このような状況はコロナ禍以前の「就学援助を受ける児童生徒数の推移」（文部科学省，2015）から推察される。学用品費・遠足費・修学旅行費などの学校教育費や給食費の支払いが困難な家庭に対する就学援助制度があるが，この制度を利用する児童生徒数は，1995年には約6.1%だったのが，2012年には約15.6%となっており，大きな社会問題となりつつある。障害

のある子どものみを支援するのではなく，貧困などの教育的困難のあるすべての子どもたちを支援する体制，つまりインクルーシブ教育の必要性・充実が急務になっている。Evans（2008）は，特別な教育的ニーズのある子どもとして，障害カテゴリーだけでなく，社会・経済的，文化的あるいは言語的要因から一次的に生ずる不利益を持つ子どもたちのように，社会・経済的な原因による困難も特別な教育的ニーズがあるとしている。社会格差が競争力を増すという新自由主義の考え方に対して，George（2010）は，人々は社会的地位が低いと感じることによって，「怒りと不満を自分より下の人々，特に女性や子ども，標的になりやすい少数派にぶつける。また，無意識のうちに，健康を害し，様々な社会的機能不全を通して自分自身にもぶつける」とし，子どもや高齢者への虐待や女性に対する暴力の増加，神経疾患の増加等の最近の社会情勢を見事に看破している。近年の特別支援教育制度への在籍率の急上昇も，発達障害の「理解啓発」や「専門性の高まり」の効果だけではなく，社会経済的な格差によって子どもの将来への不安による特別支援教育への依存の高まりが反映されている可能性も考えられる。このことを裏づけるように，コロナ禍の「通常の学級に在籍する特別な教育的支援を必要とする児童生徒に関する調査結果」（文部科学省，2022b）では，前述のように2012年の6.5%から2022年の8.8%と急増している。

　中央教育審議会（2014）では，これからの初等中等教育の教育課程の在り方に言及して，主体的・対話的で深い学び（アクティブ・ラーニング）の導入に言及している。フル・インクルージョンに近い形で教育が行われているイタリアをみると，教科書中心の授業ではなく，アクティブ・ラーニングを主とするやり方である。ただしこれは，学級定員が25人で小学校では2学級3担任制，障害のある児童生徒が在籍している場合，学級定員が20人，特別支援教育教員や特別支援教育支援員が入るなどの条件で可能になっている（教員研修センター，2014；萩原，2011；落合，1997）。

3. インクルーシブ教育システムを推進する上で必要となる条件整備

Warnock & Norwich（2010）は，インクルーシブ教育の実施は社会的に

は重要なテーマだが，学校教育では困難であり，初等教育レベルでのインクルージョンはそう悪くないとしても中等教育ではうまくいくことが少ないという懸念を表明した。その背景要因には，次のような学校の状況があるのではないだろうか。文部科学白書（2015）によれば，1学級当たりの児童生徒数はOECD諸国の中で，チリ，イスラエル，日本，英国，韓国の順に多く，教員1人当たりの児童生徒数は，メキシコ，チリ，英国，トルコ，フランス，チェコ共和国，韓国，日本の順になっており，英国の教員1人当たりの負担が他のOECD諸国平均よりもかなり多いことが指摘され，この状況は今でも変わらない。また，Warnock & Norwich（2010）は小規模の特別支援学校の増加を推奨している。日本と比較すると人口当たりの特別支援学校数は英国が2倍である。社会福祉政策が地域福祉の充実へと軸足を置いた今，日本の現在の特別支援学校の現状を考えると，特別支援学校の巨大化は福祉政策の方向と逆になる可能性が出てくる。特別支援教育をインクルーシブ教育にするために，清水（2012）は，次の10項目が必要であると述べている。

①特別な理由がない限り，特別支援学級や特別支援学校での教育を強制されない。

②特別な理由がない限り，障害のない子どもとの交流及び共同学習や行事等への参加が保障される。

③特別な理由がない限り，発達に必要なカリキュラムと支援サポートを受ける権利が保障される。支援サポートは通常の学級においても供給される。

④特別な理由がない限り，居所からの通学が保障される。

⑤盲者，ろう者及び盲ろう者には，特有のコミュニケーション手段が保障される。

⑥特別な理由がない限り，放課後活動が保障される。また放課後での共生が保障される。

⑦学校等，市町村教育委員会の提供する便益・援助・プログラムにおい

て，障害のない者と同等の権利が保障される。

⑧学校等，市町村教育委員会の提供する便益・プログラムを享受するに
あたり，障害のない者以上の不便や不利益を被らない。

⑨学校等が資格等を付与するとき，障害を理由として，障害のある者を
差別してはならない。

⑩学校等，教育委員会は，差別する団体や組織を支援してはならない。

4．おわりに

わが国の特別支援学校の中身を見ると，小学部から，中学部，そして高等部と徐々に在籍する児童生徒の割合が増加する現象は，Warnock & Norwich（2010）が述べているように，初等教育の段階では通常の学級で授業を受けていても，前期中等教育，後期中等教育と年齢が上がるにつれて通常の学級での学習についていくことができず，特別支援学級や特別支援学校に移行していることを物語っているのではないだろうか。幼児教育，初等教育，中等教育の様々なレベルで「交流及び共同学習」を行いながら，教育担当者は常に目の前の子どもだけでなく日本の将来を考慮することによって，共生社会やソーシャル・インクルージョンのシステムの構築を一人一人が志向し，チャレンジを行う必要がある。

特別支援教育の最終段階である特別支援学校高等部の就職率はコロナ禍の影響もあってか21.0％と下がり，61.6％の子どもたちが施設利用者となっている（文部科学省，2022a）。

2018（平成30）年から始まった介護保険による地域包括ケアシステムである「共生型サービス」は高齢者と障害者が同一事業所でサービスを受ける制度である。介護保険制度は可能な限り住み慣れた地域で暮らし続けるという原則で，地域の高齢化が進めば進むほど，その制度の維持のために絆と言われる支援やNPO等によるインフォーマルな支援を必要とする。財政のひっ迫と少子高齢化の加速によって「共生型サービス」は拡大し，地域住民が総力をあげて制度維持への努力をする必要がある。そのためには，日常的に学校教育の中でも支援が必要な人々の理解や支援方法を見聞きし

理解する必要がある。手厚い支援を別の場所で行い，「交流及び共同学習」をするのみでは高齢者が抱える肢体不自由や認知症の理解と対処法を理解することも実感も持てない。社会福祉制度は原則として，市町村単位で設置・運営される。特別支援学校のほとんどは都道府県立で，一校の中に複数の市町村から通学する児童生徒が在籍しているのが常である。居住する場所とは異なる行政区の特別支援学校に長期に在籍することにもなる。61％もの卒業生が福祉施設の利用者になるのであれば，学校教育終了後の生活を考えた場合，特別支援学校に入学することのデメリットも生ずる危険性がある。高等部在籍生徒の増加によって就職を希望する生徒の実数が多くなったとしても，特別支援教育のアカウンタビリティーを考えると，卒業生の低い就業率もこのままでよいとは言えない。内閣府（2005）が示唆しているように，特別支援学校だけの責任にするのではなく，福祉施設利用と企業就職という二者択一ではない働き方，例えば欧米の定義にのっとった社会的企業の設立や企業のCSR（Corporate Social Responsibility：社会的責任）として障害者就労を支えることも含めた共生社会の構築を目指す必要がある（OECD, 2009）。

　山口（2008）は，インクルージョンは，「一朝一夕に実現できることではなく，5年，10年あるいは数十年かかるかもしれない『過程』であり，『それが達成された時点でインクルージョン，という言葉もなくなる長い旅路』なのである」と述べている。国際連合「障害者の権利に関する条約」でも，インクルーシブ教育は障害のある子どもとのインクルージョンを考える傾向が強い。21世紀の教育として話題になっている国際バカロレア教育におけるインクルーシブ教育は，対象者はすべての児童生徒であり，社会的地位，経済状態，言語，ジェンダー，民族性，セクシュアリティ，障害の有無によって排除しないとし，かなり広い範囲の子どもたちを射程に入れている（日本特殊教育学会, 2019）。時がたつにつれて日本の人口が減り高齢者の割合が非常に高い人口ピラミッドになると，支援する人々を外国籍の人々にも依存しなければならない。そして彼らの生活も保障する体制を作らなければならない。しかし，2019年に就学していない外国籍の子どもた

ちの数は，22,701 人と推定されている（朝日新聞，2019）。これは外国籍の児童生徒には義務教育が課せられていない法規的な原因によるものでもある。学齢期に教育を受けずに過ごせば，日本での生活だけでなく，帰国する場合には，自国での生活にも困難が生ずる。また，変則的な現象も現れている。外国人が多く住む25市町の公立小・中学校に通う外国籍の子どもの 5.37% が，知的障害がある子どもたちが学ぶ「特別支援学級」に在籍している。外国籍の子どもの在籍率は，一般の子どもたちの 2 倍超に達していた（毎日新聞，2019）。

　文部科学省（2019）は「新時代の学びを支える先端技術活用推進方策（最終まとめ）」の中で，ICT の教育現場への導入は Society 5.0 時代への準備だけでなく，インクルーシブ教育という言葉は使用していないが，「他の子どもたちとの学習が困難」「ASD，LD などの発達障害」「日本語指導が必要」「特異な才能」といった特徴のある子どもたちの存在も多様化として認め，「誰一人取り残すことのない，公正に個別最適化された学び」の実現を掲げている。これは国際バカロレアが定義しているインクルーシブ教育と類似しており，一人一台のパソコン配布は，その実現のためのハード面の整備が完了したとも言える。これを契機に，障害の有無のみに言及するクラシックなインクルーシブ教育から新しい文脈でのインクルーシブ教育へ移行できる時代となった。障害児支援だけではなく外国籍の子どもたちも安心して教育を受けるためのインクルーシブ教育を実施しなければ，日本には悲惨な将来が待っていることを覚悟すべきである。

　内閣府（2021）によれば，日本は群を抜いて少子超高齢化が早く，韓国が 2050 年あたりに日本を越し，2020 年の日本と同じ高齢化率を示すのは 2030 年代にドイツと韓国，2040 年代にシンガポールとタイ，2050 年代に中国，2060 年代にフランスとしている。このように時間差はあるがすべての国が日本と同じ少子高齢化をたどる。国連の障害者の権利条約委員会はほとんどの国に対してインクルーシブ教育の実効に対する懸念や勧告を行っている。しかし，日本こそがインクルーシブ教育のフロントランナーとして走らなければならない厳しい国情を抱えているのではないだろうか。

文　献

●第1章..............
【1 節】
文部科学省（2007）特別支援教育の推進について（通知）　平成 19 年 4 月 1 日
　　http://www.mext.go.jp/b_menu/hakusho/nc/07050101.htm（2016 年 2 月 17 日閲覧）
文部科学省（2012）共生社会の形成に向けたインクルーシブ教育システム構築のための特別支援教
　　育の推進（報告）　平成 24 年 7 月 23 日
　　http://www.mext.go.jp/b_menu/shingi/chukyo/chukyo3/044/attach/1321669.htm（2016 年 2 月 17 日
　　閲覧）
文部科学省（2013）障害のある児童生徒等に対する早期からの一貫した支援について（通知）　平成
　　25 年 10 月 4 日
　　http://www.mext.go.jp/a_menu/shotou/tokubetu/material/1340331.htm（2016 年 2 月 17 日閲覧）
文部科学省（2022）特別支援教育資料（令和 3 年度）令和 4 年 11 月
　　https://www.mext.go.jp/a_menu/shotou/tokubetu/material/1406456_00010.htm（2023 年 1 月 8 日
　　閲覧）

【3 節】
中央教育審議会初等中等教育分科会（2012）共生社会の形成に向けたインクルーシブ教育システム
　　構築のための特別支援教育の推進（報告）
文部科学省（2007）特別支援教育の推進について（通知）　平成 19 年 4 月 1 日
　　http://www.mext.go.jp/b_menu/hakusho/nc/07050101.htm（2016 年 2 月 17 日閲覧）

【4 節】
Giddens, A.・渡辺聡子（2009）日本の新たな「第三の道」―市場主義改革と福祉改革の同時推進　ダ
　　イヤモンド社
岩田正美・大橋謙策・白澤正和（2014）現代社会と福祉（第 2 版）　ミネルヴァ書房
萱野稔人（2015）成長なき時代のナショナリズム　角川書店
共生社会形成促進のための政策研究会（2005）「共に生きる新たな結び合い」の提唱（詳細版）
　　http://www8.cao.go.jp/souki/live/syosai-pdf/honbun.html（2015 年 9 月 15 日閲覧）
文部科学省（2015）中央教育審議会初等中等教育分科会教育課程部会教育課程企画特別部会（第 7 期
　　第 14 回）資料
　　http://www.mext.go.jp/b_menu/shingi/chukyo/chukyo3/kaisai/1360924.htm（2015 年 12 月 5 日閲
　　覧）
文部科学省（2022a）令和 3 年度文部科学白書　p. 137
文部科学省（2022b）通常の学級に在籍する特別な教育的支援を必要とする児童生徒に関する調査結
　　果（令和 4 年）について
　　https://www.mext.go.jp/b_menu/houdou/2022/1421569_00005.htm（2023 年 1 月 10 日閲覧）
森　則夫・杉山登志郎・岩田泰秀（2014）臨床家のための DSM-5 虎の巻　日本評論社
中村満紀男・岡　典子（2005）アメリカ合衆国におけるフル・インクルージョン論と障害マイノリ
　　ティー創出の諸要素　心身障害学研究, 29, 17-33.
落合俊郎・鄭　東榮・姜　美羅・崔　明福（2015）日本・韓国・中国におけるインクルーシブ教育

の進捗状況に関する国際比較—国連障害者の権利条約採択前後からの制度・環境整備・実施状況についての国際比較　日本特殊教育学会第 53 大会論文集，83.

近江幸治（2002）New Public Management からの「第三の道」・「共生」理論への展開—資本主義と福祉社会の共生　成文堂

Terzi, L.（2010）*Justice and equality in education: A capability perspective on disability and special educational needs*. London: Bloomsbury Academic.

United Nations（2006）Convention on the Rights of Persons with Disabilities and Optional Protocol. http://www.un.org/disabilities/documents/convention/convoptprot-e.pdf（2016 年 7 月 11 日閲覧）

United Nations（2022）Convention on the Rights of Persons with Disabilities, Committee on the Rights of Persons with Disabilities Concluding observations on the initial report of Japan. https://www.mhlw.go.jp/content/12601000/001001554.pdf（2023 年 1 月 10 日閲覧）

【5 節】
文部科学省（2017）小学校学習指導要領解説総則編（平成 29 年 7 月）
文部科学省（2017）特別支援学校幼稚部教育要領
文部科学省（2017）特別支援学校小学部・中学部学習指導要領（平成 29 年 4 月）
文部科学省（2019）特別支援学校高等部学習指導要領（平成 30 年 3 月）
文部科学省（2022a）令和 4 年度特別支援教育の推進に関する関係課長等連絡会議資料（令和 4 年）https://www.mext.go.jp/kaigisiryo/content/20221004-mxt_tokubetu01-000025315_3.pdf（2022 年 12 月 30 日閲覧）
文部科学省（2022b）通常の学級に在籍する特別な教育的支援を必要とする児童生徒に関する調査結果（令和 4 年）について https://www.mext.go.jp/b_menu/houdou/2022/1421569_00005.htm（2022 年 12 月 30 日閲覧）

【6 節】
文部科学省（2017）小学校学習指導要領解説総則編

● 第 2 章⋯⋯⋯⋯⋯

【1 節】
星山麻木・神山歩弓・星山雅樹（2005）Individualized Family Service Plan（IFSP）の日本における適用の可能性—特別支援を必要とする乳幼児とその家族のために　小児保健研究，**64**（6），785-790.
小枝達也（2013）育てにくさに寄り添う乳幼児健診　発達障害研究，**35**（3），213-219.
厚生労働省（2014）今後の障害児支援の在り方について（報告書）
益子まり（2008）大都市における乳幼児健診の位置づけ　母子保健情報，**58**，101-104.
七木田　敦・松井剛太（2015）つながる・つなげる障害児保育　保育出版社

【2 節】
Cole, M., & Cole, S. R.（1989）*The development of children.* New York: Scientific American.
前川久男（2006）学習障害児の算数獲得と個別支援の研究—数学的操作の獲得段階に合わせた指導法開発　平成 14 年度〜平成 17 年度科学研究費補助金研究成果報告書
長崎　勤（1994）健常乳幼児とダウン症幼児の要求場面における全言語的伝達行為の横断的検討　音声言語医学，**35**（4），331-337.
長崎　勤・小野里美帆（1996）コミュニケーションの発達と指導プログラム—発達に遅れをもつ乳幼児のために　日本文化科学社
多和田　忍・万歳登茂子（2005）ダウン症児の運動発達　リハビリテーション医学，**42**（4），270.
やまだようこ（2011）「発達」と「発達段階」を問う—障害発達とナラティブ論の視点から　発達心

理学研究，**22**（4），418-427.

【3節】

Bagnato, S. J., Neisworth, J., & Pretti-Frontczak, K.（2010）*LINKing authentic assessment & early childhood intervention.* Baltimore, MD: Brookes.

Bricker, D., & Pretti-Frontczak, K.（2004）*An activity-based approach to early intervention.* Baltimore, MD: Brookes. 七木田　敦・山根正夫（監訳）（2011）子どものニーズに応じた保育—活動に根差した介入　二瓶社

石井正子（2011）第3章　障害児理解の方法　七木田　敦・松井剛太（編者）障害児保育—保育実践の原点から未来へ　樹村房　p.63.

McWilliam, R. A.（2010）*Routines-based early intervention.* Baltimore, MD: Brookes.

【4節】

真鍋　健（2012）障害のある子どもの移行支援に関する研究—ダウン症児の小学校就学における移行支援アセスメントの展開と支援　日本保育学会第65回大会論文集，378.

文部科学省（2013）学校教育法施行令の一部改正について（通知）

七木田　敦（2016）保護者の歴史を知り対等な関係を築く保護者連携　実践障害児教育（2月号）　学研　pp.10-13.

●第3章……………
【1節】

郷間英世・圓尾奈津美・宮地知美・池田友美・郷間安美子（2008）幼稚園・保育園における「気になる子」に対する保育上の困難さについての調査研究　京都教育大学紀要，**113**，81-89.

平澤紀子・藤原義博・山根正夫（2005）保育所・園における「気になる・困っている行動」を示す子どもに関する調査研究—障害群からみた該当児の実態と保育者の対応および受けている支援から　発達障害研究，**26**，256-267.

本郷一夫（編著）（2006）保育の場における「気になる」子どもの理解と対応　ブレーン出版　pp.5-31.

真鍋　健（2011）特別なニーズのある子どもの移行支援に関する研究—垂直的・水平的移行を包括したモデルの開発と支援の試み　保育学研究，**49**（1），85-95.

水内豊和・増田貴人・七木田　敦（2001）「ちょっと気になる子ども」の事例にみる保育者の変容過程　保育学研究，**39**（1），28-35.

高田　哲・石岡由紀（2010）発達障害をもつ児に対する医療と保育所・幼稚園・学校との連携　小児内科，**42**，491-495.

渡部信一（2001）障害のある子どもは「現場」で学ぶ—自閉症児のケースで考える　新曜社

【2節】

藤井茂樹・齊藤由美子（2010）通常学級へのコンサルテーション—軽度発達障害児及び健常児への教育的効果　国立特別支援教育総合研究所

廣瀬由美子（2009）わかりやすい授業をつくろう—特別な支援が必要な子どもを想定して　廣瀬由美子・桂　聖・坪田耕三（編）通常の学級担任がつくる授業のユニバーサルデザイン—国語・算数授業に特別支援教育の視点を取り入れた「わかる授業づくり」　東洋館出版社　pp.10-13.

池島徳大・松山康成（2014）学級における規範意識向上を目指した取り組みとその検討—"PBISプログラム"を活用した開発的生徒指導実践　奈良教育大学教職大学院研究紀要「学校教育実践研究」，**6**，21-29.

桂　聖（2016）巻頭言　究極の支援は，「見えない支援」である　桂　聖・日本授業UD学会（編）授業のユニバーサルデザイン　東洋館出版社，**8**，1.

国立特別支援教育総合研究所（2009）小・中学校等における発達障害のある子どもへの教科教育等の支援に関する研究

齊藤由美子・藤井茂樹（2009）米国における教育のシステムチェンジの試み―カリフォルニア州ラベンズウッドシティ学校区における学校全体で取り組むモデル　世界の特別支援教育，23, 57-69.

司城紀代美（2013）通常の学級における発達障害の子どもへの支援に関する研究動向―「多様な学習者」による教室での「相互作用」という視点から　国立特別支援教育総合研究所研究紀要，40, 97-108.

柘植雅義（編）（2014）ユニバーサルデザインの視点を活かした指導と学級づくり　金子書房

漆澤恭子（2014）ユニバーサルデザインの実践を支える学級経営　柘植雅義（編）ユニバーサルデザインの視点を活かした指導と学級づくり　金子書房　pp.41-48.

吉田茂孝（2015）「授業のユニバーサルデザイン」の教育方法学的検討　障害者問題研究，43, 18-25.

【3節】

相澤雅文・中村佳世・本郷一夫（2009）学級担任が「気になる」児童生徒についての調査研究（2）―京都府の中学校学級担任への調査から　京都教育大学紀要，115, 145-157.

稲垣章子・別府悦子・吉川武彦（2000）スペシャルニーズをかかえる子の教育支援のあり方―子どもの心に寄り添う養護教諭を目指して　中部学院大学・中部学院大学短期大学部研究紀要，5, 71-84.

佐藤幹夫（2011）青年期の発達障害とどう向き合うか　PHP研究所

髙橋　智・田部絢子（2013）中学校における特別支援教育の動向と課題　障害者問題研究，40（4），2-9.

若林上総・大島富恵（2015）不登校を主訴としたアスペルガー障害のある男子中学生の登校復帰に向けた学校・地域の支援　埼玉大学教育学部教育実践総合センター紀要，14, 33-40.

渡部紘子・武田　篤（2008）軽度発達障害に関する小・中学校教師の意識調査　秋田大学教育文化学部教育実践研究紀要，30, 85-94.

栁　百合子・司城紀代美（2015）中学校の通常学級担任による特別支援教育の視点に立った学級づくり　宇都宮大学教育学部教育実践紀要，1, 21-27.

保田英代・姉崎　弘（2012）中学校における特別支援教育体制のあり方について―「個別の教育支援計画」及び「個別の指導計画」の作成と活用を通して　三重大学教育学部研究紀要，63, 79-86.

吉澤紀子・米山直樹（2003）特別支援教育の現状―中学校におけるLDを中心に　上越教育大学心理教育相談研究，2（1），131-137.

【4節】

文部科学省（2009a）特別支援教育の推進に関する調査協力者会議・高等学校ワーキンググループ報告書，2009年8月27日

文部科学省（2009b）平成20年度特別支援教育体制整備状況調査

文部科学省（2016）「高等学校における通級による指導の制度化及び充実方策について」高等学校における特別支援教育の推進に関する調査研究協力者会議（報告）

文部科学省（2020a）令和元年度学校基本調査

文部科学省（2020b）令和元年度特別支援教育資料

文部科学省（2021）新しい時代の特別支援教育の在り方に関する有識者会議報告

【5節】

河村　久（2012）学校経営上の位置付け　全国特別支援学級設置校長会（編）「特別支援学級」と「通級による指導」ハンドブック　東洋館出版社　pp.194-205.

【6 節】
朝日滋也（2012）通級による指導の教育課程の編成　全国特別支援学級設置校長会（編）「特別支援学級」と「通級による指導」ハンドブック　東洋館出版社　pp.124-135.
文部科学省（2020）初めて通級による指導を担当する教師のためのガイド
　　https://www.mext.go.jp/tsukyu-guide/（2023 年 2 月 1 日閲覧）

【7 節】
中央教育審議会初等中等教育分科会（2012）共生社会の形成に向けたインクルーシブ教育システム構築のための特別支援教育の推進（報告）　文部科学省
Department for Children, Schools and Families（2008）The Education（Special Educational Needs Co-ordinators）（England）Regulations 2008.
加藤哲文（2004）特別支援教育における「行動コンサルテーション」の必要性　加藤哲史・大石幸二（編著）特別支援教育を支える行動コンサルテーション―連携と協働を実現するためのシステムと技法　学苑社　pp.2-15.
国立特殊教育総合研究所（2006）特別支援教育コーディネーター実践ガイド
松岡勝彦（2011）行動コンサルテーションで使われる技法　加藤哲文・大石幸二（編著）学校支援に活かす行動コンサルテーション実践ハンドブック―特別支援教育を踏まえた生徒指導・教育相談への展開　学苑社　pp.57-73.
文部科学省（2007）特別支援教育の推進について（通知）
文部科学省（2012）平成 23 年度特別支援教育に関する調査の結果について
文部科学省（2017）発達障害を含む障害のある幼児児童生徒に対する教育支援体制整備ガイドライン～発達障害等の可能性の段階から，教育的ニーズに気付き，支え，つなぐために～
文部科学省（2018）平成 29 年度特別支援教育に関する調査の結果について
特別支援教育の在り方に関する調査研究協力者会議（2003）今後の特別支援教育の在り方について（最終報告）文部科学省
柘植雅広・宇野宏幸・石橋由紀子（2007）コーディネーター全国悉皆調査　特別支援教育コーディネーター研究，**2**, 1-73.

●第 4 章
【1 節】
日本点字図書館用具事業課（2016）わくわく用具ショップ
　　http://yougu.nittento.or.jp　（2016 年 6 月 3 日閲覧）
全国盲学校長会（2020）視覚障害教育の現状と課題―令和 2 年度年報―　第 60 巻　全国盲学校長会
全国視覚障害児童・生徒用教科書点訳連絡会（2016）平成 28 年度点訳教科書作成に関する実態調査
　　http://kyotenren.web.fc2.com/result28.htm（2016 年 6 月 3 日閲覧）

【2 節】
鄭　仁豪（2020）新学習指導要領に示される聴覚障害の状態等に応じた言語活動の充実～人工内耳装用児に対する全国調査と実践研究に基づいて～　特別支援教育に関する教職員等の資質向上事業（新学習指導要領に向けた実践研究）研究成果報告書（中間報告）
神田幸彦・吉田晴朗・原　稔・木原千春・伊藤亜紀子・林田幸子・高橋晴雄（2018）人工内耳装用児の通常学校進路状況とそれに影響する因子について　*Audiology Japan*, **61**, 277-286.
文部科学省（2010）特別支援教育資料（平成 21 年度）平成 22 年 4 月
　　https://www.mext.go.jp/a_menu/shotou/tokubetu/material/1297212.htm（2020 年 12 月 24 日閲覧）
文部科学省（2017）特別支援学校幼稚部教育要領　小学部・中学部学習指導要領
文部科学省（2019）特別支援教育資料（平成 30 年度）令和元年 6 月
　　https://www.mext.go.jp/a_menu/shotou/tokubetu/material/1406456_00001.htm（2020 年 12 月 24 日

閲覧）

文部科学省（2020a）特別支援教育資料（令和元年度）令和2年9月
　　https://www.mext.go.jp/a_menu/shotou/tokubetu/material/1406456_00008.htm（2020年12月24日閲覧）

文部科学省（2020b）聴覚障害教育の手引き―言語に関する指導の充実を目指して―　ジアース教育新社

中野善達・根本匡文（編著）（2006）聴覚障害教育の基本と実際　田研出版

日本聴覚医学会難聴対策委員会（2014）難聴対策委員会報告―難聴（聴覚障害）の程度分類について　日本聴覚医学会難聴対策委員会
　　http://audiology-japan.jp/audi/wp-content/uploads/2014/12/a1360e77a580a13ce7e259a406858656.pdf（2016年2月13日閲覧）

日本耳鼻咽喉科学会（2014）小児人工内耳適応基準　日本耳鼻咽喉科学会
　　http://www.jibika.or.jp/members/iinkaikara/artificial_inner_ear.html（2015年2月13日閲覧）

大鹿　綾・渡部杏菜・濵田豊彦（2019）特別支援教育制度開始以降の発達障害の可能性のある聴覚特別支援学校在籍児に関する研究―過去10年の全国聴覚特別支援学校調査の動向―　聴覚言語障害，48（2），91-105.

齋藤佐和（2018）日本の聴覚障害教育の変化―言語指導法を中心に―　聴覚言語障害，47（1），1-20.

脇中起余子（2013）「9歳の壁」を越えるために―生活言語から学習言語への移行を考える　北大路書房

四日市　章（2020）重度聴覚障害児と学習言語　聴覚言語障害，49（1），1-12.

【3節】
文部科学省（2015）教育課程企画特別部会　論点整理
文部科学省（2018）特別支援学校学習指導要領解説各教科編（小学部・中学部）
文部科学省（2020）特別支援教育資料（令和元年度）
文部科学省（2022）特別支援教育資料　特別支援教育資料（令和3年度）令和4年11月
　　https://www.mext.go.jp/content/20221206-mxt_tokubetu02-000026303_2.pdf（2023年2月20日閲覧）
文部科学省初等中等教育局特別支援教育課（2013）教育支援資料―障害のある子供の就学手続と早期からの一貫した支援の充実

【4節】
川間健之介・長沼俊夫（2020）新訂 肢体不自由児の教育　NHK出版
文部科学省（2017）特別支援学校小学部・中学部学習指導要領，11-15.
文部科学省（2018）特別支援教育資料（令和元年度）
菅野和彦・川間健之介・吉川知夫（2018）肢体不自由教育実践授業力向上シリーズNo.6　新学習指導要領に基づく授業づくり　ジアース教育新社

【5節】
日下奈緒美（2015）平成25年度全国病類調査にみる病弱教育の現状と課題　国立特別支援教育総合研究所研究紀要，42，13-25.
文部科学省（2015）長期入院児童生徒に対する教育支援に関する実態調査の結果
文部科学省（2017）特別支援学校小学部・中学部学習指導要領
文部科学省（2018）特別支援教育資料（令和元年度）
鈴木滋夫・武田鉄郎・金子　健（2008）全国の特別支援学校（病弱）における適応障害を有するLD・ADHD等生徒の実態と支援に関する調査研究　特殊教育学研究，46，39-48.

【6 節】

Dougherty, A. M.〔2005〕*Psychological consultation and collaboration in school and community settings.* 4th ed. Belmont, CA: Brooks.

国立特別支援教育総合研究所（2006）特別支援教育コーディネーター実践ガイド—LD・ADHD・高機能自閉症等を含む障害のある子供への支援のために　平成 15 年度〜平成 17 年度プロジェクト研究特別支援教育コーディネーターに関する実際的研究　報告書

国立特別支援教育総合研究所（2012）教育相談情報提供システム　教育相談に関する基礎 http://forum.nise.go.jp/soudan-db/〔2016 年 7 月 11 日閲覧〕

文部科学省（2007）特別支援教育の推進について（通知）

【8 節】

文部科学省（2007）特別支援教育の推進について（通知）

文部科学省（2017）特別支援学校小学部・中学部学習指導要領

文部科学省（2017）新しい学習指導要領の考え方—中央教育審議会における議論から改訂そして実施へ—

●第 5 章

【1 節】

文部科学省（2012）共生社会の形成に向けたインクルーシブ教育システム構築のための特別支援教育の推進（報告）

文部科学省（2022）令和 3 年度学校における医療的ケアに関する実態調査結果（概要）（別紙 2）

【2 節】

中央教育審議会（2015）チームとしての学校の在り方と今後の改善方策について（答申）

藤井明日香・川合紀宗（2012）特別支援学校高等部の就労支援における関係機関との連携—多機関・多職種連携を困難にする要因の考察から　広島大学大学院教育学研究科附属特別支援教育実践センター研究紀要，10, 15-23.

菊地和則（2000）多職種チームの構造と機能—多職種チーム研究の基本的枠組み　社会福祉学，41, 13-25.

菊地和則（2004）多職種チームのコンピテンシー—インディビデュアル・コンピテンシーとチームコンピテンシーに関する基本的概念整理　社会福祉学，44, 23-31.

文部科学省（2003）今後の特別支援教育の在り方について（最終報告）

文部科学省（2012）共生社会の形成に向けたインクルーシブ教育システムの構築のための特別支援教育の推進（報告）

吉岡恒生（2013）特別支援教育における関係機関との連携の効果と問題点—教員の実践レポートを用いて　障害者教育・福祉学研究，9, 45-52.

【3 節】

東谷敏子・林　隆・木戸久美子（2010）発達障害を持つ保護者のわが子の発達に対する認識についての検討　小児保健研究，69, 38-46.

厚生労働省（2017）保育所保育指針

文部科学省（2005）特別支援教育を推進するための制度の在り方について（答申）

文部科学省（2017）幼稚園教育要領

田中富子（2014）保護者の障害受容に影響を与える要因—社会的支援を視点とした分析　吉備国際大学研究紀要（医療・自然科学系），24, 43-54.

【4 節】

河口麻希（2015）「就学支援シート」を用いた特別なニーズのある幼児の移行支援―移行の時期に着目して　保育学研究，**53**（2），174-184．

河口麻希・七木田　敦（2014）保幼小連携に対する保育者と小学校教諭への意識調査―具体的な「伝えたい情報」と「知りたい情報」の比較から　広島大学大学院教育学研究科紀要　第三部（教育人間科学関連領域，**63**, 81-90．

厚生労働省（2008）保育所保育指針

厚生労働省（2017）保育所保育指針

文部科学省（2008）幼稚園教育要領

文部科学省（2017）幼稚園教育要領

【5 節】

千葉県教育委員会（2020）合理的配慮事例集～小中学校の通常の学級に在籍する発達障害の可能性のある児童生徒の事例を中心に～

鹿児島県教育委員会（2019）充実した合理的配慮の提供に向けて～全ての児童生徒が豊かな学校生活を送るために～

文部科学省（2012）合理的配慮等環境整備検討ワーキンググループ報告（概要）

山口県教育委員会（2020）学校における「合理的配慮」の提供～ともに「学び」，ともに「輝く」～

【6 節】

中央教育審議会（2016）幼稚園，小学校，中学校，高等学校及び特別支援学校の学習指導要領等の改善及び必要な方策等について（答申）

文部科学省（2017）特別支援学校小学部・中学部学習指導要領

文部科学省（2017）特別支援学校高等部学習指導要領

文部科学省（2018）特別支援学校教育要領・学習指導要領解説総則編

岡山県総合教育センター（2019）知的障害教育における「主体的・対話的で深い学び」に関する研究

【7 節】

中央教育審議会初等中等教育分科会教育課程部会特別支援教育部会（2016）特別支援教育部会における審議のとりまとめ

文部科学省（2017）小学校学習指導要領解説総則編（平成 29 年 7 月）

文部科学省（2018a）特別支援学校教育要領・学習指導要領解説総則編（平成 30 年 3 月）

文部科学省（2018b）特別支援学校学習指導要領解説各教科等編

岡山県特別支援学校長会・岡山県教育庁特別支援教育課（2020）岡山県特別支援学校における知的障害のある児童生徒の指導内容表

【8 節】

中央教育審議会（2012）共生社会の形成に向けたインクルーシブ教育システム構築のための特別支援教育の推進（報告）

文部科学省（2021）新しい時代の特別支援教育の在り方に関する有識者会議（報告）

文部科学省（2021）令和 2 年度特別支援学校教員の特別支援学校教諭等免許状保有状況等調査結果の概要

東京都教育委員会（2013）児童・生徒等の教育ニーズに応じた専門的指導を充実するための学校の専門性と教員の資質・専門性の向上（指針Ⅲ）

●第6章..............
【1節】
川合紀宗（2011）コミュニケーションの技術　広島大学情報メディア教育研究センター（編）新・情報リテラシー教科書　学術図書出版社　pp.54-65.
三浦由起子（2015）ビジネスコミュニケーションを高める7つの具体策　コミュリポ　2月28日号
小学館（2006）大辞泉

【2節】
本間正人・松瀬理保（2015）コーチング入門〈第2版〉　日本経済新聞出版社
菅原裕子（2003）コーチングの技術　講談社

【3節】
中央教育審議会（2012）教職生活の全体を通じた教員の資質能力の総合的な向上方策について（答申）
中央教育審議会（2015）これからの学校教育を担う教員の資質能力の向上について（答申）
堀　公俊（2004）ファシリテーション入門　日本経済新聞出版社
文部科学省（2007）特別支援教育の推進について（通知）
中野民夫（2003）ファシリテーション革命　岩波書店

【4節】
国立教育政策研究所（2013）教育課程の編成に関する基礎的研究報告書5　社会の変化に対応する資質や能力を育成する教育課程編成の基本原理〔改訂版〕
教育再生実行会議（2015）これからの時代に求められる資質・能力と，それを培う教育，教師の在り方について（第七次提言）
文部科学省（2017）小学校学習指導要領解説総則編
三省堂（2006）大辞林〈第三版〉

●第7章..............
【1節】
川合紀宗（2016）インクルージョン・インクルーシブ教育に対する提言　青山新吾（編）インクルーシブ教育ってどんな教育？　学事出版　pp.104-118.
文部科学省（2021）新しい時代の特別支援教育の在り方に関する有識者会議（報告）
文部科学省（2021）特別支援学校設置基準の公布等について
文部科学省（2022）特別支援教育を担う教師の養成，採用，研修等に係る方策について（通知）
内閣府（2021）令和3年度版高齢社会白書
総務省（2021）労働力調査
WHO（2001）International Classification of Functioning, Disability and Health（ICF）

【2節】
中央教育審議会（2011）今後の学校におけるキャリア教育・職業教育の在り方について（答申）
菊地一文（2013）実践キャリア教育の教科書　学研教育出版
文部科学省（2017）小学校学習指導要領
文部科学省（2017）中学校学習指導要領
文部科学省（2018）高等学校学習指導要領
文部科学省（2017）特別支援学校小学部・中学部学習指導要領
文部科学省（2019）特別支援学校高等部学習指導要領

【3節】

石川　准（2008）本を読む権利はみんなにある　上野千鶴子・大熊由紀子・大沢真理・神野直彦・
　　副田義也（編）ケア　その思想と実践〈1〉　ケアという思想　岩波書店　pp.91-106.

文部科学省（2011）教育の情報化ビジョン—21世紀にふさわしい学びと学校の創造を目指して http://
　　www.mext.go.jp/b_menu/houdou/23/04/__icsFiles/afieldfile/2011/04/28/1305484_01_1.pdf（2016
　　年6月29日閲覧）

文部科学省（2012）共生社会の形成に向けたインクルーシブ教育システム構築のための特別支援教
　　育の推進（報告）
　　http://www.mext.go.jp/b_menu/shingi/chukyo/chukyo3/044/houkoku/1321667.htm（2016年6月29
　　日閲覧）

文部科学省（2019）教育の情報化に関する手引

【4節】

松田真希子・中川郷子（2018）外国にルーツをもつ児童の発達アセスメントと言語の問題について
　　—発達障害と一時的リミテッド状況の鑑別のための調査研究—　金沢大学留学生センター紀要，
　　21, 29-42.

文部科学省（2022）日本語指導が必要な児童生徒の受入状況等に関する調査結果について
　　https://www.mext.go.jp/content/20221017-mxt_kyokoku-000025305_02.pdf

長櫓涼子（2018）外国にルーツを持つ子どもの特別の教育的ニーズと支援：多文化共生を尊重した
　　多様な支援の在り方の検討　児童文化研究所所報，**40**, 43-52.

日本経済新聞（2021a）日本語指導の担当教員とは—不足で外部人材起用も—　2021年9月15日朝
　　刊

日本経済新聞（2021b）外国籍の小中生，「支援学級」頼み—日本語教育体制に穴—　2021年5月10
　　日朝刊

日本放送協会（2022）【詳しく】特別支援学級に外国人の子どもが多い？なぜ？　NHK NEWS WEB
　　2022年3月28日
　　https://www3.nhk.or.jp/news/html/20220328/amp/k10013552231000.html（2022年12月28日閲
　　覧）

渋谷　恵（2019）日本の学校における多文化化・多言語化の進展と教育の課題　LD研究，**28**（2），
　　214-216.

【5節】

姉崎　弘（2011）特別支援教育とインクルーシブ教育—これからのわが国の教育のあり方を問う　ナ
　　カニシヤ出版

朝日新聞（2019）外国人の子ども，2万人不就学か　半分は自治体把握せず　朝日新聞DIGITAL
　　https://www.asahi.com/articles/ASM9V6TT7M9VUTIL04Q.html（2023年1月10日閲覧）

中央教育審議会（2014）26文科初第852号　初等中等教育における教育課程の基準等の在り方につ
　　いて

中央教育審議会初等中等教育分科会（2012）共生社会の形成に向けたインクルーシブ教育構築のた
　　めの特別支援教育の推進（報告）

Evans, P.（2008）世界の特別支援教育の動向について　日本LD学会第17回大会発表論文集，84-
　　108.

George, S.（2010）Whose crisis, whose future. Cambridge, UK: Polity Press. 荒井雅子（訳）（2011）こ
　　れは誰の危機か，未来は誰のものか—なぜ1%にも満たない富裕層が世界を支配するのか　岩波
　　書店

萩原愛一（2011）イタリアの学習障害児教育法　海外の立法247　国立国会図書館調査及び立法考査
　　局，101-106.

国立特別支援教育総合研究所（2014）「通常の学級に在籍する発達障害の可能性のある特別な教育的

　　支援を必要とする児童生徒に関する調査」の補足調査　調査報告書

教員研修センター（2014）平成 25 年度教育課題研修指導者海外派遣プログラム研修成果報告書「特別支援教育の充実」イタリア（I-1 団）

毎日新聞（2019）外国籍は通常の 2 倍　特別支援学級在籍率　日本語できず知的障害と判断か
　　https://mainichi.jp/articles/20190831/k00/00m/040/156000c（2023 年 1 月 10 日閲覧）

文部科学省（2012）通常の学級に在籍する発達障害の可能性のある特別な教育的支援を必要とする児童生徒に関する調査

文部科学省（2015）平成 26 年度文部科学白書

文部科学省（2019）新時代の学びを支える先端技術活用推進方策（最終まとめ）
　　https://www.mext.go.jp/a_menu/other/1411332.htm（2023 年 1 月 10 日閲覧）

文部科学省（2022a）令和 3 年度文部科学白書　p. 137

文部科学省（2022b）通常の学級に在籍する特別な教育的支援を必要とする児童生徒に関する調査結果について
　　https://www.mext.go.jp/b_menu/houdou/2022/1421569_00005.htm（2023 年 1 月 10 日閲覧）

内閣府（2005）「共に生きる新たな結び合い」の提唱（詳細版）
　　http://www8.cao.go.jp/souki/live/syosai-pdf/honbun.html（2015 年 9 月 15 日閲覧）

内閣府(2021)　令和 2 年版高齢社会白書（全体版）（PDF 版）
　　https://www8.cao.go.jp/kourei/whitepaper/w-2020/zenbun/pdf/1s1s_02.pdf（2023 年 1 月 10 日閲覧）

日本特殊教育学会（2019）特別支援教育記念講演　国際バカロレア教育におけるインクルージョン―インクルージョンを発展させるための活力ある学校づくり　日本特殊教育学会第 57 回大会発表論文集，25-27

落合俊郎（1997）イタリアの特殊教育制度　落合俊郎（監修）世界の特殊教育の新動向　日本知的障害福祉連盟　pp.71-87.

OECD（1999）Inclusive education at work.

OECD（2009）The changing boundaries of social enterprise. 連合総合生活開発研究所（訳）（2010）社会的企業の主流化　明石書店

清水貞夫（2012）インクルーシブ教育の提言―特別支援教育の革新　クリエイツかもがわ

Warnock, M., & Norwich, B.（2010）*Special educational needs: A new look.* 2nd ed. New York: Continuum. 宮内久絵・青柳まゆみ・鳥山由子（監訳）（2012）イギリス特別なニーズ教育の新たな視点― 2005 年ウォーノック論文とその後の反響　ジアース教育新社

山口　薫（2008）特別支援教育の展開―インクルージョン（共生）を目指す長い旅路　文教資料協会

執筆者一覧 （執筆順）   ＊は編著者

林田　真志＊（広島大学大学院人間社会科学研究科）
　　　　　　　　　　　　　　　　　　　　　第1章1節, 第4章2節（共著）

竹林地　毅（広島都市学園大学子ども教育学部）
　　　　　　　　　　　第1章2節・5節, 第6章2節・3節, 第7章2節

川合　紀宗＊（広島大学大学院人間社会科学研究科）
　　第1章3節, 第3章5節・6節, 第4章6節, 第5章8節, 第6章1節, 第7章1節・4節

落合　俊郎（広島大学大学院人間社会科学研究科 名誉教授・客員研究員）
　　　　　　　　　　　　　　　　　　　　　　　第1章4節, 第7章5節

若松　昭彦＊（広島大学大学院人間社会科学研究科）
　　　　　　　　第1章6節(1)(2), 第4章3節（共著）, 第6章4節

廣田　誠（福山市立湯田小学校）
　　　　　　　　　　　　　　　　　　　　　　　　　　第1章6節(3)

檜和田　祐介（東広島市立西条中学校）
　　　　　　　　　　　　　　　　　　　　　　　　　　第1章6節(4)

上永　夏実（広島県立黒瀬特別支援学校）
　　　　　　　　　　　　　　　　　　　　　　　　　　第1章6節(5)

真鍋　健（千葉大学教育学部）
　　　　　　　　　　　　　　　　　　　　　　　　　　　　　第2章

七木田　敦（広島大学大学院人間社会科学研究科 附属幼年教育研究施設）
　　　　　　　　　　　　　　　第3章1節, 第5章1節（共著）

五十嵐　一徳（高崎健康福祉大学 人間発達学部子ども教育学科）
　　　　　　　　　　　　　　　　　　　　　　　　　　　第3章2節

鈴木　徹（秋田大学教育文化学部）
　　　　　　　　　　　　　　　　　　　　　　　　　　　第3章3節

山口　明日香（高松大学発達科学部子ども発達学科）
　　　　　　　　　　　　　　　　　　　　　第3章4節, 第5章2節

宮木　秀雄　（山口大学教育学部学校教育教員養成課程）
　.. 第3章7節

氏間　和仁*　（広島大学大学院人間社会科学研究科）
　... 第4章1節（共著），第7章3節

森　まゆ　（広島大学大学院人間社会科学研究科）
　.. 第4章1節（共著）

新海　晃　（広島大学大学院人間社会科学研究科）
　.. 第4章2節（共著）

古田　寿子　（元広島市立袋町小学校）
　.. 第4章3節（共著）

船橋　篤彦　（広島大学大学院人間社会科学研究科）
　.. 第4章4節・5節

田村　沙織　（広島県教育委員会事務局学びの変革推進部特別支援教育課）
　.. 第4章7節

青木　隆一　（千葉県立千葉盲学校）
　.. 第4章8節

瑞木　麻希　（いちき串木野市立生福小学校）
　.. 第5章1節（共著）

村上　理絵　（広島大学大学院人間社会科学研究科）
　.. 第5章3節・5節

本渡　葵　（公立大学法人新見公立大学健康科学部健康保育学科）
　.. 第5章4節

片岡　一公　（高梁市立福地小学校・福地幼稚園）
　.. 第5章6節・7節

三村　千秋　（元広島市立牛田中学校）
　.. 第5章9節

編者紹介

● **川合紀宗**（かわい・のりむね）

2007 年　米国ネブラスカ大学リンカーン校大学院音声言語病理学・聴能学研究科博士課程
　　　　　音声言語病理学専攻　修了
現　　在　広島大学大学院人間社会科学研究科教授（Ph.D.（音声言語病理学））
〈主著・論文〉
The effects of duration and frequency of occurrence of voiceless fricatives on listeners'
　　　　perceptions of sound prolongations. *Journal of Communication Disorders*, **45**, 161-172.
　　　　2012 年
特別支援教育における吃音・流暢性障害のある子どもの理解と支援（編著）　学苑社
　　　　2013 年
幼児学用語集（分担執筆）　北大路書房　2013 年
Educational reform in Japan towards inclusion: Are we training teachers for success?
　　　　International Journal of Inclusive Education, **19**, 314-331.　2015 年
インクルーシブ教育ってどんな教育？─インクルージョン・インクルーシブ教育システム
　　　　─（共著）　学事出版　2016 年

● **若松昭彦**（わかまつ・あきひこ）

1988 年　九州大学大学院教育学研究科修士課程修了
現　　在　広島大学大学院人間社会科学研究科教授（博士（教育学））
〈主著・論文〉
年長自閉症児の表情認知・表出に関する実験的研究　特殊教育学研究, **27**（3）, 19-30.
　　　　1989 年
介護等体験における人間理解　教師を志すあなたへ（共著）中央法規出版　2001 年
動画を用いた自閉性障害児・者の表情理解学習　リハビリテイション心理学研究, **33**（1）,
　　　　17-28.　2006 年
インクルーシブ教育の基盤となる学級経営に関する一考察─発達障害等の児童を包含する
　　　　自治的な学級集団づくり─　学校教育実践学研究, **19**, 45-55.　2013 年
インクルーシブ教育の基盤となる児童理解に関する一考察─特別な教育的支援を必要とす
　　　　る児童の理解と対応─　広島大学大学院教育学研究科附属特別支援教育実践セン
　　　　ター研究紀要, **11**, 35-43.　2013 年
幼児学用語集（分担執筆）北大路書房　2013 年

● **氏間和仁**〔うじま・かずひと〕

2005 年　明星大学大学院人文学研究科教育学専攻修了
現　　在　広島大学大学院人間社会科学研究科准教授（博士（教育学））
　〈主著・論文〉
　E-Education Applications: Human Factors and Innovative Approaches（共著）　Information
　　　Science Pub 2004 年
　眼科プラクティス 14 ロービジョンケアガイド（共著）　文光堂　2007 年
　ことばの授業づくりハンドブック―特別支援教育と国語教育をつなぐ―（共著）　渓水社
　　　2014 年
　今日の小児治療指針　第 16 版（共著）　医学書院　2015 年
　特別支援教育総論:歴史、心理・生理・病理、教育課程・指導法、検査法（共著）　風間書
　　　店 2015 年
　決定版！　特別支援教育のためのタブレット活用　今さら聞けないタブレット PC 入門　ジ
　　　アース教育新社　2016 年
　視覚障害教育領域　見えの困難への対応　特別支援教育免許シリーズ（共編著）　建帛社
　　　2022 年

● **林田真志**〔はやしだ・まさし〕

2008 年　筑波大学大学院博士課程人間総合科学研究科退学
現　　在　広島大学大学院人間社会科学研究科准教授（博士（障害科学））
　〈主著・論文〉
　障害児心理入門（共著）　ミネルヴァ書房　2010 年
　聴覚障害児の学習と指導　発達と心理学的基礎（共著）　明石書店　2018 年
　新・教職課程演習 第 6 巻 特別支援教育（共著）　協同出版　2022 年

特別支援教育総論［第2版］

──インクルーシブ時代の理論と実践

2023年3月31日初版第1刷発行

| 編著者 | 宗彦仁志 紀昭和真 合松間田 川若氏林 |

発 行 所　　㈱北大路書房

〒603-8303　京都市北区紫野十二坊町12-8
電話代表　　（075）431-0361
Ｆ Ａ Ｘ　　（075）431-9393
振替口座　　01050-4-2083

ⓒ 2023

Printed in Japan

ISBN978-4-7628-3220-8

装丁／白沢　正
印刷・製本／創栄図書印刷（株）
落丁・乱丁本はお取り替えいたします。
定価はカバーに表示してあります。

・・・・・・・・・・・・・・・・・・・・・・・ 北大路書房の好評関連書 ・・・・・・・・・・・・・・・

多職種連携を支える「発達障害」理解
―ASD・ADHDの今を知る旅―

土居裕和, 金井智恵子（編著）

A5判・248頁・本体2400円＋税　ISBN978-4-7628-3150-8

ASD・ADHDを中心に，臨床・支援・研究分野で活躍する執筆陣が，基礎から最新情報までをイラスト付で平易に解説。各章に練習問題やグループワークを配し，コラムでは執筆者の体験談や当事者の声も紹介。初学者や分野間連携を志す人に。

シリーズ心理学と仕事 15
障害者心理学

太田信夫（監修）　柿澤敏文（編集）

A5判・184頁・本体2100円＋税　ISBN978-4-7628-2984-0

視覚障害，聴覚障害，学習障害，注意欠如・多動症，健康障害等，重度・重複障害も含め，障害種別の定義や心理特性，その支援のあり方を詳説。心理職に限らず，医療・保健，教育，福祉等，障害者にかかわる職に就く人へ研究と実践の最前線の知識を提供。現場の実践家が仕事内容も紹介する。

臨床心理フロンティア
公認心理師のための「発達障害」講義

下山晴彦（監修）　桑原　斉, 田中康雄, 稲田尚子, 黒田美保（編著）

B5判・224頁・本体3000円＋税　ISBN978-4-7628-3045-7

現代臨床心理学を牽引するエキスパートによる講義を紙面で再現。講義動画と連携して重要テーマを学べるシリーズ。Part1では障害分類とその診断の手続き，Part2では心理職の役割，Part3では自閉スペクトラム症の理解，Part4ではその支援について扱う。

ギフティッド　その誤診と重複診断
―心理・医療・教育の現場から―

J. T. ウェブ他（著）　角谷詩織, 榊原洋一（監訳）

A5判・392頁・本体5200円＋税　ISBN978-4-7628-3081-5

1つ以上の分野で並外れた才能を示すギフティッド。本書では，豊富な事例からギフティッドに類似する障害の特性と比較し，特有の問題や支援の実践を示す。正確な理解に向けた手引きとなる。

アファンタジア
―イメージのない世界で生きる―

A. ケンドル（著）　髙橋純一, 行場次朗（共訳）

四六判・256頁・本体3200円＋税　ISBN978-4-7628-3176-8

「赤いリンゴ」を思い浮かべようとしても暗闇が広がる――当事者の声を多数収録し，心の中で視覚的にイメージを想起できない困難さやその特性を明示。認知や心像の多様性を知るきっかけに。

（表示価格はすべて税別です）